リアリズムの法解釈理論
ミシェル・トロペール論文撰

Une théorie réaliste de l'interprétation du droit
Recueil d'articles de Michel Troper

ミシェル・トロペール［著］
南野 森［編訳］

勁草書房

日本語版への序文

南野森君によって集められ、そして翻訳された私の著作を、こうして日本の読者に向けて紹介することができるというのは、言うまでもなく私にとって大きな誇りであり、そしてまた大きな喜びである。彼の忍耐と友情は、私にとってこのうえなく大切なものであるということをここで強調しておきたい。

彼によってこの論文撰に集められた私の研究は、実に多様なテーマに及ぶものであるため、読者はその統一性に疑問を抱かれるかもしれない。しかし、本訳書所収の論攷は、そのすべてが、法哲学についての、法学（法の科学）についての、そして法現象についての、ある統一された見方に基づいている。

この見方は、法哲学および法の一般理論が比較的最近になってみせた進展に基づくものであるが、それより以前に、法哲学および法の一般理論は、法実証主義の発展によって、重要な変動を経験していたところである。

伝統的な法哲学は、法の本質を論じるものであると考えられ、また、法哲学の提示する主張——たとえば法と正義または道徳の関係についての主張や、意思の創設的権力や妥当性についての主張など——は、数多くの具体的な法システムを観察することによって得られたのではなく、抽象的な思弁によって獲得されたものであった。

ところが、20世紀の法の一般理論は、実証主義の学問方法論の影響のもとで発展し、以上のような伝統的法哲学と二つの点で決別した。第一にそれは、形而上学を、真偽証明の不能なテーゼの集まりと理解したうえで拒絶し、道徳的または政治的な価値判断を表明することも、また本質を論じることをも差し控えることにした。第二にそれは、具体的な法システムの観察から出発して、国や時代、また支配的なイデオロギーが何であれすべての法に共通することがらを記述することを目指し、一般化によって事を行うと主張するようになった。

つまりそこでの課題は、法の形而上学的根拠を探究することでも、あるいは正義について論じることでもなくなり、むしろ、法についての真の科学、すなわち経験科学のモデルに基づいて構想された法の科学を打ち立てることとなったのである。そしてこのことは、かかる法の科学はその対象とは区別され、対象を記述するにとどまり、対象についての価値判断を下さない、ということを意味した。言いかえれば、このような法の科学は、規範についてのものではあるが、それ自体は規範的ではない、ということである。そして法の科学はその対象、つまり法を記述することにとどまらなくてはならない以上、法を記述可能なものとして構想することが法の科学にとっては必要であり、客観的に観察可能な現象ではない自然法は問題となりえず、排他的に、実定法のみが問題とされることになる。つまり法の科学は、フランス法を、ドイツ法を、あるいはアメリカ法を記述しなければならない。しかしこれらの個別的対象を超えて、各国の実定法やあるいは民法や行政法といった法の個別分野がもつ偶発的な特徴から独立して、法の現象を一般的に説明する、より一般的な記述の存在する余地がある。これこそが法の一般理論の対象であり、それが法哲学にとって代わるものであると主張されたのである。法の一般理論も法哲学同様に一般的でなければならないが、しかし法哲学とは異なり、命令的ではなく記述的でなければならない、と。そしてまた、それは実定法についてのもの、ある法についてのものであって、あるべき法についてのものであってはならない、と。

しかしながら、このような法の一般理論にも二種類の主要な困難が立ちはだかった。一方で、その分析領域が著しく縮小してしまうという危険である。イデオロギーや政治的諸勢力の関係または歴史の比重が多様であることを理由として、ある国で認められている行動が別のある国では禁止され、さらにまた別の第三国では義務的であるという場合がある。法の内容はこのように変化に富んでいるのであって、あらゆる法システムに真に共通するものはその形式でしかない。20 世紀前半の実証主義の影響を受けた法の一般理論が対象としたのは、それゆえ、規範、規範同士の関係（つまり法システムの構造）、法源、システム同士の関係、あるいは解釈の性質といった問題であり、それ以外の、基本権、民主政、あるいは所有権といった法の内容に関わるものはすべて、自然法論の影響を受けた伝統的な学説に委ねられることになってしまった（そして伝統的学説は、これらの問題を規範的観点から扱った）。

他方で、法の一般理論は、経験科学をモデルとして構想された科学であろうとしたが、その対象である実定法は、規範の総体として構想された。しかし規範は観念的存在である。つまりこの対象は、およそ経験的な存在ではない。それは因果関係の支配を受けるものではなく、こうして、法の一般理論は、他の諸科学と、そして社会科学とさえ袂を分かつことになってしまったのである。

ところが、ここ数年来、とくにリアリズム法学の影響により、実定法の内容を、一般的に、かつ厳密に記述的な観点から研究することが可能であるということが理解されるようになっている。実際、法理論が、かつては何よりもまず形式の問題を扱っていたのに、たとえば国家、権力、主権、宗教、家族、経済といった、内容の問題にますます関心を示していることが確認できる。このことは、法の内容が国により時代により著しく変化するとしても、ルールは、たとえそれがいかに異なっていようとも、複数のシステムに共通する概念を用いて記述しうるということに思いを致せばよく理解されるであろう。たとえば、非常に異なった所有権の法制度群を同一の所有権概念を用いて記述できるし、離婚を禁じるシステムと離婚を認めるシステムの両方を、いずれもが離婚という同一の概念を前提としているからこそ記述することができる。つまり、法の理論は、概念と概念の諸関係を研究することにより、内容を扱うことと一般的であり続けることを、完全に両立できるのである。

さらに、リアリズムの法理論は、法を真に経験的な対象として、すなわち当為としてではなく、観念的存在の総体としてでもなく、事実の総体として構想する。法規範は、客観的義務の体系としてではなく、人間の意思を表明したものとして理解できるようになるし、またそうしなければならないのである。その意思それ自身はたしかに義務的なものであろうとするが、法の科学は、それを真に義務的であると考えるわけではない。言うまでもなく、リアリストにとっては、それらの法規範が道徳的に義務的であるわけはないし、厳密に法的な観点からしても、それらは他の規範との相対的な関係においてしか義務的でなく、絶対的に義務的であるのではない。言いかえれば、人間の意思は、他の意思との相対的な関係においてしか義務的でありえないのである。

こうして法の科学はかつてのあり方とは際立って異なるものとなり、それはケルゼンが示したあり方とも異なるものとなる。伝統的な法の科学は、その本質的な部分において、法解釈論と異ならないものであった。それは規範と現実に行われている行動とを検討し、それらが妥当するか否かを決定したり、あるいはその内容を記述しようとするが、しかし、二通りの方法でしかそれを説明することができなかったのである。すなわち、上位規範によって設定された義務への従属として、あるいは、道徳もしくはイデオロギーへの適応として、である。つまり、結局のところ、法的であれ法外的であれ、しかしつねに何らかの規範への適合性によってしか説明できなかったというわけである。

ところが、規範が経験的事実として捉えられるのであれば、それは因果分析の対象となる。法の理論は——そして実定法の単純な分析でさえも——、ある機関にとってどのように行動するかは法的に自由であり、また自身が作り出す規範にどのような内容を与えるかも法的には自由であるにもかかわらず、その実際の振る舞いは決して自由ではなく、むしろ決定されているということを示すことができる。

ケルゼン自身もこのような決定を認めていた。たしかにケルゼンは、法律に妥当性を与えるものは憲法でしかなく、議会多数派の意思ではないと明快に強調するが、しかし、同じように明快に、法律の内容は、多数派が与しているイデオロギーによって、すなわち政治的、社会的、心理的原因によって説明されるということをも認めているのである。ところがこれらの原因は社会科学によってしか理解できないもので、法の科学によっては決して理解できない。そこに法の一般理論が内容にこだわることができない理由の一つが存する。それは、純粋法学の著者によれば、規範が事実の存在ではなく、因果関係をもたないからである。

しかしこのような考え方は、少なくとも一つの重大な欠点を抱えている。ある規範の内容を、上位規範の内容からの演繹により理解することが不可能であるとき、法の科学は、説明の探究を社会科学に任せるほかなくなるものの、ところが社会科学もまた一定の場合には決してそれを探究しえないからである。最上級裁判所の例をとりあげてみよう。それが非常に大きな自由裁量権を有していることを我々は知っている。とりわけ、それは自らが適用しようと望むテクストを選択し、解釈することができるがゆえにそうである。それゆえ最上級裁判所の各判決を、三段論法の結論に還元することはできないし、かといってそれを裁判官の政治的、宗教的、あるいは道徳的選好の反映として理解することもできず、さらには彼らの朝食の質がもたらした結果とするわけにもいかない。裁判官が恣意的に裁断しているわけではないこと、判例が一貫しており、裁判所の構成が変わるたびに判例が変更されるわけではないことは、容易に確認することができるからである。

このような一貫性は、社会科学によってではなく、法の科学によってしか知覚されえず、また理解されえない。しかしそれを説明することは、すなわちその原因を示すことは、唯一、事実として捉えられた規範の関係――つまり意思が行使されるところの戦略の空間――を明らかにする法の科学のみが、それをなしうる。法学的リアリズムのなす貢献とは、規範が事実として認識されるのであれば、法は、因果分析ではあるが特殊に法的な分析の対象となり、その結果、法の科学は、その自律性を微塵も失うことなく、社会科学全体のなかに位置づけられるということを示すことにある。

本訳書に収められた論攷が、日本の学問空間における論争に貢献できることを望まずにはいられない。

2013年4月11日、パリにて

ミシェル・トロペール

リアリズムの法解釈理論
ミシェル・トロペール論文撰

目　次

Ⅳ 憲法理論史

翻訳にあたって

・本訳書は、ミシェル・トロペールのフランス語論文を 10 本選び、翻訳したものである（原著の書誌情報等は巻末の「訳者解説」を参照されたい）。全体を 4 部に分かち、そこに 10 本の論攷を配した。本訳書のタイトル、所収した 10 本の選択、その配列、また各部の見出しは、すべて訳者の判断による。なお、トロペールによる「日本語版への序文」は、本訳書のために寄せられたものである。

・原著に登場する学者等の人名については、その初出の際に、ごく一部を除き、訳者の調査しえた限りで、欧文フルネームと生年・没年を記載した。

・原注と訳者注には、各章ごとに通し番号を付したので、原著の注番号と本訳書のそれとが異なる場合がある。なお、訳者注にはすべて【訳者注】と記している。

・原注の文献表記スタイルは必ずしも統一されていないが、本訳書では、全章を通じできるだけ統一するように適宜改変した。その際、原注における書誌情報等の誤りも、適宜修正している。

I 法解釈の理論

Théorie de l'interprétation du droit

第1章　リアリズムの解釈理論

Une théorie réaliste de l'interprétation（2001）

1　意思の作用（Une fonction de la volonté）

2　解釈の対象（L'objet de l'interprétation）

3　解釈者の権力（Le pouvoir de l'interprète）

我々がかつて我々の師に教えられた通りの方法に従うならば、まずはタイトルを説明し、そして「解釈」という言葉をはじめとしていくつかの定義を与えることから始めるべきだろう。「解釈」は、対立関係にある諸理論——たとえばリアリズムの理論であり、あるいはまた「非リアリズム」と呼ぶにはまだ早すぎるその他の諸理論であったりする——の対象となっているのであるから、まずは「解釈」を一つの営為（activité）として定義したうえで、つぎに「リアリズムの理論」の定義へと移り、そして最後に、どのようにこの理論が解釈に関わっているのかを検討することができる、ということになるはずである。

しかしながら、このような方法は、ここで迂闊に用いることはできない。実際、解釈を定義するためには、つぎの二つの可能性のうちの一つを選ばなければならないはずである。すなわち、解釈をするとは、ある事物の意味を指し示すこと（indiquer）であるとするのか、あるいは、それを決定すること（déterminer）であるとするのか、である。前者は、意味というものは認識することができ、解釈とは認識作用であるという前提に基づいているし、後者は、それを意思の作用であるとする前提に基づいている。そしてそれぞれの定義は、異なった理論に対応している。つまり、定義というものは、ある理論の対象となりうる一つの営為についてのものではない。定義は、それ自体が、そのような理論を表現したものなのである。

理論のほうでも、上記の二つの理論は存在論上の、そしてまた方法論上の前提に基づいている。存在論的前提というのは、解釈とは意味を指し示すことであるとするのは、記述しうる客観的な意味が存在するという前提をとっているからである、ということである。反対に、意味は存在しない、それゆえそれを記述することは不可能である、ただそれを決定することのみが可能である、と想定することももちろん可能である。

つぎに方法論的前提とは、およそ理論というものは、ある一定の機能があてがわれうる一つの知的体系においてその位置を占めるものである、ということである。たとえば、この知的体系を一つの実践的な言説——一例として裁判官のそれ——として考えることができ、そうすると、特定の解釈の定義を採用することが、司法活動の実践において最も役立つものとなることになる。たとえばヴデル（Georges Vedel, 1910-2002）学部長は、裁判官は、自らの活動が意味を発見することにあるとの前提をとらない限り、その活動を実践できず、自らを正統なものとすることも、議論を展開することもできない、と言う[1)]。反対に、この知的体系を科学的な体系であると考えることもでき、そうすると、最も役立つ理論を探求するのではなく、この科学が真であるための条件を満たす理論をこそ探求しなければならないことになる。

そして、このような存在論的前提と方法論的前提は関連しているということを指摘しておかなければならない。つまり、我々は、我々が果たすべき任務をどう考えるかに対応して一つの存在論を選択する、ということである。特定の解釈理論をもって科学的なシステムに貢献しようとするのであれば、科学型の真偽判定を可能とするような存在論を選択しなければならない。

したがって、もしあらゆる拙速な立場選択を避けようとするのであれば、約定（stipulation）によって、解釈をある事物の「意味を指し示す、あるいは決定する活動」と定義しておかなければならない。さらにもう一つ重要な補足を行う必要がある。というのも、この補足はリアリズムの理論にとって有利な議論の展開に資するからである。すなわち、ここで問題とする解釈は、法的解釈、

1）パリ第2大学法哲学センター（Centre de philosophie du droit de l'Université de Paris II）の研究会における報告（未刊）。Michel TROPER, « La liberté d'interprétation du juge constitutionnel »（【訳者注】本訳書第2章「憲法裁判官の解釈の自由」）に要約しておいた。

すなわち、法体系において効果を生じる解釈のみであり、それゆえ、まったく別な方法で扱われるべき音楽の解釈や文学の解釈といったものは除外されている、ということである。

こうして、ようやくリアリズムの理論を定義できるようになる。それは、法実証主義の一種、つまり、経験科学から派生したモデルに基づいて法学（science du droit）を構築しようとする一学説である。なお、法実証主義は二つのタイプにまとめることができる。一方の理論は、規範主義の流れに属するもので、当為（devoir-être）としての規範をその対象とし、それを自然科学とは異なった特有の方法によって記述することをその任務とする。他方の理論は、真に経験的な対象をとりあげようとし、規範を人間の行動あるいは言語表現と考える。そしてリアリズムの理論そのものにも、さまざまなタイプがある。あるものは、裁判官の行動、すなわち社会心理的な現象を対象とする。そこでは、法とは、現に行われている振舞い（comportement effectif）ということになる。またあるものは、行動ではなく、法律家が現に行っている論証の態様（mode de raisonnement effectif des juristes）を対象とする。それはこれらの行為者が受けている制約（contrainte）――そして反対に、彼らが有する裁量の幅――、そして、彼らが作り出す制約を理解しようとする。

リアリズムの解釈理論に対しては、それまでそれをきわめて厳しい表現で批判していたケルゼン（Hans Kelsen, 1881-1973）が、『純粋法学』の第2版以降、賛同するようになったように見える。しかしながら、ケルゼンはリアリズムの解釈理論については実に短い検討しか行っておらず、その論理的帰結のすべてを受け入れているわけではない。それらは彼の法秩序の構造に関するいくつかの考えと、ほとんど両立しえないものだからである。

それゆえここでこれから述べることがらは、解釈についてのケルゼンの考え方に基づきながらも、多くの点で、それから離れるものとなるだろう。

ここでのリアリズムの理論は、つぎの三つの主要な命題に要約できる。

①解釈は意思の作用であり、認識の作用ではない

②解釈は規範を対象とするものではなく、言明（énoncé）または事実を対象とするものである

③解釈は解釈を行う者に特有の権能を与える

1　意思の作用（Une fonction de la volonté）

解釈は意思の作用であるという主張に対して、三種の議論が有利に作用する。まず、法律に反する解釈（interprétation *contra legem*）は存在しない、というもの。つぎに、発見すべき意味や立法者の意図は存在しない、というもの。そして最後に、立法者の意図から独立した客観的な意味は存在しない、というものである。

(1) 法律に反する解釈は存在しない（L'interprétation *contra legem* n'existe pas）

ここでは、ケルゼンが打ち立てた学術解釈（interprétation scientifique）と有権解釈（interprétation authentique）との区別を繰り返しておこう。「学術」解釈あるいは「学説による」解釈とは、法学あるいは法学説によってなされた解釈のみではなく、妥当性（validité）の独占を認められた解釈をなすべく法秩序によって授権されていないあらゆる人によってなされた解釈のことである。

ケルゼンは、「有権解釈」という語を通常の意味とは若干異なった意味で用いている。古典的な法学用語においては、有権解釈とは、解釈されるべきテクストの制定者自身によってなされた解釈のことであり、たとえば、法律について言えば立法府という具合であり、それは « *ejus est interpretari legem cujus est condere* »（【訳者注】法律ノ解釈ハ法律ノ制定者ニ属ス）という法諺の言う通りである。しかしケルゼンにとっては、有権解釈とは、法秩序が効果を生ぜしめる解釈のことである。そしてそれは、解釈するよう授権されてさえいればいかなる機関によってもなされうるものであり、たとえば――排他的にそうであるというのではなく――最上級裁判所がそうである。有権解釈の効果は、それが、その内容の如何によらず押しつけられる、ということである。解釈されたテクストは、授権された機関がそれに与えた意味以外の意味をもたないし、もちえない。そしてそれは、たとえこの意味が、他の人々によってなされたあらゆる解釈に反しているように見えようが、また非合理的に見えようが、さらには、テクストの制定者の意図について知りうるすべてのことに反することになろうが、そうなのである。あらゆる判例の歴史のなかに、このような、およそ直観的な理解に反して押しつけられる解釈の例が数多く見出される。たとえば、「いかなる不服申立の余地もない」という文言を、越権訴訟を排除するものではないと解釈した国務院（コンセイユ・デタ）のラモット夫人（dame Lamotte）判決[2]などはその一例である。さらにまた、ペレルマン（Chaïm Perelman, 1912-1984）[3]が引用するものであるが、2ポンド以上の価値をもつあらゆる物を盗んだ者に対して死刑を宣告すべきであったイギリスの裁判所が、かかる厳しい刑の宣告を避けるために、あらゆる物を、そして10ポンドの現金が入っていた財布までをも、39シリングの価値しかないと評価した、という例もある。

このような解釈も、法律に反するものであると言うことはできない。というのも、法律に反する解釈とは、その法律の真の意味に反する解釈のことを言うはずであるが、このような真の意味を確定することを可能にする解釈、あるいはそれと有権解釈の所産とを比較できるような解釈などは、我々の手中にはないからである。法的に争う余地のない唯一の基準となるのは、有権解釈によって決定されたものなのである。

とはいえ、法秩序が恣意的に、決定権限を与えられた機関の押しつけた意味を既存の意味に対して優越させている、と考えるべきではないだろう。既存の意味が、秩序あるいは安全といった理由により効果を奪われたり、あるいは、いわば法についてのレゾン・デタといったものの犠牲になってしまう、ということなのではない。実際には、テクストのなかには発見すべきいかなる意味も存在していないのである。

(2)　立法者意思に還元しうる意味は存在しない

(Il n'y a pas de sens réductible à l'intention du législateur)

はじめに、意味を制定者の意図——つまりある特定の精神状態——と同視するとしても、そのような意図が存在しないテクストが数多く存在するということを指摘しておかなければならない。その最も顕著な例は、合議体である機関

2）【訳者注】1950年2月17日判決（Ministre de l'agriculture c/ Dame Lamotte）のことである。同判決の簡単な解説として、国務院サイト（後掲注6を参照）による紹介を閲覧されたい。

3）【訳者注】カイム・ペレルマンは、ベルギー自由大学（Université libre de Bruxelles）の哲学者・論理学者。ポーランド生まれ。主な邦訳書に、三輪正（訳）『説得の論理学——新しいレトリック』（理想社、1980年）、江口三角（訳）『法律家の論理——新しいレトリック』（木鐸社、1986年）がある。

によって採択されたテクストの場合である。そのようなテクストの制定者はその機関全体とされ、たんにそのテクストの採択に賛成の投票をした構成員だけが制定者であるとされることはない。しかし、合議機関は精神主体ではないので、意図をもつことはできない。さらに、構成員の個別的な意図さえも確定することはできない。たとえば議会の場合について言えば、あるテクストの採択に賛成の投票をした議員のすべてが審議において発言するわけではないし、発言する者も自身の意図を偽ることは可能である。仮に意図が誠実に表明されているとしても、それらは複数でありえ、互いに矛盾することもありえる。発言することなく賛成票を投じる者は、一定の発言者の意図と同じ意図で賛成することもありえるが、時として、まったく異なった意図でそうすることもありえる。あらゆる種類の理由によってそうする可能性があるのである。すなわち、怠惰、無知、同僚の模倣、政党規律に従うため、という具合に。合議体の構成員のすべてが意見を表明することができたと仮定してもなお、そしてさらに、彼らがすべて完全に正直であった、そして全員が同じ精神状態であったと仮定してもなお、彼らはそのテクストが解釈されなければならない具体的状況についての単一の意図をもつことはできない。テクスト採択の時点では、この具体的状況を念頭に置くことはできないからである。念頭に置くことができるのは、状況の一部類（classe）にすぎないのである。

さらにまた、法的意味における制定者が知的意味における制定者ではないということも、しばしば生じる。ある法律案が行政部門によって準備され、議会によって採択されたという場合がそうであるし、また、ある憲法が国民投票によって採択されたという場合もそうである。後者の場合の制定者は有権者団であって、何百万という有権者に共通する一つの意図なるものを発見することは、当然のことながら不可能である。

しかし、仮に真の制定者を決定し、単一の意図を発見できたとしても、かかる精神状態を意味と同一視することはできない。というのも、このような同一化は法律の適用を実に困難なものとすることになるからである。この場合、法律の適用とは立法者の意思の適用にほかならないことになってしまい、そしてこのような考え方によれば、文字通りの解釈あるいは目的論的解釈から導かれうる意味と法律の意味とを区別することが当然のこととなる。なぜなら、立法者がこれらの解釈から明らかになることがらを望まなかったということがありうるからである。しかし、もし裁判官が立法者の精神状態について彼が知りうることだけで満足するのであれば、彼は、立法者が考慮していなかった状況に法律を適用できなくなってしまい、裁判を拒否しなければならなくなるであろう。もし、民法典の1384条の意味が民法典起草者たちの精神状態と一致するとするならば、起草者たちがそのイメージすら抱きえなかったような機械によって起きた事故については、同条を適用できなくなってしまうのである。

そうではなく、立法者の精神状態が彼の知っている物の一部類（classe）を真に対象としており、また、裁判官が、この部類に属するように思われるある物にその法律が適用可能かどうかを決定しなければならない場合であっても、裁判官は、自分はその法律の制定者の意図に合致してそれを適用しているのだ、と言うことはできない。立法者の頭にあったものは、具体的な物ではなく、カテゴリーにすぎないからである。立法者が、その時点での実際の精神状態において、後々これこれの物がこのカテゴリーのなかに包摂されうるという事実を無視してしまった、ということは当然のことながらありうる。立法者の意図に従って法律を適用していると言うためには、それゆえ、つぎのように構成しなければならないことになる。すなわち、法律の意味とは、立法者が念頭においていたもの、および、それから立法者が合理的に引き出すべきであったあらゆる帰結——たとえそれが実際に引き出されたものでなくとも——、あるいは、立法者がこれこれの具体的事実に注意を払うことができていれば引き出したはずであろうあらゆる帰結のことである、と。

意図に合致した解釈というのは、それゆえ、つねに解釈を構成することにほかならないのである。しかしながら、このように意味を意図に還元できないその一方で、意図から独立した客観的な意味もまた存在しない。

(3)　意図から独立した客観的な意味は存在しない

(Il n'y a pas de sens objectif indépendant des intentions)

起草過程から時と場合により明らかにされる意図とは異なった意味を発見する、ということを考えてみよう。その場合、それはテクストの文言、あるいはそのテクストが存在しているシステムの文脈、さらにはその規範が果たすべき社会的あるいは経済的機能、といったものから帰結する意味ということになるだろう。客観的な意味が存在しないということの理由は、これらのさまざまな意味が、それぞれに固有の特定の方法――字義的意味であれば字義的解釈、機能的意味であれば機能的解釈など――を用いることによってしか近づきえないものであるということである。そして、これらの多様な方法は、それぞれ異なる結果をもたらすのであり、それらのあいだで決着をつけるためには、決定という手段をとるほかにないのである。つまり、ある方法を別な方法に対して優先するという解釈者の決定こそが、唯一、意味を作り出すものとなる。

それゆえ客観的な意味は、立法者の意図のなかにも、また立法者の意図と独立にも存在しない。唯一存在する意味は、解釈から生じるものであり、解釈に先立っては、テクストはいまだいかなる意味ももたず、たんに意味が与えられるのを待っているにすぎないのである。以上のことから、解釈の対象を決定することにとって理論的に重要ないくつかの帰結がもたらされる。

2　解釈の対象（L'objet de l'interprétation）

意味というものが解釈に先立っては存在せず、たんに解釈によって作られたものにすぎないのであれば、多くの論者やケルゼン自身が考えることに反して、解釈の対象は法規範ではありえないことになる。ある法律が、「p を行うことは禁止される」という定式をとっているとすると、p という表現は、それに与えられる意味により、$p1, p2, \ldots\ldots, pn$ というさまざまな行為を指すことができ、その結果、その法律はただ一つの規範を含んでいるのではなく、それに対して与えられる解釈に従って、「$p1$ を行うことは禁止される」、「$p2$ を行うことは禁止される」、……「pn を行うことは禁止される」というさまざまな、異なる潜在的規範を含んでいるということになる。これらの異なる規範のうちのいずれかを選択するのが解釈者なのである。つまり、規範が意味を与えられるのではない。規範それ自身が意味なのであり、それゆえ、規範は解釈されえないものである。言うまでもなく、意味の意味を決定しようとすることは不条理であるからである。

解釈の対象となることができるものは、それゆえ、意味を背負いうるもののみ、すなわち、テクストまたは事実である。

(1) テクスト (Le texte)

テクストは、つねに解釈の対象となるべきものであり、曖昧であるときのみそうであるのではない。周知の古諺によれば、« *in claris cessat interpretatio* »、あるいは、« *in claris non est interpretandum* »、つまり、明白なものは解釈される必要がない。しかしこの考え方は多くの反論にあう。第一に、解釈が決定であるならば、それはまた、テクストが曖昧であるか明白であるかという性格についても行われうることになる。有権解釈を下す権限を享受する機関は、あるテクストを解釈することを正当化するために、それが曖昧であると宣言したり、あるいは反対に、あるテクストを解釈したということを認めることなくそのテクストが特定の意味をもっていると断言するために、それは明白であると宣言する、ということを当然になしうる。たとえばフランスの行政裁判官が一定の行為に関して、それについての判断を別の機関へ求めることを避けるためにそうするように。第二に、かの古諺は解釈についての伝統的な見方と対立する。たとえ、解釈がすでに存在している意味を認識することであると認めるとしても、あるテクストについて、その意味を認識していること——つまりテクストをすでに解釈したということ——を認めることなくそれが明白であると言うことはできない。したがって、明白であるとされているテクストでさえも、すでに解釈されたものなのである。

このように、解釈というものがあるテクストについて行われるものであり、あらゆるテクストがつねに解釈されなければならないものであるとしても、解釈を、テクストの内容の決定、それが命じていることの決定、だけに還元してはならない。言いかえれば、テクストの規定ぶり (disposition) のみが問題とされるのではなく、その地位 (statut) をも解釈することができる、ということである。

テクストの地位を解釈することができるという考え方は、解釈の広義の概念に由来するものである。小石を拾い集めてくれば、それがはたして自然の物体であるのか、先史時代の道具あるいはまた左官工事から出た破片のような人工物であるのか、といったことを問題にすることができる。法においては、ある規定の意味、それが表明する命令（prescription）[4] を決定するより前に、それがたしかに法的規定であり、また、それがたしかに規範としての意義を有するものである、ということを確定しなければならない。そしてそれが法的規定であれば、どのレヴェルに属しているのかを決定しなければならない。たとえば、1789年人権宣言のテクストにおける「平等」という言葉が意味するところ、あるいはまた、1946年憲法前文における「共和国の諸法律によって認められた基本的諸原理」という表現が意味するところを決定するのに先立って、憲法院は、これらのテクストが法的に義務的なものであることを確定し、それらが憲法的価値を有することを確定しなければならない、というように。

こうして、解釈者は自らの権限をも決定しうることになる。というのも、テクストの地位がそれを適用する機関の権限を決定するからである。たとえば憲法裁判官の権限は、一般的には、ある一定のテクストが法的価値を有しており、それらはたんなる政治的イデオロギーの開陳ではなく、法律に優位する価値をもっており、またこれらのテクストに含まれている優越的規範に対する法律の適合性を統制する権限はそのような裁判官にある、という考えによって正当化されている。テクストの地位を解釈者が自ら決定するのであるならば、解釈者は、立法者の権限と自らの権限の限界を同時に決定することになる。

このような見解は、ケルゼンならば拒否したであろうものである。というのも、純粋法学の著者は、ある言明の法的価値とその内容とを注意深く区別しているからである。ある言明が規範としての性格を示す（その理由は、動態的視点からすると、当該言明が上位規範の予定した手続きに従って権限ある機関によって制定されたから、ということである）ことを認めることと、この言明がある意味を有しているということ――言いかえればそれがある特定の行動を命じているということ――を認めることとのあいだには、重要な違いが存在するというのである。したがって、解釈は言明の内容――「ほかでもないある特定の行動が命じられている、あるいは許されている」――についてのみ行われるものであって、この言明の価値あるいは地位――「この言明は憲法レヴェルの法規範とし

4）【訳者注】原文は prescription ではなく perception となっているが、誤植である。

ての意味をもつ」——について行われるものではない、ということになる。ちなみにケルゼンがこのような区別にこだわるということは、非常に理解しやすいことである。というのも、この区別こそが、ある言明が、法秩序の観点からして、規範としての客観的意味を示すテーゼを維持させる唯一のものだからである。たしかに、あるテクストが法律の性格を示すのは、それが憲法に適合するからという理由によるのであれば、その内容の意味が解釈者によって決定されるということはほとんど重要ではなくなり、上位規範によって与えられた客観的意味という理論は、その根本的部分に関しては維持されることになる。

しかしながら、このような区別は受け入れることができない。たしかに、解釈者は内容の意味を決定するにとどまり、地位について明示的に意見を述べることを自制する、ということが考えられるかもしれない。しかしこれは純粋に実務的な区別にすぎず、そもそも実務的な区別であれば、逆の態度を想像することなどできない。もっとも、法実務においては、ある文書の性格または地位についての解釈が行われる例は、数多く見出すことができる。憲法院は憲法前文が憲法の一部をなすと決定したし、国務院は通達が実際には行政立法の一つであるとした、などの例がそうである。実のところ、地位についての解釈は、つねに、内容についての解釈に暗黙裏に含まれているのである。というのも、ある法律がpをすることを命じているということは、この命令を含むテクストがたしかに法律であって、たんなる一個人の意思を宣言したものではない、ということを前提とせずには、認めえないからである。

このような、解釈は言明の地位についても内容についても行われるという考えから、妥当性（validité）の根拠に関する重要な理論的帰結が導かれる。妥当性については、議論を進めるため、複数の理論——その他の点では互いに対立するものであるが——によって受け入れられている一つの定義を与えておこう。すなわち、ある規範が妥当していると言うことは、それがある規範秩序に属していることを意味する、というものである。ケルゼンの規範の階統性（hiérarchie des normes）の理論によれば、ある規範は、それがより上位の規範に適合して定立されたものである場合に、妥当性をもつとされる。しかし、これまで概略を述べ来たった解釈理論の要点を受け入れるならば、ある言明が規範としての意味をもつのは、それがより上位の規範に適合しているという理由ではなく、それが権限のある機関によって、ある特定の行動が行われなければならないということを意味するものであると解釈されたという理由によって、そうなのである、ということになる。それゆえ、ある言明を法規範としての客観的意味をもつものと同定することへと導くものは、その適用のプロセスなのであって、上位規範への適合性ではないのである。このように考えることで、純粋法学が直面する困難のうち二つのものを避けることができる。

第一の困難は、根本規範（norme fondamentale）に関わる。ケルゼンによれば、あらゆる規範はその妥当性の根拠をより上位の規範に見出すので、法秩序に属するすべての規範の窮極の妥当性根拠は憲法である。しかし、憲法より上位にある実定規範は存在しないため、憲法自体は、それ以外のすべての規範と同様の方法では、妥当しているゆえに法規範であると同定されえない。ところが、法規範であると同定されなければ、憲法は下位の規範の妥当性を根拠づけるには不適切なものとなってしまう。それゆえ、もし他の法規範を妥当するものであると考えようとするのであれば、必然的に、憲法は妥当しているとの前提をとらなければならなくなる。この前提（présupposé）が、根本規範である。ケルゼンは、彼に対して提示された反論のほとんどについて、実際に根本規範なるものの存在を想定しているのではないとか、そのような規範が存在するわけではなく、根本規範とはすべての法律家が無意識に行っているたんなる論理的かつ先験的な仮説（hypothèse logique-transcendantale）であり、純粋法学はそれを意識に対して明示するものである、などと強調することで反駁に成功している。ケルゼンの論旨には完全に同意しうるが、純粋法学が根本規範に付与する機能を完全に説明し尽くしているとは言えない。すなわち、ケルゼンの議論は、なぜ法律家が規範を妥当するものとみなすのかを理解することを可能にはするが、なぜ規範が実際にあるいは客観的に妥当しているのかを理解することは可能にしないのである。

リアリズムの解釈理論は、この困難を避けることを可能とする。ある言明によって意味されている規範を決定するのが解釈者であるとすると、「なぜその規範は妥当しているのか、なぜその規範は法秩序に属しているのか」という問いに対しては、つぎのように答えれば十分であるからである。「なぜなら、その規範は解釈のプロセスのなかで作られたからである」と。

第二の困難は方法論に関するものであり、これは暗示的なやり方でしか扱うことができない。妥当性が意味と意味のあいだの適合性の関係として捉えられるならば、法命題（proposition de droit）——それによって法学は妥当する規範を記述する——は、経験的事実を記述するのではないということになる。そうすると、実証主義者は実に手強い任務に対峙することになる。つまり、経験的現象をその対象とするわけではないにもかかわらず、経験科学のモデルに基づいて法学を構成する、という任務である。反対に、リアリズムの理論は、法を経験的事実の総体として扱うことを可能にする。というのも、解釈者が言明の意味を決定する行為を問題とするからである。

しかし、解釈はたんに言明についてだけのものではなく、事実についても行われるものである。

(2) 事実（Les faits）

解釈に先立っては言明には意味が現存していないというのは、言明は「自然のままでは」意味を与えられていないからである。意味は解釈によって言明に付与されるにすぎない。しかし、意味は、あらゆる事実に対しても与えることができる。事実もまた、自然のままで意味をもっているわけではないのである。なお、このことは少なくとも二つの場合に生じる。

第一の場合は、慣習である。通常の定義によれば、慣習とは、繰り返された実践で、それには義務的性質があるという感覚が備わったもののことである。つまり慣習は一種の事実である。しかし、事実は法を作り出しえないため、まず、ある規範が当該慣習に合致して行動するよう命じること、つぎに、権限ある機関が、そのような繰り返された実践で義務の感覚を伴っているものが一つの慣習を構成しているということを宣言し、そうすることで、合致して行動すべき規範としての意味を示すことが必要となる。

この場合、解釈は三段論法（「慣習に合致して行動しなければならない」→「これは慣習である」→「よって……」）のうちの小前提について行われる。そしてこの操作の特殊性は、それが事実を規範へ変化させることにある。

実を言うと、解釈が三段論法の小前提についてなされる場合、つねにそれが事実を法へと変化させるというわけではなく、このような解釈がテクストの解釈の代わりになりうることがある。事実の法的評価（qualification juridique des faits）[5] がなされる際に生じるのがそれである。有名なゴメル氏（M. Gomel）判決の場合をとりあげてみよう[6]。法律の文言上は、計画された建物が風致観望（perspective monumentale）[7] を害する性格のものであるときには、行政は、建築許可書の発行を拒否できることになっていた。ある拒否行為が適法であるかどうかを判断するために、裁判官は、「風致観望」という表現の意味を決定するか、あるいは当該土地が風致観望の性格を有するか否かを検討するか、のいずれかをなすことができる。後者の道を選ぶとすると、裁判官は、外見上はテクストを解釈するのではなく、事実を評価するだけであるかのようである。そしてこの操作は包摂（subsomption）の観を呈する。すなわち、ある一つの部類（classe）が存在する以上、この部類に属するための標識を対象物が有しているかどうかを検討しさえすれば、これをその部類に配属するには十分である。しかし実際には、争訟が存在するのは、部類に属するための標識の一覧が存在しないからにほかならず、言いかえれば、定義が存在しないからである。裁判官による、当該土地が風致観望の性格を有する、あるいは有さないとの認定は、言うまでもなく、たんにその土地を観察することのみの結果としては生じえず、まさに風致観望の一つの定義をなす。

しかし実際には、まるで裁判官はテクストを解釈したかのようにすべてがなされる。ちなみに、このことを法律家たちは誤りなく理解している。ある表現の意味を与えるため、法律家は、その表現を含むテクストが適用されたさまざまな事例の長大な一覧を提示することがあるが、それがその例である。

5）【訳者注】日本のフランス行政法学における qualification juridique des faits の訳語については、事実の法的「性質決定」とするものや「性格認定」とするものなどがある。この点につき、本訳書と同じく「法的評価」の訳語を採る、服部麻里子「フランスの建築許可制度にみる裁量統制のあり方」一橋法学 10 巻 3 号（2011 年）285-341 頁の注 68（317 頁）を参照。

6）【訳者注】国務院の著名判決の一つで、越権訴訟における取消事由として、それまでの判例を変更し、行政庁による事実の法的評価の妥当性を審査することを明らかにした（CE, 4 avril 1914, N° 55125, M. Gomel, *Rec. Lebon*, p. 488）。簡単には、国務院サイトの解説（Décision, Avis & Publications → Sélection contentieuse → Présentation des grands arrêts）を参照。判決文は Legifrance のサイトにある。また、服部・前掲注 5）317-319 頁も本判決を紹介・検討する。

7）【訳者注】「風致観望」という訳語は、山口俊夫（編）『フランス法辞典』（東京大学出版会、2002 年）に従った。ただし、ニュアンスとしてはもう少し強く、服部・前掲注 5）のように「記念碑的眺望」と訳すべきであるかもしれない。

この場合、裁判官はたしかに概念の拡大を決定したと言える。この決定は意図的なものでしかありえないが、テクストの解釈であると正面から認めてなされる解釈と比べた場合、二重の利点を有すると言える。第一に、それは解釈という外観をとらずになされる、ということである。たとえばフランス法のように、実定法が裁判官に対して明示的に解釈を行う権限を与えていない場合、裁判官にとっては、自身が解釈を行っているということを認めることは時として難しいし、さらに、革命期のフランスのように、法が裁判官に対して解釈することを率直に禁じている場合、それはなおいっそう難しい。他方で、この決定は標準的な解釈方法のいずれかとの関連で正当化されなければならないものでもない。標準的解釈方法は、テクストの解釈についてしかあてはまらないからである。そして、事実の法的評価は、原則として具体的事件にしか当てはまらないものであり、その結果、用いなければならなかった定義は明示されないままにとどまっているため、裁判官は自身が定式化したものに拘束されえないことになる。

3　解釈者の権力（Le pouvoir de l'interprète）

解釈が意思の作用であり、それが事実についても言明についても行われるものである以上、それは大きな権力を行使するものであると考えられなければならない。この権力を分析するためには、その根拠、所在、この権力が作り出しうる規範、そしてこの権力が行使される際の限界を決定することが必要である。

(1) 権力の根拠（Le fondement du pouvoir）

解釈する権力の根拠は、それが作り出す解釈の妥当性に存在する。

この解釈は、もちろん、真または偽でありうるものではない。このことは、時として言われることであるが、有権的解釈者から発せられた解釈を比較しうるような標準的解釈なるものが存在しないという事実に起因するのではない。標準的解釈が存在しないということは、せいぜい有権解釈の真または偽を証明することはできないという主張の論拠としては役立つかもしれないが、有権解釈の論理的地位に関する主張の論拠としては役立たない。実際には、学説による解釈の真あるいは偽を証明することもできない。とはいえ学説による解釈は、論理的には真または偽でありうる。しかし有権解釈に関して言えば、それが真または偽でありえないのは、もっぱら、その内容がいかなるものであれ、法秩序はそれに効果を与えるからという理由による。それはある意味をある言明またはある事実に対して付与するという決定であり、決定は真でも偽でもありえず、たんに、所与の規範秩序において妥当するか妥当しないかであるのみなのである。

そして解釈という決定の妥当性は、排他的に形式的である。つまり、この妥当性は解釈決定を行う機関の法的権限からしか生じないもので、その内容、またはそれが正当化される方法からさえも生じるものではないのである。ある機関がある特定の解釈方法を用いたという事実は、その妥当性にいかなる影響も及ぼさない。このことは、正当化の文脈（*context of justification*）と発見の文脈（*context of discovery*）というよく知られた区別——つまり、決定はそれを正当化するために持ち出された理由とはまったく異なった理由によって下されうるという事実——に起因するのではない。というのも、法秩序は、援用された、あるいは実際に用いられた方法にではなく、権限ある機関による、与えられた権限の行使にのみ、結果を結びつけるからである。それでは、この機関とは何であるか。誰が有権解釈者であると考えられるべきなのか。

(2) 解釈の作り手（L'auteur de l'interprétation）

有権解釈が、もっぱら、法秩序がそれに対して効果を与える解釈、それ以上異議申立をされえない解釈、そしてその結果、あるテクストの解釈の場合には、このテクストのなかに組み入れられる解釈のことであるならば、有権解釈者とはこのような解釈を行う権限のあるすべての機関のこととなる。

当然のことながら、まず、最上級の裁判機関がそうである。しかしそのほかにも、有権解釈を行う権限をもつ機関は多数存在する。裁判機関ではないにもかかわらず、いかなる裁判機関に対しても異議を申し立てさせえない解釈を下せる機関がそうである。1958年フランス憲法はそのいくつかの例を提供している。たとえば共和国大統領は、憲法16条の文言を単独で解釈し、「重大かつ直接の脅威」あるいは「公権力の正常な運営の中断」という表現が意味することがらを決定する[8)]。ちなみにこの場合、解釈は、ゴメル判決の場合と同様に、あるいはテクストについて、またあるいは状況についてなされうる、ということを指摘しておこう。同様に、13条の「共和国大統領は閣議で議決されたオルドナンスおよびデクレに署名する」という表現が、大統領はそれらに署名しない権利を有することを意味する、と決定するのも大統領である[9)]。またさらに、大統領がそのために有罪とされうる「大反逆罪（haute trahison）」とは何であるかを決定するのは議会である。ちなみに同じことは、かつてアメリカ下院の共和党のリーダーであったときにフォード（Gerald Ford, 1913-2006）がはっきりと表明している。彼によれば、合衆国大統領の弾劾（*impeachment*）を正当化する「重罪または軽罪（*high crimes and misdemeanors*）」とは、下院が決定するものであったのである[10)]。

非裁判機関により下された有権解釈もやはり一つの決定である以上、時とし

---

8)　【訳者注】このような大統領の16条解釈によって、大統領には非常事態におけるきわめて大きな権限が与えられることになり、しかも同条の発動についてのみならず、その適用の終結も大統領の決定によることになっている――その唯一の発動例である1961年のケースでは、発動が5ヶ月という長期に及んだ――ため、「発動を決定した大統領が終結をしない限り、誰も何もなしえない」（南野森「非常措置権発動のための必要条件――諮問機関としての憲法院」辻村みよ子〔編集代表〕『フランスの憲法判例』〔信山社、2002年〕402-407頁、406頁）。このような16条のあり方については、かねてより批判が多く、実際に何度も削除ないし改正の議論がなされてきた。2008年7月の大改正でも同条の削除意見が強く主張されたものの、結局、非常措置の発動から1ヶ月を経過したあとに憲法院の関与を定める第6項が新設されるにとどまった（参照、南野森「フランス――2008年7月23日の憲法改正について」辻村みよ子＝長谷部恭男〔編〕『憲法理論の再創造』〔日本評論社、2011年〕241-259頁、243頁）。

9)　共和国大統領のこの解釈権は、法律家のみならず、政治の当事者によっても知られていた。たとえば、ペールフィット（Alain Peyrefitte, 1925-1999）は、憲法11条を利用しての憲法改正に関する1962年9月19日の閣議におけるド・ブロイ（Jean de Broglie, 1921-1976）大臣の次のような指摘を引用している。「共和国大統領の憲法解釈権については誰も語ってこなかったが、これは重要な権限であり、少なくとも黙示的には、憲法に含まれている。法律家のあいだで見解が分かれている場合こそが、まさに共和国大統領がこの権限を行使すべき場合である。大統領に明示的に認められている権利に従って主権者人民に訴えることを通じて、大統領はそうする手段を持っているのである。大統領は法律家のあいだに議論があることを指摘する。大統領は自らの見解を示す。そして人民が裁断するのである。」ペールフィットによれば、ド・ゴール（Charles de Gaulle, 1890-1970）大統領は何も答えなかったという（Alain PEYREFITTE, *C'était de Gaulle*, Paris, Fayard, 1994, p. 230）。

10)　【訳者注】原文は下院ではなく上院となっているが、誤植であろう。なお、ここで参照されて

て他の機関により犯罪を構成するものと解釈されることがありうる、ということも指摘しておこう。1958年憲法16条の場合がまさにそうである。すなわち、共和国大統領は、もちろん当該状況を非常措置権の発動を許すものと解釈しうるのであるが、この解釈は、それ自体が議会によって大反逆罪を構成するものと解釈されうるのである。議会が下すかもしれない決定を考慮にいれて大統領が決定を行うとすると、有権解釈は共同で行使される活動であり、その結果はいずれも権限ある機関のあいだでの力関係から帰結する、ということになる。

(3) 解釈が作り出すもの（Le produit de l'interprétation）

解釈が一つの決定であるとして、この決定は、解釈された言明のレヴェルに属する規範を作り出すことを目的とするものである。たとえば、しばしば引用されるホードリー司教の表現によれば、「書かれた法または語られた法を解釈する絶対的権限をもつ者は誰であれ、彼こそが実質的に法を与える者(Law-giver) なのであり、それは決して最初にそれらを書きあるいは語った者ではない」[11)]。

したがって、フランスの破毀院のように、法律の適用を統制する――つまり法律を解釈する――役目を負う裁判所は、立法権を有しているものと考えられなければならない。とはいえそれは部分的な立法権でしかない。このことは、そう考えられがちであるかもしれないが、あらゆる解釈に先立って、テクスト

いるのは、おそらく、フォード下院議員が共和党の院内総務であった1970年4月15日に行った、ダグラス（William O. Douglas, 1898-1980）最高裁判事の弾劾を求める演説であると思われる。そのなかに、« an impeachable offense is whatever a majority of the House of Representatives considers it to be at a given moment in history. » との表現が見られる。このスピーチの原稿は、ジェラルド・フォード大統領記念図書館のサイトで閲覧することができる（http://www.ford.utexas.edu/LIBRARY/speeches/700415f.htm）。この件についての当時の紹介として、堀部政男「連邦最高裁をめぐる最近の動向」アメリカ法1970年1号16-20頁がある。

11) John GRAY, *The Nature and Sources of the Law*, 2e éd., 1921, p. 172 による引用。この引用は、Hans KELSEN, *General Theory of Law and State*, Russell & Russell, 1945, réédit., 1961, trad. franç. *Théorie générale du droit et de l'État*, Paris, LGDJ, 1997 のアメリカ版153頁に収録されている。

【訳者注】フランス語版では207頁。なお、ホードリー司教とは、Benjamin Hoadley（1676-1761）のことで、ウェールズのバンガー(Bangor)の司教であった1717年に国王ジョージ1世の前で行った説教のなかに、この表現が使われているという。

が「公式の」立法権によって採択されていなければならないから、という理由によるのではない。解釈権はいかなるテクストについてでも行使されうるし、法律レヴェルの規範は実に様々な言明として書きとどめられうるものなのである。そうではなくて、このような裁判所が共同立法者（colégislateur）でしかないのは、その決定がつねに新たなテクストによって乗り越えられうるからなのである。ひょっとするとこの新たなテクストもまた解釈されることになるかもしれないが、現に在る力の対抗関係においては、裁判所がラスト・ワードを握っていることはたしかであるとは言えない。

同様に、憲法裁判所は、共同制憲者（coconstituant）である。憲法裁判所もまた憲法を自由に解釈でき、その解釈は憲法に関わる多様な言明のなかに書きとどめられ、あるいは言明のないところに作り出されることさえありうる。時として憲法裁判所が不文の原理を宣言する場合がそうである。しかし、憲法裁判所の決定もまた、制憲権によって作られる新たな憲法テクストによって乗り越えられることがあるのである。憲法裁判所が共同制憲者ではなく、端的に制憲者であると考えられるべきなのは、それが憲法改正法律の妥当性を十全に統制する権限を自己授権するに至る場合においてのみのことである。

しかし、有権解釈がある機関の権限拡大を可能にする場合、それはとりわけ強大な権能の源泉となる。ある機関の権限が、その機関自身が解釈するテクストに由来する場合がそうである。たとえば合衆国の最高裁判所は、1803年、アメリカ憲法を、そのテクストが自身に法律の違憲審査権限を与えているものと解釈した。フランス憲法院も1971年、フランスにおいて同様に振る舞った[12)]。

この点について、リアリズムの解釈理論にはしばしば背理を持ち出す反論が向けられてきた。すなわち、リアリズムの解釈理論では、規範の階統構造が完全に逆転してしまう、すなわち、憲法は実際には立法府の解釈によってしか規範ではなく、また法律は裁判所の解釈によってしか規範ではないことになってしまい、以下同様に実質的な執行の段階まで続く結果、最高機関は警察官であ

12）【訳者注】前者は *Marbury v. Madison*, 5 U.S. 137 であり、後者は Décision n° 71-44 DC du 16 juillet 1971 である。前者の解説として、樋口範雄ほか（編）『アメリカ法判例百選』（有斐閣、2012年）4-5頁〔紙谷雅子執筆〕、後者の解説として、辻村みよ子（編集代表）『フランスの憲法判例Ⅱ』（信山社、2013年）132-135頁〔山元一執筆〕がある。

るということになってしまう[13]、といったものである。

しかしながらこのような反論は簡単に退けることができる。法秩序の階統性は、言明あるいはテクストの階統性では決してない。二つのテクストのあいだには、階統関係は存在しえず、それが存在しうるのは、これらのテクストの内容あるいは意味のあいだにおいてのみなのである。ところがもし誰かが同時に憲法テクストの意味と法律テクストの意味とを決定する――つまり二つの規範を決定する――とすると、彼はそうすると同時にそれらのあいだにおける階統性の存在を確定しているのであり、そしてその階統性は逆さまではなく、通常提示されているそれと同一なのである。解釈のプロセスによってそのようなものとして決定された法律レヴェルの規範は、やはり解釈のプロセスによってそのようなものとして決定された憲法レヴェルの規範[14]との適合性という理由によって、その妥当性の根拠を見出す――あるいは、この言い方が好まれないのであれば、義務的なものとして示される、と言ってもよい――のである。言いかえれば、下位規範を作り出すプロセスに妥当性が由来するということから、階統構造は解釈者の言説の内部にあるものと考えられなければならないということのみが帰結するのであって、階統構造が逆転しているということが帰結するのではない。

裁判所の決定を解釈するのが警察官であることになってしまうという考えは、誤りではない。しかし、そこでとどまってしまい、警察官の解釈が有権解釈では決してないということを忘れるわけにはいかない。警察官の解釈は他の裁判所の決定により異を唱えられ、消し去られてしまいうるものなのである。言いかえれば、リアリズムの理論によれば、規範の階統性は権力の階統性を反映する、ということになる。

---

13) Denys de Béchillon, « L'ordre de la hiérarchie des normes et la théorie réaliste de l'interprétation, réflexions critiques », *Revue de la Recherche juridique*, 1994, n° 1, p. 247 および M. Troper, « A propos de la théorie réaliste de l' interprétation. Réplique á Denys de Béchillon »（同誌 267 頁以下）。

14) 【訳者注】原文では la norme constitutionnelle ではなく la norme législative となっているが、誤植である。

(4) 解釈者の自由（La liberté de l'interprète）

そうするとつぎに、リアリズムの理論に対して、解釈者——とりわけ裁判官の場合——は様々な制約に服しており、したがって彼が自由であり自己の意思を表明しているとは言えないはずだ、とする批判が向けられる[15)]。このような議論は、実際には自由意志（libre arbitre）と法的意味における自由との混同に基づいている。

法的な意味においては、自由とは自由裁量権（pouvoir discrétionnaire）のことにほかならない。すなわち、ある主体またはある機関が自らの望む行動をとる権利、あるいはそれが表明する権限をもっている規範に自らの選択した内容を与える権利のことである。このような自由は当然のことながら自由意志とは異なるものであり、絶対王政において国王はあらゆることをなす権能を有していたのだからあらゆる決定論（déterminisme）を免れる、などという哲学的主張を擁護しようとは誰も考えないであろう。

もちろん機関の行為を決定づけるさまざまな制約は存在する[16)]。リアリズムの理論は、それに反論しないばかりでなく、対立する学説、つまり解釈は認識行為であるとする学説よりも良くそれを明らかにすることができるものである。たしかに、解釈が明らかにする任務を負っているとされる隠れた意味が存在するということを認めるのであれば、決定モデルの理論の射程は非常に限定されたものとなる。それは、解釈者がこの意味を発見することを妨げ、あるいはそのような意味を否定することへと導いた、とりわけ心理的あるいは政治的な原因が何であるかを説明することしかできない。しかし解釈の内容を理解することが問題である以上、認識モデルの解釈理論は、解釈者が、解釈指針の命ずる義務に十分適合していたかどうかを探求することしかできない。反対に、リアリズムの理論は、解釈者が大きな法的自由を有していることを認めるものであるが、あるテクストに対してほかでもないある特定の意味を与えるために、解釈者がこの自由を用いる場合のその用い方を決定づける諸要素を探求するこ

15）この批判は、とりわけ Denys de Béchillon の前掲注 13）論文、拙稿「憲法裁判官の解釈の自由」（本訳書第 2 章、前掲注 1）を参照）に要約したヴデル学部長の研究報告によって提示されているものである。

16）本訳書第 2 章（前掲注 1）を参照）を参照。

とができるのである。

またリアリズムの理論は、これらの要素のうち、心理学的、社会学的、あるいは政治的秩序に属するものと、固有に法的なものとの区別へと導く。固有に法的な要素とは、法システムそのものから由来するものであり、義務とは決して混同されないものである。

ここでは、法システムという言葉によって、規範生成権限を与えられた機関の総体と、法的な論証において用いられる概念の総体を同時に意味している。ある決定を選択するにあたっては、とりわけ解釈決定の選択においては、ある機関は、自身の論証がそれ自身過去に用いた概念あるいは他の機関によって用いられた概念の総体のなかに含まれている場合、当該システムに属する他の諸機関がとりうる決定を考慮にいれる。このような場合、その機関の決定は、特殊に法的で、かつ、それを義務と区別してはじめて説明できるようになる制約（contrainte）に従ったのだと言うことができる。

リアリズムの理論は、このように、法学を因果科学（science causale）として構想する――かといってそれを法社会学あるいは法心理学と混同することなくそうする――ことを可能とするものなのである。

第2章　憲法裁判官の解釈の自由

La liberté d'interprétation du juge constitutionnel（1995）

裁判官が自由裁量権（pouvoir discrétionnaire）をもつということを法理論が認めると、それは政治理論に対して深刻な問題を提起する。民主政におけるこのような権力の正統性という問題である。そしてこの問題こそが、かかる裁量権の存在についての論争を繰り広げさせてきたものである。裁判官の権力は、解釈権のみではなく、参照条文を選択したり、事実を評価したり、あるいはまた損害賠償額や量刑を決定したりすることができるということからも帰結するものではあるが、とりわけこの解釈権の存在についてこそ議論が展開されている。なかでも法律の合憲性審査が行われる場合には、裁判所はまれにしか事実問題を審査したり賠償額を決定したりしないので、とくにそうである。

裁判官の自由の問題は、たとえばつぎのように一言で言い表される。すなわち、裁判官は、適用しなければならないテクスト（＝条文）を自由に解釈することができるのか、と。このように簡潔に示された問題を扱うに際して、ケルゼンによって実に明解に対峙させられた2種類の理論をとりあげることは、もはや古典的な手法と言えるだろう[1)]。一方の理論は、あらゆる条文は単一で「真の」意味を有しており、それを適切な方法によって発見するのが裁判官の任務

＊本章は、1993年4月27日、パリ第2大学法哲学センターにおいて行った報告用原稿を元とするものである。私の報告は、ヴデル学部長との論争のなかで行われたものであるが、私自身の報告を準備するために、ヴデル学部長から事前に草稿をいただいたことに御礼申し上げる。ただし、ヴデル学部長がその公表の余裕をもたれることがなかったのは残念であった。

1）Hans Kelsen, *Théorie pure du droit*, Paris, Dalloz, trad. franç. de la 2e éd. all. par Ch. Eisenmann, 1962, p. 453 et s. ; cf. Michel Troper, « Kelsen, la théorie de l'interprétation et la structure de l'ordre juridique », *Revue internationale de philosophie*, n° 138, 1981, p. 518 et s., reproduit dans M. Troper, *Pour une théorie juridique de l'État*, Paris, PUF, coll. *Léviathan*, 1994, pp. 85-94.

であるとする。この場合、解釈は認識の作用ということになり、この操作の結果作り出されるものは、真または偽でありうることになる[2)]。他方の理論は、条文は裁判官によって決定された意味以外の意味をもたず、それゆえ解釈は意思の作用にほかならないとする。

ヴデル学部長はいくつかの斬新な議論を用いて、第一の主張の一変種を提唱している。彼はまず、上記のいずれの主張も、その戯画的かつ素朴なヴァージョンでは受け入れることができないと言う。すなわち、解釈を認識行為とする第一の主張について言えば、それは「真の」意味という考えに基づいており、そのようなものは裁判官の決定を参照することなしには決定できないものであって、その結果、かかる主張は内在的矛盾を抱えている、と言うし、解釈を意思行為とする第二の主張については、それは裁判官に及ぶあまたの制約を十分に理解しておらず、とりわけ、文法あるいは裁判官の決定自身が事後的に服する統制から生じる制約を理解していない、と言うのである。

さらに彼は、解釈を認識行為とする理論の論拠として通常提示されている、裁判官の感覚を根拠とするような議論、つまり彼ら自身が解釈に際して拘束を感じているとする議論を退けるべきであるとも言う。たしかに解釈を意思行為とする理論の主張者は、このような議論に対して、かかる裁判官の感情は錯覚にすぎないと反論する。しかし、いずれの主張も等しく誤謬証明不能なものであって、互いに打ち消し合うものである、と。

そのうえで彼は、法システムにおいてある理論が真の値をもつかどうかに関するきわめて巧妙なテーゼを構想し、それを解釈の問題について適用している。すなわち、ある理論は、それがある法実践（pratique juridique）を基礎づけるために不可欠のものである場合には「真」であるとされる、というものである[3)]。

---

2)　Ronald Dworkin, « No right answer? », *in* P.M.S. Hacker et Joseph Raz (eds), *Law, Morality and Society. Essays in Honour of H. L. A. Hart*, Oxford, Clarendon Press, 1977, p. 58 et s. ; cf. Françoise Michaut, « La bonne réponse n'est-elle qu'une illusion ? », *Droits*, n° 9, 1989, p. 69 et s.

3)　Georges Vedel, « Le Conseil constitutionnel, gardien du droit positif ou défenseur de la transcendance des droits de l'homme », *in* Terence Marshall (éd.), *Théorie et pratique du gouvernement constitutionnel*, La Garenne-Colombes, Éditions de l'Espace européen, 1992, p. 311 et s.

そうして、解釈＝認識理論はたとえ「真」ではないにせよ、結局のところ解釈＝意思理論に比べればその不正確さはより少ないとする。そしてこのことはある根本的な理由による。すなわち、裁判官の実務は必然的に三段論法の神話に基づいているため、解釈＝認識理論こそが裁判官の実務を基礎づけることになるから、と言うのである。「法の社会的機能および法秩序の信用性は、自らの職務遂行にあたって最大限に制約の存在を信じる裁判官による方が、最大限に自由の存在を信じる裁判官によるよりも、いっそうより良く保障される」からである、と。

以上のような議論については、いくつかのコメントが可能である。たしかに多くの点についてヴデル学部長の主張には賛同せざるをえないが、一方でその主張に対しては若干の修正を求めることができるだろうし、他方で彼の行論は、彼自身が到着すると考えている結論とは実に異なった結論へと導くということを強調したい。すなわち、裁判官がその任務の遂行にあたって最大限に制約の存在を信じているという事実は、解釈＝認識理論ではなく、解釈＝意思理論をこそ補強する議論となる、ということである。

(1)　いずれの理論が真であるかについての議論に際して、裁判官の心理、その感情あるいは虚偽意識といったものに基づくあらゆる行論を退けねばならないことは言うまでもないが、それはそのような行論が互いに対立するものであり、いずれが正しいのかを判断することができないことのみによるのではない。そもそも、それらの議論が互いに打ち消し合うものであるとも言えない。それらはつねに同一平面上にあるわけでもないからである。おそらく、仮に裁判官が拘束を感じていると告白し、仮にそれに対してそれは嘘だと反論されるのであれば、両者の議論は互いに打ち消し合うものであり、ともに誤謬証明不能であることになるだろう。しかし、幸いなことに、議論がかかる平面に存していることは稀である。まさしくヴデル学部長が述べるように、裁判官の心情についての主張に対しては、裁判官は錯覚の被害者であるという主張が対峙されているのである。ここではもはや両者の議論は互いに対立するものではなく、両者の命題はまったく矛盾していない。錯覚テーゼを主張する者は、裁判官がそのような心情を抱いていることを否定しているのではなく、ただそのような心情が現実に対応しているとすることに異を唱えているにすぎない。裁判官が自らについて述べる命題は直接に心理的なものであるが、錯覚テーゼは間接に心理的なものでしかない。すなわち、後者は心情に関するものではなく、外的現実についてのものなのである。裁判官の命題は、彼が感じると主張する心情がたしかに感じられているのであれば真である。しかし錯覚テーゼは、たとえ裁判官がそのような心情を感じていたとしても、実際には裁判官に彼自身意識していない自由が与えられていれば真となる。したがって、裁判官による命題は真偽の決定ができない――なぜなら彼の心情は彼の言説を参照することなしには知りえないからである――のに対して、錯覚テーゼは真偽決定不能でも、また誤謬証明不能でもない。それは裁判官が実際に拘束されている場合には偽であり、その逆の場合には真なのである。

これらの行論を退けなければならないのは、つまり、ただ単に、裁判官の心情がその権力の実際についてのいかなる情報をも与えないからであり、また、その心情が正当化されるものであるかあるいは錯覚にすぎないものであるかは、現実そのものを検討してみなければ決定しえないからである。

(2) 解釈を認識行為であるとする理論が受け入れられないことは疑いえない。この理論に反駁する議論は、いくつも挙げることができる。まず、解釈＝認識理論は、ヴデル学部長も確認するように、条文の「真」の意味なるものをさまざまな方法によって探究すると主張するが、そのような複数の方法は実際には異なる結果、つまり異なる意味へと導くものなのであって、これらの異なる意味のうちのいずれかを選択する道具は我々には与えられていない。つぎに、同理論は「意味」のさまざまな概念と両立しうる。それは、「意味」が条文の作り手の意図に還元されることもあれば、この意図から独立してはいるものの、たとえば通常の言葉遣いにおける語の意味、あるいは法的言葉遣いにおける意味、あるいは条文の政治的社会的機能、さらにあるいは規範体系におけるその位置といったものには従属するところの客観的な条文の意味に還元されることもあるからである[4)]。そしてこのような参照対象のそれぞれが複数の解釈を受けう

---

4)　Robert S. Summers & Neil MacCormick (eds.), *Interpreting Statutes. A Comparative Study,*

るものである以上、唯一の「真の意味」なる考え方は単純に意味をもたないことが明らかであろう。第三に、解釈＝認識理論は無限後退に陥る。もし「唯一の意味」が存在するのであれば、解釈が真であるのは、それがそのような意味を明らかにする場合に限られる。しかし解釈がはたして本当にそのような意味を明らかにするに至ったのかどうかを知るためには、そのような意味を知る必要があるが、それは解釈という手段を通してしか可能ではなく、さらにこの解釈についてそれが真であると言えるのは、それを他の解釈と比べたうえでのことでしかない。そしてこの最後の解釈以降もまた同様なのである。最後に――そしてとりわけ――仮に真の意味が存在するとして、そして仮にそれを知ることができるとして、それでもなお、法システムの実際の動きを説明するためには解釈＝認識理論は不適切である。法の一般理論が扱う問題は、真の意味が存在するかどうか、この意味を知ることができるかどうか、裁判官はその探究にあたるものであるかどうか、といった問題ではまったくない。法理論にとって唯一適切な問題とは、解釈について言えば、妥当性の問題なのである。それはある解釈が法的に妥当であると言うための基準は何であるかを探究しようとする。そして、解釈の妥当性が解釈の真偽に依存しないことは明らかである。それは解釈の提出される条件と反論可能性とに依存する。解釈が明示的もしくは黙示的に授権された機関から提出され、それが他の機関において反論されえないものであるとき、それは押しつけられ、完全に条文に繰り込まれ、そしてこの条文はそのようにして決定された意味においてしか適用されえないものとなる。つまり解釈が真であると言うことを可能にするのが真の意味なのではなく、反対に、何が真の意味であるかを言うことを可能にするのが授権された機関から提出された解釈なのである。

(3)　さらにまた、誤った理論でさえそれにもかかわらず社会における実践を基礎づけることができるとするヴデル学部長の理論に同意することもできる。とりわけ、フランスの憲法裁判官の役割を基礎づけるのが解釈＝認識理論であるということは明らかである。というのも、現在のフランスにおける実際におい

Dartmouth, Aldershot, 1991.

ては、裁判官は憲法条文を適用している、そしてこの条文は客観的な意味を有している、そしてこの意味は認識しうるものである、といった単純な考え方によってのみ裁判官はその正統性を得ているからである。反対に、自由裁量による決定から導かれる意味しか存在しないということを認めるならば、そしてとくに裁判官自身がそれを認めるならば、憲法裁判官の正統性は疑わしくなろう。

しかし、かかる基礎づけにはいかなる必然性もない。異なるシステムは異なる基礎づけによって運営されている。フランスにおいてでさえも、革命期、また民法典において、裁判官の役割を基礎づけていた理論は、正確には解釈＝認識理論ではなく、条文の真かつ客観的な意味は解釈を必要とせずに認識可能であるという、まったく異なった考え方であった。裁判官に対して「法律の沈黙、不明確性、または不十分性を口実として」裁判を拒絶することを禁止していた民法典4条をあらためてみてみよう。1790年に定式化された民法典のこのテーゼは、当時の伝統的な考え方を繰り返したものであって、法律はつねに明確であり、それゆえ、法律が不明確であるからというのは口実でしかないと考えるものであった。革命期の人々がこのような定式化へと至ったのは、解釈は認識の作用ではなく、反対に意思の作用、立法的行為なのであって、それゆえそれは裁判官によってではなく立法者自身によって行使されなければならないと考えていたからこそである。

したがって、裁判官は決して解釈を行ってはならず、ただ具体の事例に法律を適用するのみでなければならない。彼が「誤った適用」を行ったとき、とりわけある法律が問題の事案に適用可能なものであると誤って判断したときには、その決定は破毀されることになるが、しかし破毀裁判所は破毀することを越えて正当な解釈を示すわけではない。ただ何が正しい適用であるかを示すにとどまるのである。移送先の裁判所が破毀裁判所の指示通り法律を適用しない場合にのみ法律の不明確性が推定され、解釈を施さなければならないことになるが、その場合においても裁判官は当然のことながらその権限をもたないため、立法者に付託せねばならない。裁判官の役割は、このように、解釈＝認識理論ではなく解釈＝意思理論に基礎づけられていたのである。

解釈に頼ることなく意味を知ることができるという考え方は、民法典のみならず国務院（コンセイユ・デタ）の判例にも浸透している「明白な行為の理論

(théorie de l'acte clair)」の基礎にあるものであり、たとえば明白な行為であるだけで行政裁判官は条約の解釈権限をもつ機関に対して移送せずにすむ、とされる。憲法院判例においても、解釈を展開する議論の欠如が明白な行為という考え方によって正当化されることがある。解釈＝認識理論はフランスの憲法裁判官の実践をまちがいなく基礎づけているものではあるが、しかし、唯一のものというわけではなく、また、フランスの法システムにおける伝統の全体を反映するものでもないのである。

そもそも基礎づけのあり方は偶発的なものであり、違憲審査制が完全に、もしくは部分的にその他の理論に基礎づけられているシステムも存在する。たとえば、ケルゼンは法の創設と法の適用という伝統的区別を否定するが、それはある規範が創設されるのは上位規範の基礎づけがある場合にのみであり、すなわち、上位規範を適用する場合にのみであるからである。同様に、ある規範を適用することは、それが何らかの事実行為を命じている場合を除けば、つねに別の規範を創設することである。つまり必ず創造の部分が存在するのであって、ケルゼンは、リアリズム理論に与する前でさえ、解釈とはいくつかの可能な意味のなかから一つを選択することであると考えていたのである。憲法と法律のあいだにのみならず、憲法と裁判官の決定のあいだにも階統性を維持するために、ケルゼンは選択肢を限定し、その結果、人権宣言や憲法前文という漠然すぎるものとの関係における法律の憲法適合性審査を行うことを裁判官に禁じるという主張を展開したのであった。ケルゼンはまた、憲法裁判所は意思を表明するのであって、政治的機能を果たすものであり、それゆえ、その構成員は議会によって選出されるべきであるとも主張した[5]。すなわち、ここでの制度を基礎づけるものは、解釈＝認識理論ではなく解釈＝意思理論なのである。

さらに、アメリカのリアリズム法学によれば、裁判官はとりわけその解釈活動において自由裁量権を有しているが、そのような裁判官に対して正統性が与えられるのは、彼が社会の必要とするものを知りうる立場にあり、社会におけるエンジニアたりうる立場にあるからである、とされる[6]。

---

5) H. Kelsen, « La garantie juridictionnelle de la constitution », *RDP*, 1928, p. 197 et s., spécialement p. 239 ; « Wer soll der Hüter der Verfassung sein ? », *Die Justiz*, 1930-1931, Heft 11-12, Bd VI, p. 576-628, spécialement n° 6.

これらのいかなる主張も語の通常の意味において真であると言えないことは明らかであるが、ただこれらの主張を思い起こすだけでも、解釈＝認識という神話が法実践を基礎づける唯一可能なものであるとはとても言い難いということが理解されるであろう。逆に、法理論の「真性」についてのヴデル理論を受け入れるのであれば、互いに矛盾するこれらの諸理論は、それにもかかわらず等しく「真」である、と考えなければならないことになるはずである。

(4) しかし実際には、このような「真性」の概念を受け入れる理由はまったく存在しない。彼の「真性」は、実は二重のものなのである。すなわちある場合には、ヴデル学部長はある特定の社会実践を基礎づけるのに効果的な神話を形成する主張を「真」と呼ぼうとするかのようであるが、そうすると彼は特定の法システムにおいては自然法理論が異論の余地なく「真」であり、また他のシステムにおいては占星術理論が「真」であると述べることになるだろう。そしてその結果、このように「真（vrai）」という語——「効果的（efficace）」という語ではなく——を用いることにいかなる利点があるのか判然としないことになる。

ところがまたある場合には、彼は「真」という語に通常の用法により近い意味を与えようとするかのようでもある。つまり、解釈＝認識理論は「真」である、なぜならば裁判官は、まるで条文の客観的な意味を発見するかのように、まるで拘束されていると感じているかのように、実際に振る舞っているからだ、と。しかしこのように考えることにはきわめて大きな弱点がある。というのも、あるテーゼはそれが命題としては誤っているだけにいっそう神話として効果的である、ということがありうるからである。たとえば純粋な仮定の話として、もし裁判官が大きな自由裁量権を行使していると考えるならば、にもかかわらずこの権力の存在および大きさは、まさにそれをどれだけ隠蔽することができるかにかかっているということを認めなければならないだろう。マーシャル（John Marshall, 1755-1835）合衆国連邦最高裁首席判事はつぎのように述べてい

6) F. Michaut, *L'école de la Sociological Jurisprudence et le mouvement réaliste américain. Le rôle du juge et la théorie de la prédiction*, thèse, Paris X, 1985.

る。すなわち、「司法権は、法の権力と区別されたものとしては存在しない。裁判所はたんなる法の道具であり、いかなることを意思することもできない」[7]と。そうすると、理論は誤っているときに「真」であり、真であるときに「誤っている」と言うべきなのだろうか。

(5) ところが、解釈＝認識理論は正しくは理論ではなく、メタ理論にすぎないと考えることもできよう。言いかえれば、それは解釈が認識作用であると主張するものではなく、たんに解釈＝認識理論が法実践を基礎づけているとのみ主張するものであるということである。このような立場は完全に受け入れうるものであるにせよ、そもそもの出発点からすると大きく後退している。すなわち、当初はつぎの互いに矛盾する二つの命題のうちいずれが真であるかを求めようとしていたのであった。

①「解釈は認識の行為である」
②「解釈は意思の行為である」

ここで、①をメタ理論に変化させるならば、次の二つの命題が得られることになる。

②「解釈は意思の行為である」
③「法は『解釈は認識の行為である』という信念に適合して機能している」

ここで、②と③は両立不能ではまったくない。③が対立するのは②ではなく、つぎの④である。

④「法は『解釈は意思の行為である』という信念に適合して機能している」

---

7) Friedrich A. von Hayek, *The Constitution of Liberty*, Chicago, Univ. of Chicago Press, 1960 による引用。【訳者注】当該判決は、Osborn v. Bank of U.S., 22 U.S. 738 (1824) である。

たしかに、解釈は意思の行為であるということと、司法実務が解釈は認識行為であるという信念に支えられているということを、同時に主張することは完全に可能である。そもそも、異なる言明が二つのレヴェルにおいて考察されている以上、あらゆる組み合わせが可能なのであり、②と③が真であると認めることや、①と④、①と③、あるいはさらに②と④が真であると認めることもまた考えられる。

しかし、法理論のレヴェルにのみ立ったうえで裁判官が解釈を通して自由裁量権を行使しているのかどうかを決しようとするのであれば、信念や神話ではなく法的現実そのものを検討することが適切であろう。①あるいは②の真性が、信念を参照することなく決せられなければならないのである。

(6) とはいえ、ヴデル学部長のように、二つのテーゼのいずれも満足できるものではないと考えることもまた可能ではある。そもそも、彼が効果を持ち出して迂回しようとするのは、まさしく、彼によればいずれの主張も真ではないからなのである。つまり、問題は決着のつけられないものであると彼が考えているかのように、ことは運ばれることになる。

しかし、ある問題が決着不能であると考えられるのは、示された命題の有効性審査（あるいは誤謬証明）の手続きを打ち立てることが不可能である場合のみである。そしてそれは決して不可能ではない。非常に簡単なテストが我々には与えられている。すなわち、ある事実の存在を主張する学術的命題は、もし問題となっている事実が存在しないのであれば偽であると考えられなければならず、その逆の場合には真と考えられなければならない。同様に、一定の法行動の存在を主張しその特質を記述する法理論の命題は、これらの行動および特質が存在するのであれば真であるとされなければならない。ところで、規範もしくは法行動の存在とは妥当性にほかならない。したがって、解釈の性質という問題は、つぎのような用語法で提起されなければならないことになる。すなわち、ある解釈はその内容——たとえば条文の真の意味を明らかにするものであるといったこと——のゆえに妥当するのか、それとも反対にその内容の如何を問わずそれが権限のある機関から発せられているという理由によって妥当するのか、と。

ある解釈は、それが解釈権限を与えられた機関から発せられる場合には妥当する、というのはきわめて明らかなことである。このような、組織上の、かつ形式的な条件において、法秩序は解釈に法的な結果を与えるのである。そしてその際、解釈の内容は関係がない。ゆえに権限ある機関は自身の意思を表明することもでき、解釈すべき条文に特定の任意の意味を選択することもできるのである。授権された機関によって決定された意味のほかには「真の」意味は存在しない、とさえ言うことができる。有権解釈機関による解釈に対抗して「真」とされる別の解釈を提示しえたと思い込もうが、それは結局のところ私的な解釈過程を通じてしか提示されえないものであり、それを標準的解釈と称しているにすぎない。

この点について、解釈者——とりわけ裁判官が問題とされる場合がそうである——はさまざまな制約に服しており、それゆえ彼が自由であり自己の意思を表明しているとは言えない、との反論がしばしばなされる[8]。このような議論は、実際には自由意志（libre arbitre）と法的意味における自由との混同に基づいている。

何らかの機関、法秩序に属するある機関が自由であると述べることは、当然のことながら、それがあらゆる決定論（déterminisme）を免れていると言おうとするのではない。たとえば伝統的理論は、違憲審査制のないところでは、立法者はいかなる内容の法律も自由に制定できるとしながらも、同時に、議会は票決に際して因果関係を免れてはおらず、あらゆる種類の制約に服している、ということを認めている。婚姻が自由であるということは、結婚するという決定や配偶者の選択がいかなる社会的心理的影響をも受けないということを意味するのではなく、ただ、いかなる選択であっても法によって有効であると考えられる、ということを意味するのである。ここで「自由」という語によって理解されているのは、あらゆる規定（détermination）を免れた状態のことではなく、「法的」自由にすぎないのである。ある機関は、それが法的に等しく有効ないく

8）このような反論はとくにヴデル学部長および、Denys de Béchillon, in *Revue de la Recherche juridique*, 1994, p. 247 et s. によって展開されたものである。M. Troper, « À propos de la théorie réaliste de l'interprétation. Réplique à Denys de Béchillon », *ibid.*, 1994, p. 267 et s. を参照。【訳者注】本訳書第1章注13）をも参照。

つもの行動のなかから選択を行いうるときに、たとえその選択が実際にはつねに決定論の産物であるとしても、法的に自由であると言えるのである。つまり、解釈が自由であると述べることは、ある機関が有権解釈を行う権限を与えられているとき、この機関によってなされた解釈はすべて等しく有効であるということを意味するにすぎない。言いかえれば、それはそのような解釈が解釈される条文に組み込まれる、あるいはさらに、そのような解釈が法的効果を生む、ということであり、このことは、そのような解釈が有権解釈であるということを別な言い方で述べているにすぎないのである。そしてこのように言うことは、解釈者の行動がさまざまな原因に基づくということを否定するものでは決してない。通常なされる批判はこの点を見誤っているわけではなく、ただ判決を裁判官の朝食の質の結果とするアメリカのリアリズム流の解釈＝意思理論が批判されているにすぎない。

制約が存在するということに基づいてなされる議論の限界は、モンテスキュー（Montesquieu, 1689-1755）が定義したような専制体制を考えてみれば明らかになるだろう。すなわち、ただ一人の人間が、法律によってではなくその気紛れによって統治するシステムである。この場合、専制君主は最も完全な法的自由を享受している。ところが彼もまた、あらゆる種類の制約に服しているのであって、それはたとえばその国の経済的・財政的状況、臣民が抵抗する危険性、あるいは君主の命令がきちんと執行されないことなどに起因する。これらの制約を見誤った決定は、おそらくその実効性をいくばくか削がれたものとなるだろう。しかし、そのような決定もまた有効なのである。

さらにこの分析を推し進めよう。リアリズム理論は、解釈が法的に自由であると認めるからこそ、解釈が決定論のもとにあるということを理解しうるのであって、反対に、解釈はすでに条文のなかに存在している意味を発見することにあるとする理論では、解釈者がなすべきことを明らかにしうるのみであって、解釈者が実際になしていることを明らかにすることはできない。

(7)　まさしく、残る二つの現象を説明する必要がある。

裁判官はその意思に従って自由に解釈できるが、しかし彼らは実に終始一貫して拘束されているという感覚を表明するため、このような感覚が実際のものであるかどうか疑いえないほどであり、彼らが錯覚の被害者であるとしてすますこともできない。錯覚であるならば、なぜこのように広く共通する錯覚が生じうるのかをさらに理解しなければならないからである。

他方で、裁判官がすでにそこにあるとされる条文の意味によって拘束されているのではなく、たんにその意思を表明しているだけにすぎないのであれば、彼らはその解釈を気紛れによって変更することができるはずである。しかしながら、判例は、裁判官の決定がまったく予測不能なものであるとは言えない程度には十分な一貫性を示している。

これらの現象は、司法作用は適用の作用であり創造の作用ではないという裁判官に浸透するイデオロギーと、裁判官の教育とに起因すると考えられるかもしれない。また、いかなる権力であれ権力を行使する者は、事実上の状況に起因するさまざまな制約に服しているという意識をもっている、と説明されるかもしれない。しかしいずれの説明も適切ではない。

第一の説明が適切でないのは、裁判官に対して法の創造ではなく法の適用こそを命じる規範は倫理的な規範であって、法規範ではないからである。たしかに、裁判官に対してまさしく条文の適用に自己を限定するよう命じる実定法規定が存在することはありえる。しかしこれらの規定自体、適用される前に解釈されなければならず、これらの規定を適用するよう義務づけるものは何かという問題が生じるのである。特定の法システムにおける規範を適用する義務を生ぜしめるのは、そのシステムの外部にある別な規範でしかない。

そして裁判官が有する感覚は、倫理的に義務づけられているというものではなく、法的に義務づけられている、というものである。また、本当に倫理上の義務であるとすれば、裁判官はそれぞれ異なる倫理に従っているはずであるから、すべての裁判官が同様にそれを感じるということはありえない。しかもそのような規範はしばしば――とりわけ他の道徳規範と衝突するときには――背かれるものである。最後に、そして就中、法を適用すべしという規範は採用すべき解釈行動に関しては何らの特定の内容をももたない。たしかに条文をその「真の」意味に適合的に解釈するよう命じることは可能であるが、それはそのような意味を発見するための方法を命じるものではないし、裁判官が義務づけられているという感覚を有しているとしても、それはある特定の意味において解釈すべしという義務の感覚ではない。

裁判官には制約に服しているという意識があるという考え方について言えば、それもまた裁判官が表明する被拘束感覚をより良く説明するものではない。専制君主は事実上の制約に服してはいるが拘束されてはいないとの感覚をもちうるのに対して、裁判官は、ある決定もしくは解釈が重大な結果を引き起こすがために不適切であると考えるのみならず、彼をそう決定するように導いているのが法であると考えているのである。

ゆえに、法は、義務（obligation）のみを含んでいるのではない、という考え方を真面目に受け取らねばならない。義務なるものは、容易に見誤ったり違背したりしうると考えられるかもしれないが、この場合に関して言えば、すでに見たように、存在しない。法は一群の制約（contrainte）をも組織しているのである。この制約を、法的制約と呼ぶことができるだろう。もしこのような仮説の正しさが認められれば、自然や社会といったものに起因する事実上の制約のほかに、法システムに起因する制約が存在し、この制約が、実に数多くのありうべき行動のなかから選択する権限を有するはずの行為者をして、その選択肢がきわめて限定されていると考えさせるものである、と認めるべきこととなるだろう。

たしかに「法的制約」という言い方は、その用語のなかにすでに矛盾を含んでいるかのようにも見える。というのも制約は決定論のなかに含まれているのであって、つまり存在の範疇にあるものであり、当為の範疇にあるものではないからである。しかし、法システムに起因し、そして物質的制約に比しうる制約として二種のものを考えることができるのである。

強い意味での制約とは、構成的ルール（règle constitutive）――すなわち、ある行動を命じるのみならず、そのようなルールに従うことによってはじめてその行動にその行動としての資格が認められることになるという意味で、そのような行動を構成する（constituer）ルール[9]――から生じるものである。たとえば、「結婚式は身分吏によって執り行われなければならない」というルールは、身分吏以外の者によって行われた儀式は法的意味における結婚式ではない、と

9)　John R. Searle, *Les actes de langage*, trad. franç., Paris, Hermann, 1972, notam. p. 72.

いうことを意味する。結婚とは、特定の方法で執り行われた結合としてしか定義されえないわけである。このような類のルールが真の制約を生成するものである。つまり、このようなルールは特定の目的達成のために必要な手段として現れるのである。結婚するための唯一の方法は、結婚式を身分吏に執り行わせることである。このような制約は、いうまでもなく解釈活動に影響するものではない。それを遵守することで法解釈行為に法解釈行為としての資格を認めることが可能になるようなルールは存在しないし、ましてやある解釈を正しい解釈と資格づけるようなルールも存在しない。たとえそのようなルールが存在するとしても、それは解釈されなければならない。

これとは反対に、弱い意味における法的制約について語ることもできる。合理的かつ効率的に行動するためには特定のやり方で振る舞わなければならないような状況に人または機関を至らしめるような規範がある場合がそれである。このような状況はまず裁判所の合議体内部において、ある一人がその同僚を説得しようとする際に生じる。たとえ彼自身はリアリズム理論の正しさを完全に信じているとしても、裁判官は条文にいかなる意味をも与えうると主張することは彼にはもちろん不可能である。というのも、時宜に適っているという理由を持ち出さない限り、ある意味を他の意味よりも望ましいと考えることに理由は存在しないからである。つまり、条文には真の意味があるという主張に依拠しようとさせる客観的な制約が存在すると考えることができるのである[10]。

弱い制約の状況は、ある機関の自由裁量権が他の機関が自己の自由裁量権を過度に行使することを抑止することになるように、機関と機関の関係について定める規範が両機関の関係を構成している場合にも生じる。たとえば、18 世紀末の諸憲法が構想していたような権力均衡のシステムはすべて、モンテスキューの言う意味において「穏健な」(modéré) 立法や政治の実務がそこから生じるように規範を組み合わせたものである。すなわち、両院が過激な法律の採択を控えるのは、国王が拒否権を発動するであろうからであるし、国王が法律に反する決定を下さないのは、大臣が副署を拒否するであろうからである。同

10) Jacques Meunier, *Le pouvoir du Conseil constitutionnel. Essai d'analyse stratégique*, Paris, LGDJ, 1994.

様に、第五共和政の大統領は、自身の行動を議会が大反逆罪を構成するものと解釈しうるということを知っている場合には、状況が重大かつ直接の脅威（menace grave et immédiate）を含んだものであると解釈するのをためらうことになる[11]。ここでの制約は「弱い」（faible）ものと考えられねばならない。というのも、定められた方式によらない結婚とは異なり、そのような行動は不可能ではないからである。かかる行動は完全になしうるものであって、そのようなものとして行為の為し手の意図通りに位置づけられうるのである。内容が過激な法律の採択の場合、そもそもそれは何らかの違反ではないし、国王の拒否権発動はサンクションでもない。たんに、このような行動は合理的でない――少なくとも 18 世紀の公法学者の見解によれば、法律がまったく存在しなくなることよりは、妥協的な法律を採択することのほうがより望ましいことであった――というのにすぎない。

こうして、一群の効力を有する規範から出来する状況が、不都合な結果を避けるためにではなく、自己の権限を拡大するために、穏健な行動をとらせるということが起こりうるのである。このパラドックスは見かけ上のものにすぎず、モンテスキューによる専制の描写が的確に示していた権力把握から生じるものである。唯一者が統治するものの「制定され固定された法律によって」（par des lois fixes et établies）統治が行われる王政とは異なり、専制は、唯一者が、法律なしに、その気紛れによって統治するシステムである。たとえば、モンテスキューによれば、専制君主の権力は、法律によって制限されず、また「君主の悦楽」しか目的としないがために、国王の権力よりも強大なものである。専制君主の全能は、このように純粋に否定的なものとして捉えられ、それは法から解放された（*legibus solutus*）フランス国王の権力と同様に、奇蹟を行う能力――すなわち自然法則を免れる、あるいは自然法則を何時でも変更する能力――として定義される場合の神の全能のイメージで捉えられたのである。

反対に、この権力を肯定的に、他者の行動を決定する能力として定義するのであれば、この権力は、気紛れによって決定することで拡大するのではなく、

11）【訳者注】ここで言及されているのは、第五共和政憲法第 16 条に定めのある、大統領の非常措置権のことである。本訳書第 1 章注 8）およびそれに対応する本文を参照。

反対に、人々が自己の行動の結果を予測することを可能にし、その結果、ありうべき行動のなかから自己に最も利益をもたらすものを選択することを可能にするような、一般的かつ安定的なルールを定立することによってこそ拡大する。法律の拘束から自らを解放するのであれば個別の行為を規制することになり、法律に従うのであれば一般的行為群を規制することになるのである。

国務院あるいは破毀院があらゆる条文に対してあらゆる意味を与えることを防ぐものはない。いかなる解釈も等しく有効であるからである。しかし国務院や破毀院がそのように行動するならば、その結果を予測することは不可能となり、したがって下級審や裁判当事者がそれぞれ自己の行動を規制することは不可能となる。

憲法裁判の場合、下級審は存在せず、立法者が裁判当事者である。気紛れな解釈の連続は、憲法裁判官の正統性を疑問視させることになるのみならず、それ以上に、現在そうであるような、将来の立法内容を決定するのに憲法裁判官が貢献することを、不可能にするであろう。判例の安定性という意識によって、立法者はその行為の適法性——つまりその行為をなしうるということ——を合理的に推定できるのである。そしてここで判例とは、裁判所の決定の総体から帰結する諸ルールとしてのみではなく、そのような決定に至らしめる方法と概念体系としても捉えられなければならない。同じ方法が用いられ、同じ概念が用いられることによって、裁判当事者およびその他の機関は裁判所の決定を予測し、また自らが従わされているルールを知り、そうすることによって自らの行動を規制することができると期待しうるのである。

ヴデル学部長の言う通り、システムはたしかに自らが拘束されているという裁判官の信念に基礎づけられている。しかしこの信念は決して解釈＝認識理論に有利な議論をなすものではない。まったく反対なのである。この信念は、それ自体が裁判官にのしかかる制約から帰結するものであり、そしてこの制約は、裁判官が自由であるからこそ裁判官にのしかかるものだからである。それは実践上の必要——最大多数の行動に影響を及ぼすため、また、自らの決定、とりわけ解釈的決定に対して最大の安定性を与えるため——から帰結する制約である。そしてまさにこの実践上の必要こそが、自らの判例および自らの解釈方法に従うように裁判官を制約するものなのである。いかなる時にも裁判官はその判例を変更する自由を有する。しかし、それは彼の利益にはならない。裁判官の権力はその節度に比例するのである。

II 法の一般理論
Théorie générale du droit

第3章　慣習の根拠から根拠としての慣習へ

Du fondement de la coutume
à la coutume comme fondement（1986）

1　根拠の問題（La question du fondement）

2　存在の問題（La question de l'existence）

今日では、法理論家の多くは、法と事実をできる限り明確に区別する必要性を認めている。このような区別は多様な方法で正当化されるが、とりわけ、存在（être）と当為（devoir-être）との存在論的対置を反映したものとして、あるいはまた、倫理的ではない前提から倫理的な結論を導くことはできないという論理原則の適用として、正当化される。いずれにせよ、一般には、つぎのような主張が受け入れられている。すなわち、法は事実から生まれえない、と。言いかえれば、何らかのことがあるべきであるのは、何らかのことがあるからなのではない、ということである[1]。

このような区別から実に多くの理論的な問題が生じるが、なかでも最も困難なものは、慣習が提起する問題である。慣習とは、最も一般的な定義――それゆえさしあたりはそれで十分であるが、後にあらためて検討しなければならない――によれば、つぎの通りである。つまり、一定の期間繰り返され、義務的なものであるとみなされている慣行（pratique）のことである。そしてそれはあるルール（règle）を誕生せしめる。これまで振る舞ってきたように振る舞うべ

1）　このような原則は、ときとして「ヒュームの原則」と言われることがある。そしてそれは、法実証主義の基礎にあるものでもある。Gaetano CARCATERRA, *Il problema della fallacia naturalistica. La derivazione del dover essere dall'essere*, Milan, A. Giuffrè, 1969 を参照。このことは Hans KELSEN, *Théorie pure du droit*, trad. Charles Eisenmann, Paris, Dalloz, 1962 において明確に述べられている。

きである、というルールである。しかし、慣行と義務感はともに事実である。それでは、いかにしてこれらの事実がルールを、つまり法を、生み出すことが可能なのだろうか。先述の一般に認められていることに反して、いかにしてある行動が、たんにそれが行われてきたというだけの理由で、義務的なものとなりうるのだろうか。

このような問題は、時として二つの要因によって複雑なものとなってしまう。第一の要因は、一定の法分野では慣習が法源の一つとして存在することが確実であるのに対して、他の法分野においてはそれが疑わしい、という事情による。前者の法分野においては、裁判所を拘束する公式のテクストにおいて慣習への言及がなされていたり、あるいはまた、裁判所自身が、慣習に起源を有するルールの適用を宣言し、またそうするよう拘束されていると宣言する。このような場合には、慣習が「存在する」以上、慣習の形成もしくは適用の諸条件を明確にすること、その慣行の行われる期間とはどれくらいのものか、義務感を覚えるべき人々とは誰か、義務感が彼らのなかに生まれたのは彼らがある慣行を観察した結果なのか、あるいは反対に、その慣行は義務感を理由として生じたものでしかないのか、といったことがらを明らかにすることが、当然のことながら、法学者の任務となる。しかしこれらの問題は、適用機関の行動を記述することによって解決されうる比較的単純な問題である。いかなる条件において適用機関はそれらのルールが存在すると考えているのかを観察すれば十分なのである。ただし、これらの問題はすべて、どのような実定法秩序を考察するかによって異なる問題なのであって、決して一般的な回答をもたらすものではないということ、そして、学説がそれを「理論的な」問題として提示するのは誤りであるということは、強調しておかなければならない。このような場合における真に理論的な唯一の問題は、事実の法への変質についてのものである。そしてこれはいかなる実践上の射程ももたない。すなわち、この問題に対する回答がどうであれ、そこからいかなる命令をも引き出すことはできないのである。たとえば、裁判官が慣習上のルールを実際に適用していることが認められ、またこれらのルールを、裁判官が適用しているものとして定義したとしても、そのことによって、裁判官がそれらを適用しなければならない、と言うことはできない2)。

以上のことは、裁判所やその他の適用機関が、自らが慣習上のルールに拘束されていると述べることによってその決定を正当化する習慣をもっておらず、しかしながら、人々が裁判所において、または相互の関係において、自己の主張を根拠づけるために慣習上のルールを援用することはある、というような法分野においては、まったく異なった様相を呈する。その最も顕著な例は言うまでもなく憲法であるが、憲法のみがそうであるというわけではなく、フランス民法もまた、一定の局面では同様と言える問題を提起するように思われる[3)]。ここで問題となるのは、適用機関の言説をたんに記述することではない——前提からして適用機関は慣習上のルールを適用するものではない——し、慣習の法への変質という理論的問題に答えることでもない——そのような変質が発生したのかどうかは不明である——。ここで問題となるのは、実践的問題を解決することである。つまり、適用機関は一体何をなすべきなのか、適用機関を拘束し、適用機関が適用するべき慣習上のルールは存在するのか、という問題である。

問題を複雑にする第二の要因は、法学者が理論的問題と実践的問題とを混ぜ合わせ、一方を他方によって解決しようとする傾向にあるということである。たとえば、憲法を適用する機関は慣習上のルールを適用するべきではない、なぜならばかかるルールの形成を理論的に認めることは不可能であるから、と主

---

2)「裁判官は慣習上のルールを適用しなければならない」という命題は、しかしながら、記述的な意味において法学が述べることはできる、ということは指摘しておかなければならない。この場合、この命題は、裁判官に対して慣習上のルールを適用するよう命じるということを意味するのではなく、ある法秩序において、裁判官に対してこれらのルールを適用することを義務づける規範が存在しているということを意味することになる。この命題は、つまり、それ自身は規範ではなく「法命題」(proposition de droit) なのであって、この命題に含まれている「しなければならない (devoir)」という語は、ケルゼンによれば、記述的な Sollen、つまり「記述的当為」(devoir-être descriptif) としての意味をもつことになる。*Théorie pure du droit, op. cit.*, p. 96 et sq. および Michel TROPER, « Contribution à une critique de la conception kelsenienne de la science du droit », in *Mélanges offerts à Charles Chaumont*, Paris, Pedone, 1984, pp. 527-540, reproduit dans M. TROPER, *Pour une théorie juridique de l'État*, Paris, PUF, coll. *Léviathan*, 1994, pp. 45-55 を参照。

3) Jean CARBONNIER, *Droit civil, I / Introduction, les Personnes*, Paris, PUF, coll. *Thémis*, 8e éd., 1969, pp. 111-118, とくに 111 頁ではつぎのように述べられている：「19 世紀の学説は慣習が民法の法源であるということを否定する傾向にあった。(……) しかし実際には、慣習は、民法の——重要な——法源の一つである」。

張されたり（理論上の命題に基づいた命令）、あるいはまた、慣習は法を作り出すものであると学説によって考えられるべきである、そう考えることには、たとえばその柔軟性や民主的性格といった利点が伴うのだから、と主張されたりする（実践的な命題あるいは価値判断に基づいた理論上の命題）。この種の論証はおよそ適切性を欠いており、簡単に、前者については、慣習上のルールの形成が不可能であれば、そのようなルールは存在せず、言うまでもなくそのようなルールの適用を命じる、あるいは禁じることはばかげている、と反駁することができるし、後者については、慣習が学説によって法を作り出すものとして考えられるべきか否かという問題は、その形式および「べき」という語の存在にもかかわらず、実践的問題でないことが明らかである。法学者は、一般的に、一つの法システム全体を作り上げ、そして考えうるすべての法生成過程のなかから最大限の利点をもつものを選び取ることを任務とするのではない。法学者はたんに法をあるがままに記述するべきなのであり、ある特定の法システム、ある特定の法分野において、慣習という方途によって作られたルールが存在するのであれば、慣習は法を作り出すものと考える「べき」なのであって、それはそのような法生成の方式がいかなる利益あるいは不利益をもたらそうが、そうなのである[4]。

実のところ、このような混乱は、許容しうるとは言わないまでも、説明しうるものではある。それは言葉のもつ非厳密性と、とりわけ「存在」という語の、それが規範について用いられる際の両義性とによって説明できる。規範が「存在する」と言う場合、まず、たんに規範が事実上当該法秩序の一定の機関によって適用されている、あるいは適用されているように見える、ということが言おうとされる場合がある。たとえば、フランス行政法において防御権の法理が「存在する」とか、あるいは国際法には慣習上のルールが「存在する」と言う場合、この存在の証拠を求められたならば、これらの規範を実際に適用したいくつかの裁判例を挙げれば足りる。しかし、「存在する」という動詞を別の意味で、す

4)　ここで「べき」という語は、当然のことながら、法学者に対して一定の行動を命じる法規範が存在するということを意味するわけではない。これはたんなる方法論上の命令にすぎない。つまり、法的な命令でもなければ、「記述的当為」（*Sollen* descriptif）でもない。メタ科学の言語に属する命令である。

なわちある人間の行為——たとえばある意図を表明すること——が、法秩序の観点からすると法規範としての意義をもつ——なぜならこの意義はそれよりも上位の規範によってそれに与えられたからである——、という考え方を示すために用いることもできる。たとえば、フランス法において、ある法律——そしてそれは憲法から見て規範としての意義をもつ——によってある行動が命じられているのであれば、そのような行動を命じる規範が存在すると言えるというように。慣習について言えば、憲法または法律が、裁判所に対して慣習を適用するように命じている場合に、当該法システムにおいて慣習は法を生み出す態様の一つであると言うことができるのである。第一の意味においては、「存在(する)」とは、「有効である（être en vigueur)」という言葉の同義語であり、第二の意味においては、「妥当性（validité)」という語の同義語である。しかしながら、このような区別から、規範には二通りの存在の態様があると結論すべきではない。それは一つしかない。妥当性しかないのである[5)]。ただし、この妥当性が、ある場合においては、上位規範への適合性を理由として無媒介的に認知され、別の場合においては、適合性の推定を理由として——この推定は、とりわけ裁判所が現に行っている規範の適用から帰結する——、有媒介的に認知されるのである。たとえば、前者の意味においてある規範が「存在する」、つまりある規範が有効であると言う場合、それが妥当しているということが言おうとされているのではなく、たんにそれが適用されているということが言おうとされているのであって、それと同時になぜそうあるべきかについては言われていない。言いかえれば、その根拠を示すことなしに、規範の妥当性を確認しているわけである。反対に、後者の意味において規範が「存在する」と言われるとき、この規範が上位規範に適合しており、それゆえこの規範は適用されなければならない——つまり実際にはそれが適用されないこともありうることを含意する——、ということが確認されているのである[6)]。

以上のような事情に鑑みれば、法学者が慣習について考察する際に、とりあ

---

5)　H. Kelsen, *op. cit.*, p. 13 :「妥当性（*Geltung*）という語で、規範に特有の存在の態様を示すこととする」。【訳者注】le monde は le mode の誤植である。

6)　「存在」という語の両義性は、18世紀の政治学説における「淵源（origine)」という語のそれに近い。そこでは、この語は原因（cause）を意味するとともに根拠（fondement）をも意味していた。

げる法分野によって非常に異なった方法で——そして非対称的に——そうしていることが理解されるであろう。裁判所が慣習を適用すると宣言する分野、先の第一の意味において明白に慣習が存在する分野においては、法学者は慣習の妥当性の根拠を探求し、事実の法への変容について考察する。反対に、適用機関が行っていること、そしてとりわけ適用機関が行うべきであることに対してある種の疑いが存在する分野、たとえば憲法の領域においては、論者は、慣習上のルールが「存在する」のかどうかについて探究するために、必然的にそれが妥当しているかどうか、すなわち、「慣習」と言われるところの事実が上位規範の観点からして規範としての意義を有するかどうか、つまり、慣習に根拠が存在するのかどうか、について検討しなければならなくなる。それゆえここにおいては、根拠の探究はもはや慣習が「存在する」という確認に付随的なものではなくなる。それはそのような確認の態様そのものと考えられるのである。残念ながら、法を作り出す事実として慣習を指定する実定法規範は発見しえないために、論者は道徳的、社会的、政治的な規範（慣習の民主的性格や柔軟さ）、あるいは、メタ法的な規範を援用し、さらには、慣習的規範が根拠と「存在」とを有しうるということを否定するためにも、同様にこれらの諸規範を援用する（たとえば、法は自らに違背することによっては生成されえないという原則は、*contra legem* な慣習からあらゆる根拠を奪う性質のものであり、そのような慣習はそれゆえ存在しない、と言うように）。このような論法は、当然のことながら根本的な欠陥を含んでいる。法規範は、その妥当性の根拠を別の規範体系に属する規範に見出しえないからである。ここで問題になっている論者たちが行っているのは、それゆえ、慣習上のルールの存在もしくは非存在の記述ではなく、たんにこれらのルールが法システムの一部をなすことを——道徳もしくは政治学説の名において——命じているにすぎないのである。

それゆえ、実定法の記述に自己限定しようとするのであれば、つぎの二種類の問題を明確に区別しなければならない。すなわち、慣習上のルールが、ある法システムまたはその一部分において異論の余地なく有効であるのであれば、伝統的学説が行っているように、その妥当性の根拠を探究しなければならない。ただしこのことは、伝統的学説と同じ結論をもたらすわけでは必ずしもない。反対に、憲法の場合のごとく、慣習上のルールの存在について疑いが存するのであれば、このような伝統的学説の行き方とは手を切らねばならず、根拠を求めることから手を引かねばならない。なぜなら、根拠は、異論の余地なく存在するものについてしか探究しえないからである。存在について疑いが存するのであれば、探究すべきは存在そのものである。そこで、「存在」という語の両義性をとり去り、一貫して「有効である」もしくは「現に（＝実効的に）適用されている（être effectivement appliqué)」という意味において用いるということを強調しなければならない。

他方で、以上の二つの問題を区別することは、慣習それ自体についての二つの異なった定義をとることを含意する。もちろんこれらは約定による定義（définition stipulative）なのであって、事物の本質的要素を述べたり、あるいはまた、所与の言語における当該語彙の用いられ方を記述したりしようとするものではない。そもそも実在定義（définition réelle）をいずれにせよ探究しないでおこうとすることの理由がどうであれ、事物の本質的要素なるものは、検討の当初においてはいまだ認識されていないということは明らかである。また、辞書定義（définition lexicale）がよりふさわしいというわけでもないだろう。というのも、知ろうとしていることは、「慣習」という語が法の言語においてどのような意味で用いられているのかではなく、この語を法理論の言語においていかなる意味で用いるべきであるのか、だからである。約定定義は事物あるいは語を記述していると自負するものではない。それはたんに、ある特定の問題との関連において、ある現象の同定に役立つものであるにすぎない。それゆえ、二種類の問題を解決しようとするために二つの定義に頼むことは正当なのである。第一の問題（慣習上のルールの根拠はどこに存するのか？）については、慣習を、伝統的なやり方通りに―― *per genus et differentiam* ――、「ルール」という類（genre）の一つの種（espèce）として定義しうる。第二の問題（当該法分野において慣習上のルールは存在するか？）については、当然のことながら、提起された問題に対する答えを含んでいない定義を選択しなければならず、そのため、慣習をルールの一種あるいはルールを作り出す一態様であるとは定義しえない。ここで慣習は、振舞いの一類型として同定されなければならない。そうすることで、本章が与えた意味においてその「存在」を問うことができよう。すなわち、そのような振舞いが実際に存在したのかどうか、そしてそれはなぜなのか、さらにそのような振舞いは、ルールが適用されるように従われているかどうか、と問うことである。

1　根拠の問題（La question du fondement）

すでに強調したように、ここでは純粋に理論的な問題が扱われ、それはいかなる実践的な射程ももたない。つまり、慣習上のルールが適用されるべきか否かが検討されるのではない。慣習上のルールは適用されているのである。だから、なぜ適用されるべきなのか、そして、なぜ、さらにどのようにして、事実が法を生み出しうるのか、ということが検討されることになる。この問題がかような理論的性格をもつということによって、みかけとは裏腹に、これまでほとんどこの問題に注意が払われてこなかったということがおそらく説明されるであろう。たしかに、民法、憲法、商法といった一つの法分野の記述に割かれた書物はすべて慣習についての考察を含んではいる。しかしそれは主として、他のルールとの関係における慣習の位置、*contra legem* または *praeter legem* な慣習の存在といった、いずれも実定法の記述、とりわけ判例法の記述によって解決される問題を扱っているにとどまる[7)]。根拠に関心をよせた論者であっても、実際には、そうすることで、とりわけ判例が解答を含んでいないがために、実定法の記述によっては解決されえない特定の問題についての解答を見出すことができるだろうとの期待からそれを扱っているにすぎない。つまり、ある法分野において、慣習が形成されたと考えられるために必要な期間はどれほどなのか、この期間においてかかる慣習に従うべきなのは誰か、義務感を覚えるべきなのは誰か、といった問題である。一見すると、慣習の義務的性質の根拠についてのさまざまな理論、そして一般的に法についてのさまざまな理論に

7)　J. Carbonnier, *op. cit.*, pp. 114-115 ; Alex Weill, *Droit civil, introduction générale*, Paris, Dalloz, 3e éd., 1973, p. 130, n° 148. すでにジェニーは、慣習が義務としての力をもつことの根拠を探求することはしない、なぜならばそれは彼にとっては事実として強制されているものであるから、と述べていた（François Geny, *Méthode d'interprétations et sources en droit privé positif*, Paris, 1899 ; *Science et technique en droit privé positif*, Paris, 1914-1924）。

依拠することによって、これらの問題に答えることが可能であるように思われる。たとえば、法の義務的性質の根拠を主体の同意のなかに見出す論者は、*opinio juris* を重視して、もし、少なくとも同じカテゴリーに属する他の主体が自身の同意を明確に表明していないのであれば、ある主体を拘束しうるような慣習上のルールは存在しないと主張するかもしれない。これらの論者は、また別の言い方で、慣習上のルールはこのような場合には存在しない、なぜならそれは作られていないから、と主張するだろう。かかる行論についてはすでに批判を述べた通りである。すなわち、一方で、実際にはこのような行論は、慣習の根拠を探求するために慣習が存在するという確認から出発しているのではなく、根拠についてのある考え方を通して、慣習が存在するかどうかを発見しようとしているのであり、他方で、かかる行論がたどり着く結論は、実際には記述的なものではなく、命令的なものなのである。つまり、論者は実際には、ある国の実定法には、慣習上のルールという特定の種が存在するということを確認しているのではなく、それが存在する「べき」である、なぜなら、これこれの一般的規範——それはメタ法的な規範である——に照らしてそのような慣習上のルールが妥当しているから、と言っているのである。

このような問題が理論的な性質のものであるということは、もう一つの結果として、この問題が、法の一般理論における重要な諸問題——とりわけ、法源をめぐる問題と解釈をめぐる問題——についての選択に必然的に依拠して扱われる、ということを意味する。

(1) 慣習と法源理論（La coutume et la théorie des sources）

法学者は、実定法が永続的なものではないという考えを表明するために源泉（source）の比喩を用いる。実定法は永遠の昔から有効であったわけではなく、実定法が作られること、あるいは実定法が現出することが必要であった。そこで法学者は、法が表面に現れてくるより前に生成する隠れた場所（自然もしくは集団の意識）を「実質的」源泉と呼び、それまでは地下にあったこの法が表出する地点、「法規範に特有な拘束的性質を獲得する」[8] ために法が受け取る形式を

8） J. Carbonnier, *op. cit.*, p. 15.

「形式的」源泉と呼ぶ。こうして二種類の学説が存在することになる。一方は実質的源泉を優先して検討する。実質的源泉こそは、それのみで法の生成を説明できるものとされる[9]。このような考え方によれば、形式的源泉は二次的なものでしかない。それは法学の対象ではなく、たんに法的技術の対象でしかない[10]。

これに対立する考え方によれば、法学は、自身とは区別された、経験的観察になじむ対象、つまり、実定法のみしか研究することができない。実定法は、まさに、それが定立（poser）あるいは創設（créer）されたからという理由によってしか観察可能とならないものである。それゆえここでは、それが定立される方式、つまり、形式的源泉しか検討されない。そもそも源泉の比喩は、まるで法が作り出される以前に存在するかのように思わせるという理由で、実証主義者によって批判されるものである。彼らは、むしろ法創設の方式について語ることを選ぶわけである。実質的源泉については、彼らはそれを「実際に法の創設および適用機能に影響を与える表象」[11] である——しかしそれは決して義務的なものではない——と考える。言いかえれば、法の実質的源泉から現出するものは法ではない、ということになる。

ところが慣習に関して言うならば、これら二種類の学説は異なった過程を経るものの、似通った結論に至り、慣習は実際には法を作り出すものではないという命題を表明することになる。

第一の理論についてはこのことは理解しやすい。そしてそれによれば、慣習はすでに存在している法を表明するものでしかない。たとえば、ドイツの歴史法学派の論者にとっては、法は民族の法的確信からしか生まれえないものであった。このような、民族から生じる法は、無媒介的には慣習を通して、そして有媒介的には法律を通して表明される。つまり慣習は、法を作り出す事実なのではなく、ある法が存在していることを証明する一態様にすぎないのである[12]。同様に、ドイツの歴史法学派を激しく批判するデュギー（Léon Duguit,

9）J. Carbonnier, *op. cit.*, p. 14.

10）F. Geny, *Science et technique*, *op. cit.*

11）H. Kelsen, *op. cit.*, p. 314.

12）Georg Friedrich Puchta, *Das Gewohnheitsrecht*, 2 vol., Erlangen, 1828-1837.

1859-1928）とその学派にとって、別な理由によってではあるが、慣習は法律そのものと同様に、法を作り出す一態様ではなく、法を確認するものでしかない。すなわち法は、正義の感覚を用いることによって法を見分け、そして一定の慣行を繰り返すことによって法を表明する、意識のなかでしか生まれえないものであった。そこでは慣習は、これらの慣行の総体でしかなくなる[13]。

これらの理論については、時間的な順序を無視するならば、それが法の表明とその源とを区別している点で、ローマ法・教会法の伝統における、法を作り出す能力を唯一もつ人民、君主、もしくは——国際法の場合——国家の黙示的な同意に慣習の根拠を求める諸理論と結びつけることができる。そしてさらに、類似の学説をカピタン（René Capitant, 1901-1970）に見出すこともできる。カピタンは、慣習は、唯一主権的であるナシオンの意識と意思を表明するものでしかないと主張していた[14]。これらの論者すべてにとって、慣行がどのようにしてルールを生成するのかという問題は問われることがない。彼らにとって慣習は決して法を作り出すものではないのである。

興味深いことに、形式的な法源の理論もまた——その際用いられる方法は多様ではあるが——、これに類似した結論に至る。一部の論者によれば、慣習はたしかに形式的法源であり、法を生成する一方式ではあるが、それは派生的な方式であるとされる。慣行はそれだけでは法を作り出すことはできないというのである。それらの慣行に適合して振る舞うように命じる、それ自身異論の余地なく法的であるルールが存在する場合にのみ——そしてそのことのみを理由として——、慣行は法を作り出すことができる。フランスの場合、このような主張が最もよくなされるのは民法学説においてである。そこで論者は、形式的な法律が明示的あるいは黙示的に慣例（usages）に言及する場合を挙げる[15]。

13） Marc Réglade, *La coutume en droit public interne*, thèse droit, Bordeaux, 1919（この博士論文の指導教授は Léon Duguit であった）.

14） René Capitant, « La coutume constitutionnelle », *Gazette du Palais*, 21 décembre 1929, reproduit dans *Revue du droit public*, 1979, pp. 959-970. また、« Le droit constitutionnel non écrit », in *Mélanges François Gény*, 1934, réimpr. 1977, t. III, pp. 1-8.

【訳者注】なお、カピタンのこれらの2論文は、いずれも、近年ボー（Olivier Beaud, 1958-）教授により編纂・発行されたカピタンの論文集である、René Capitant（Textes réunis et présentés par Olivier Beaud）, *Ecrits d'entre-deux-guerres (1928-1940)*, Paris, Éditions Panthéon-Assas, 2004 に収録されている。

なお、このような理論には一つの限界があるが、論者はそもそもそのことを完全に自覚している。すなわち、それは、*secundum legem* な慣習についてしかその根拠を示していない、ということである。その反面、民法学者が「慣習の自律的権能（le pouvoir autonome de la coutume）」と呼ぶところのもの、すなわち、法律の欠缺を埋めるような（*praeter legem*）、あるいは法律に違背するような（*contra legem*）慣習上のルールの根拠について考察しようとするならば、問題はまったく残されたままなのである。さらにこのような理論には、自覚されていない別な特徴が備わっているが、それは、この理論の観点からして一つの弱点と考えられるべきものである。すなわち、実はこのような理論は、それ自身の前提にもかかわらず、慣習が本当のところ法を作り出すものではないということを認めることになるのである。というのは、法的な義務は事実から生じるものではなく、法律において表明されている、慣習に従って振る舞うようにとの命令から生じるものだからである。この学説は、慣習に一つの根拠を見出したものの、同時に、形式的法源として慣習を排除しているのである。

同様に、『純粋法学』によれば、慣習は、法律、憲法あるいは契約と同じく、そして同じ根拠によって、法を作り出すものとされる。というのも慣習は、一定期間行われた慣行に適合して振る舞うよう命じる上位規範によって設定されたものだからである。ケルゼン理論は、しかしながら、民法学説よりも一般的である。当該法秩序の機関、とくに裁判所が、明示的にはそうするように授権されていないにもかかわらず、あるいは、同じことであるが、ある慣習に適合的に振る舞うよう命じる明示的規範が存在しないにもかかわらず、慣習を適用することがあるという事態を説明しようとするものだからである。これらの機関が慣習の根拠について新たな規範を定立する以上、「法を作り出す事実（fait créateur de droit）として慣習を設定することがすでに根本規範においてなされていると想定しなければ」[16]、慣習を妥当するものであると考えることはできない。かかる主張は、フランスの民法学者に対して向けられる反論を免れてはいる。つまり、民法学者が慣習を、唯一真に法源である法律へと還元するのに

15） J. Carbonnier, *op. cit.*, p. 1112 ; A. Weill, *op. cit.*, pp. 128-129.

16） H. Kelsen, *op. cit.*, p. 305 ; また pp. 12-13 et 72 sq. も参照。

対し、ケルゼンは、慣習を法律と同様に――このことは必ずしも同じ価値をもつということを意味しないが――、法生成の一方式と捉えるからである。というのもいずれにおいても、一つの事実――法律においては意思の表明、慣習においては慣行――が、上位規範によって法を生成する事実として定められているからである[17)]。その反面、ケルゼン理論に対しては、根本規範の理論は、認識論上の公準（postulat）として認めうるものではあるが、ここではそれがトートロジーでしかないと反論できる。いかにして、明示的規範のないところで事実が法を生み出すものたりうるのか、という問いに対して、ケルゼンは、事実が法を生み出すものであると想定しなければならない、と答えるからである[18)]。

形式的法源論を採る別の論者たちによれば、慣習は法を生み出すものではなく、「慣習上のルール（règle coutumière）」と呼ばれるのは、実際には事実の生み出したものではなく、意思の生み出したものであるとされる。そしてここで意思は、現代の民法学説におけるのとは異なり、立法者によって表明されるのではなく、裁判官によって表明される。たとえば、オースティン（John Austin, 1790-1859）にとって法とは、主権者から発せられ、サンクションという威嚇を伴った命令の総体である。ただし、主権者から発せられるのは、直接的に、法律の形式においてのこともあれば、間接的に、委任立法の形式あるいは裁判の形式においてのこともある。裁判の形式における場合、裁判官は、命令を発することを主権者によって認められた者ということになる。それゆえ、慣習上のルールなるものは存在しえない。というのも、慣習は、命令を発することのできる存在ではないからである。それらの慣行を義務的なものとするのは裁判官なのである。慣習は、形式的法源ではなく、せいぜい実質的法源である、ということになる[19)]。

17）このような意味においてこそ、ケルゼンは法のみが法を作り出すものでありうる、と書きえたのである。参照、Norberto BOBBIO, « Kelsen et les sources du droit », *Archives de philosophie du droit*, 1982, pp. 135-146.

18）Paul AMSELEK, « Réflexions critiques autour de la conception kelsenienne de l'ordre juridique », *RDP*, 1978, pp. 5-19 を参照。しかし、根本規範論のトートロジカルな性格を衝く批判には、若干の留保が必要であることについて、M. TROPER, « La pyramide est toujours debout ! Réponse à P. Amselek », *RDP*, 1978, pp. 1523-1536 を参照。

19）John AUSTIN, *Lectures on Jurisprudence*, London, 1st ed., 1832. この点について同様の主張は、Edouard LAMBERT, *Le droit coutumier contemporain*, Paris, 1893 や、リアリズム学派によって

このような主張に対する最も厳しい批判は、ケルゼンによってなされたものである。すなわち、裁判官は、争訟を解決するために一般的な規範を適用することを任務としており、そのような一般的規範は、法律形式のなかにも、慣習上のルールという形式のなかにも見出される、そしてその結果、もし裁判官が慣習上のルールを適用するにとどまらず、それを創造している、あるいは裁判官自身がそれに義務的力を与えていると考えるのであれば、同じ論理を法律についてもあてはめ、法律もまた、実際には裁判官によって創造されていると言わなければならない、と[20]。

(2)　慣習と解釈理論（La coutume et la théorie de l'interprétation）

しかし、ケルゼンの言うところを真面目に受け取り、彼自身の解釈理論の基礎にあるものに基づいて、慣習を裁判所の決定へと還元する主張を、最後まで突き詰めたところにあるその結論までを含めて受け入れることもできる。つまり、裁判官は、法律上の規範を創設するのと同じく、慣習上の規範をも創設する、と。すなわち、ケルゼンによれば、解釈するということはある行為の意味を決定することなのであり、同時に、規範とはそれによって特定の行動が命じられるある行為の意味であると定義される。このことから、当然のこととして、解釈とは規範を創設することである、ということが帰結する。したがって、法律の有権解釈を行うべく授権されている機関はすべて、法秩序の観点からのその客観的な意義を決定していることになる。このような機関こそが、ある行為が、ある命令が表明されたということを意味すると決定し、命じられている行動が何であるかを決定し、そしてさらに、このようにして、法律レベルの規範を決定するのである[21]。慣習についても同様である。すなわち、ある慣行が生じたとして、この事実に対して裁判官は、この慣行に適合して振る舞わなければならないという意味を付与することができるのである。慣習上のルールは、

もなされている。Alf Ross, *Theorie der Rechtsquellen*, Leipzig und Wien, 1929, とくに、423頁以下を参照。

20)　H. Kelsen, *General Theory of Law and State*, New York, 1945, pp. 126-127.

21)　M. Trorer, « Kelsen, la théorie de l'interprétation et la structure de l'ordre juridique », *Revue internationale de philosophie*, n°138, 1981, pp. 518-529, reproduit dans M. Troper, *Pour une théorie juridique de l'État*, Paris, PUF, coll. *Léviathan*, 1994, pp. 85-94.

それゆえ、事実の法への変容という何がしかの神秘的な作用の結果作り出されるのではなく、たんに、その事実を解釈する裁判官の活動によって作り出されるにすぎない。

みかけとは裏腹に、このような主張は、意思主義の主張とは根本的に異なったものである。少なくとも、以下の三つの観点から区別される。すなわち、このような主張は、慣習と法律とを同じように扱っている。他方で、それは慣習上のルールが作り出されることを、たんに裁判官による行いとしてのみ考えるのではなく、法のあらゆる適用機関、つまり、あるルールを適用することによって決定を下すことを職務とするあらゆる機関による行いと考えている。最後に、そして何よりも、いずれの主張においても意思こそが法を作り出すものとして捉えられてはいるものの、このような主張においては、意思はある唯一者（主権者）の意思ではなく、ケルゼンの言うごとく上位規範によって法を作り出すものとして定立された意思でもなく、法の適用という活動の実行に際して表明される意思として考えられているのである。

いかにして特定の法分野において有効である慣習上のルールが作り出されうるのかという問いに対しては、それゆえ、つぎのように答えることができる。すなわち、特定の慣行に対して規範としての意味を与える機関によってである、と。

2　存在の問題（La question de l'existence）

存在の問題は、前提からして、存在について疑いのある特定の法分野——主として憲法であるが、また *contra legem* もしくは *praeter legem* な慣習については民法や商法もそうである——についてしか、問題とならない。かかる疑いは、裁判所が存在しないということ、もしくは裁判所が限定的な権限しかもたない——憲法の分野のように——ということ、あるいはまた、裁判所の決定理由がこの点についてあまり明確でなく、その結果、一つの決定が *contra legem* もしくは *praeter legem* な慣習の適用と理解されることもあれば、別な種類の規範を適用したと理解されることもある、ということから生じる。学説はそれゆえ、これらいずれの場合においても、このような疑いを除去し、問題となっている法分野において、はたして慣習上のルールが存在するのかどうか、すなわちそのようなルールが有効であるのかどうかを測定しようとする。何らかの種類のルールの存在は、それを表明する者の言説あるいはそれを適用する裁判所の言説を通してしか確認されえないが、ここでは前提からしてそのような言説が存在しない以上、まずは、繰り返され、義務的なものあるいは必然性のあるものとされている慣行が存在するかどうかを、そしてつぎに、これらの慣行が真に義務的なものであるかどうかを、順に検討することが適切である[22]。

第一の点については、このことの確認は、想像されるほど単純ではまったくない。そしてその結果、学説は時として——うかつとの謗りを免れないだろうが——、憲法慣習なるものが存在しないと主張するために、その確認の難しさを論拠としてきた。たとえば、ある慣行が繰り返されるべき期間は決定されえないとか、また、義務感を覚えるべき人々が誰であるのかは提示しえない、というように。かかる論法は明らかに誤っている。ある現象の存在または非存在は、それを観察することの容易さに依拠するのではなく、同定、確認と存在とを混同することは避けなければならない。結局、あらゆる学問分野と同様に、法学は、それが関わる現象を同定し、つぎにその存在を確認することを可能とするような基準を述べ、そして正当化しなければならないのである。

ここで、同定すべき現象は法的なものではなく政治的（あるいは社会的）なものであるということを強調しておかなければならない。すなわち、繰り返された慣行および感覚という事実——そしてそれが慣習という名で指示されることになる——のみを同定しようとしているのだ、ということである。それゆえ、憲法的と呼びうる大量の事実のなかで、その他のものと同様には記述されえず、また説明されえないものを抽出しなければならない。たとえば、共和国大統領が議会の採択した法律にいつも決まって審署していることを確認し、彼がこの点について義務感を覚えているということが想定できる。しかし、このような

---

22)　M. Troper, « Nécessité fait la loi ; réflexions sur la coutume constitutionnelle », *Mélanges Robert-Edouard Charlier*, Paris, 1981, pp. 309-323.【訳者注】同論文の邦訳として、南野森（訳）「ミシェル・トロペール論文撰 3〈必要は法を作る——憲法慣習についての考察〉」法政研究 72 巻 1 号（2005 年）83-103 頁がある。

行動を慣習であると言う者はいない。慣習という語は、憲法の予定する事態ではない場合に首相が内閣総辞職を申し出る習わしについて用いられるのが、むしろ適切である。この二つの事例における差違は、もちろん、前者の場合には、大統領に法律への審署を命じる憲法規定が存在するのに対して、後者においては、命令規定が存在しないということである。それゆえ、首相には辞職する自由もあればしない自由もあるのであって、首相はある命令に従っているのだと述べることで首相の振舞いを説明することはできない。首相の振舞いは、ある命令が執行されたものとしてではなく、いずれもともに許されている二つの行動についての、同一の、繰り返され、また必然的とみなされたやり方でなされた選択として立ち現れるのである。こうして、まず、一つの類に属する振舞い――それは命令が執行されたものであると言うことでは説明されえない――を抽出することを可能とし、つぎに、憲法上の諸慣行のなかでこの類に配属しうる振舞いを同定し、しばしば区別して考えられてきた振舞い――すなわち憲法慣習（coutume constitutionnelle）と憲法習律（convention constitutionnelle）――を少なくとも一時的に同じカテゴリーのもとにまとめ、この類全体に妥当する説明を探究することを可能とし、そして最後に、これらの振舞いがはたして命令を生み出すのか否かを検討することを可能とする、一つの定義が得られることになる。たとえば、これらの振舞いが必然的選択である場合、それらは、アクターを取り巻く環境――すでに示唆したように政治システムの布陣のありよう――によって説明されうると主張できる。つまり、アクターは、実際に彼らが行っているようにしか行動できないのである[23]。

このような分析に対しては、とりわけそれが当初の問い、すなわち、繰り返され必然的なものと考えられている振舞いが存在するのかどうかという問題のみならず、一定の時間が経過したのちに、そこで選択されたことがらに適合して振る舞うよう命じるルールをそれらの振舞いが生み出すのかどうか、言いかえれば、首相に対して辞表を提出することもしないことも認める授権ルールが、彼にそうすべきことを命じる命令ルールにとってかわられたのかどうか、さらにまた、より伝統的な用語法で言えば、慣習が振舞いとして存在するのみなら

23）M.Troper, *ibid.*

ず、法源として、あるいはルールとして存在するのかどうかという問いに答えてはいない、との批判が向けられるかもしれない。

このような問いは、すでに見た通り、もしそれが実践的観点から提出されたものではなく、公権力がとるべき振舞いを決定しようとしているものでもなく、たんに公権力が、有効である法——すなわち規範が存在すること——に適合的にとるべき振舞いを決定しようとしているのであれば、完全に正当なものである。ところが、この点についての伝統的な理論の失敗は全面的で、慣習上のものではない規範の存在を確認するために、伝統的理論はかかる規範が権限のある機関によって表明されたことを観察することで満足してきたのである。Xという法律が存在すると言うことは、たんに、議会がその法律を採択したと言うだけのことにすぎない。ところがこのようなテストは慣習上のルールについては不適合であって、学説は別なテストに依拠せざるをえない。そこで、繰り返された慣行で義務的なものと捉えられた慣行が存在し、さらに公権力がそれに適合して振る舞うべき義務を負っている場合に、慣習上の憲法ルールが存在すると学説は述べるのである。一部の学説はさらに、義務の法的な性格を重視した付加的基準を持ち出し、法的に義務的な憲法慣習と、憲法習律のごとき、法的には義務的ではなくたんに政治的に義務的であるにすぎないとされるその他の繰り返された慣行とを区別しようとする。このような付加的なテストもまた、法的義務なるものを単純に定義することが不可能であるという理由によって失敗に終わる。主たるテストのほうは、これまたまったく機能しえない。というのは、公権力が慣習に適合して行動すべき義務を負っているという主張は、学説自身から出されているものでしかなく、理論的な命題ではないか、あるいはまた、たんにあるルールが存在するということを意味するにすぎないかのいずれかだからである。つまりかかるテストは完全なトートロジーなのである。すなわち、あるルールの存在によって、あるルールの存在を確認しているわけである[24)]。

それゆえ、義務という考え方は全面的に退けなければならず、規範をある行

24)　A. Ross, « Validity and the conflict between legal positivism and Natural Law », *Revista Juridica de Buenos Aires*, 1961, IV, pp. 46–93.

為またはある事実の意味とする定義に立ち戻らなければならない。当該法システムにおいて規範が存在するのは、このシステムにおいて、ある行為またはある事実が実際に規範としての意味をもつ場合、ある行いがなされなければならないということを意味する場合である。そして行為または事実がかかる意味をもつのは、そのような意味が、これらの行為または事実に対して、それ自身規範としての意味をもつ別な行為によって与えられたときである。これはケルゼンの考え方であるが、ここでは失敗に終わってしまう。というのも、憲法においては、慣習という事実に対して規範としての意味を与える規範が存在しないからである。それゆえ、ある事実は、一または複数の機関がそれに規範としての意味を与える場合に、規範としての意味をもつということを認めなければならない。これらの機関は、必ずしも裁判所であるわけではない――むしろしばしば裁判所でない――が、何らかの決定を行う過程において、自らが発する規範的命題の義務的性質を根拠づけようとする際に、そのようにする。かかる機関はもちろんのこと政治システム全体の影響のもとに行動し、このことは、自らが繰り返し行った慣行に規範としての意味を与えられることになるその他の機関の場合と同様である。結局、慣習の存在は、二重の必然性から生じると言える。すなわち、当該慣行を行う機関にとっての必然性と、この慣行に規範としての意味を与え、それをルールとして存在させる機関に働く必然性とである。

こうして、どのような特徴があれば慣習が法源として存在すると認められるのかという問いに対しては、つぎのように、単純に答えることができる。すなわち、公権力の言説において、慣習が、他の規範の根拠として用いられるために、規範としての意味を与えられるときである、と。

第4章　実証主義と人権

Le positivisme et les droits de l'homme（2007）

「人権（les droits de l'homme）」という表現が、人が国家とは関係なしに、そして国家に対抗してさえ所有し行使する権利を意味するのであれば、厳密な実証主義的観点からすると、問題はただちに解消することになる。すなわち、人権なるものは存在しない。実証主義者にとっては、人権なるものも、あらゆる主観的権利と同様に、実定法秩序により承認されなければ権利とはならないものだからである。つまり、「憲法による授権に基づき国家の諸機関によって承認されることによってはじめて権利となるのであり、それは、実定的権利としてしか法学の関心対象とはならない」[1) のである。たしかに、一定の憲法典が——今日ではそのほとんどが、であるが——人の権利および自由のリストを含んでおり、また、それを保障するためのメカニズムを設けていることは確認できるだろうが、しかし、実証主義者にとっては、これらの権利は、——その宣言の仕方の荘厳さやその内容を別とすれば——他の主観的権利とその性質においては何ら異なるところがない。

ところで、実証主義的な法の一般理論は、法の内容に関心を示すことがあまりない。このことは、少なくとも二つの理由による。第一の理由は、法的なルー

1）Hans Kelsen, *Théorie générale du droit et de l'État*, traduit par Béatrice Laroche, Paris, LGDJ, 1997 (1re édition américaine, 1945), p. 315.【訳者注】該当部分の邦訳として、尾吹善人（訳）『法と国家の一般理論』（木鐸社、1991 年）403 頁。ただし本章では、尾吹訳を一部改変している。

ルの内容や実質は、それを採択した人々の政治的あるいは道徳的な選好の産物なのであって、これらの選好は法的ルールとしての性質、つまりその妥当性や義務的性質に対して何ら影響するところがない、ということに基づくものである。ある命令を法的ルールとするもの、そしてそれを法的ルールとして従われなければならないものとするものは、その内容、つまりそれが命じ、禁じ、あるいは許していることがらに依存するのではなく、たんにそれがより上位のルールに適合して、つまり権限ある機関によって、定められた手続に従って発せられたという事実に依存する。この意味で、憲法上の規定のうち、人権を宣言するものと、より慎ましやかな事項を対象とするもの――たとえば国歌とか、国旗の色とか、大統領の任期とか――との区別を可能にするものは何もない。

第二の理由は、実証主義の流れに属する法の一般理論は、実定法の一般的な記述を行うことをその課題としているのであって、それはある特定の国（々）にのみ妥当するものではなく、あらゆる時代のあらゆる国家のあらゆる実定法にあてはまるものでなくてはならない、ということである。ところが実定法の内容が法システムによって大いに異なることは誰の目にも明らかである。人権の普遍性を主張するありとあらゆる言説にもかかわらず、実際に宣言されている権利は同一のものではなく、実際に適用されているものになるとなお一層そうである。そしてその例は数多い。死刑は欧州人権条約とは両立不能であるが、多くの国では認められている。人権に関する多くの法文が表現の自由を保障する規定を含んでいるが、その内容は非常に多様で、たとえばナチスの犯罪を否定する同一の言動が、許されることもあれば禁止されることもある。したがって、一般的であろうとする実証主義的法理論は、真に共通する要素、法的形式に関わる要素、つまり、法システムの構造と法律家の推論の態様に関する要素のみの記述に自己を限定しようとしたのである。

このような、実定法の内容に対する実証主義者の堂々たる無関心は、時に人権に対する真の敵視であると考えられることがあった。実証主義を批判する者たちは、実証主義は自然法の存在を否定し、法を実定法のみに還元し、法を国家の諸機関から発せられるものとして定義するため、国家権力を無制限のものと考え、無条件の恭順を命じることになるなどと言う。このような非難は第二次世界大戦直後にもなされたことがある。すなわち、法とは義務的な規範の総体であって、唯一実定法のみが法なのであって、実定法はすべて法なのであるから、実定法はすべて義務的であり、それはナチスの法であれ自由民主主義の法であっても同様である、とする実証主義は、とりわけ人権に関して国家権力には限界があると認めることを拒否することによって、ナチズムの定着を容易にさえしたのである、と[2)]。

もう少し穏健なヴァージョンとして、ニーノ（Carlos Santiago Nino, 1943-1993）は、ソヴィエト連邦が共産党以外の政党を禁止したことへの批判に対して、実証主義者はたんに、ソヴィエト法が他の政党を一切禁止している以上、このような禁止は法に違反せず適合していると答えることしかできなかったと述べている。そして「このようなタイプの回答は、批判が正当であると確認することにほかならない」ことは明らかである、とする[3)]。

しかしながらこのような論争は、部分的には、実証主義という概念自体についての誤解に由来していると思われる。ボッビオ（Norberto Bobbio, 1909-2004）は、つぎのような分析を行っているが、それによって、問題を大きく明確化でき、また、実証主義と人権との関係を再考することが可能となる[4)]。

まず、「法実証主義（positivisme juridique）」という表現は、第一の意味においては、法へのアプローチの仕方、つまり、法学（science du droit）を経験科学のモデルに基づいて構築しようとする意思を示す。法学は、あらゆる科学と同様

2） Gustav RADBRUCH, « Gesetzliches Unrecht und übergesetzliches Recht » (1946), reproduit dans G. RADBRUCH, *Rechtsphilosophie. Eine Studienausgabe*, Ralf DREIER & Stanley L. PAULSON (Hrsg.), Heidelberg, C.F. Müller, 2. Aufl., 2003. このような批判は、アルフ・ロスによっても検討されている。Alf Ross, « Validity and the Conflict between Legal Positivism and Natural Law » (1961), reproduit dans le recueil *Introduction à l'empirisme juridique*, trad. E. Millard et E. Matzner, Paris, LGDJ, 2004, p. 149 et s.

【訳者注】ラートブルフの当該論文の邦訳として、小林直樹（訳）「実定法の不法と実定法を超える法」尾高朝雄＝野田良之＝阿南成一＝村上淳一＝小林直樹＝常盤敏太（訳）『ラートブルフ著作集4／実定法と自然法』（東京大学出版会、1961年）249頁以下がある。なお、関連して、本訳書第7章注1）に付した訳者注も参照されたい。

3） Cité par Eugenio BULYGIN, « Sobre el status ontológico de los derechos humanos », *Doxa. Cuadernos de Filosofía del Derecho*, n° 4, 1987, p. 79 et s. 【訳者注】ここで引用されているのは、Carlos S. NINO, *Ética y Derechos Humanos*, Buenos Aires, 1984, p. 24である。

4） Norberto BOBBIO, « Sur le positivisme juridique » (1961), reproduit dans N. BOBBIO, *Essais de théorie du droit*, préface de Riccardo GUASTINI, trad. Michel Guéret, Paris, LGDJ, 1998, p. 23 et s.

に、その対象とは区別され、それを記述することに自己限定しなければならない。そして法を対象とするならば、法は道徳との適合性や非適合性とは独立して定義されなければならない。

第二の意味においては、法に関するいくつかのテーゼ、たとえば法とは規範の総体であり、それはサンクションの威嚇を伴った命令として定義されるものであるとか、つまりそれは人間の意思を表明したものであるとか、それらは義務的なものであるとか、それらは論理的な関係に拘束されており、個別規範はより一般的な規範からの演繹により導出されるとか、あるいはまたこのような規範の総体はシステムとしての特性を示し、とりわけそれは一貫しており完結している、といった主張が「実証主義」と呼ばれる。実際には、これらの主張はそれ自体としては一貫性を示すことがほとんどないし、これらすべてのテーゼに与する実証主義の論者はいない。これらの主張のあるものをめぐっては、互いに強硬に対立しさえする[5]。

さらに、第三の意味においては、つぎのようなイデオロギーが「実証主義」と呼ばれる。すなわちそれによれば、正義が実定法によって命じられているところのものとしてのみ定義される限りにおいて、実定法は必然的に正しいものであるからという理由によって、あるいはまた、正義の理想に対して秩序と安定の理想を優越させ、その内容が正しいものであろうとなかろうと法に従う義務が存在するのだと主張することによって、実定法には従わなければならないのである、とされる。このように理解された実証主義は、それゆえ、法に対する、つまりは国家に対する、盲目的従属をもたらすことになる。

以上のような分析から、実証主義と呼ばれる諸学説にはいかなる共通項もなく、またある場合には、それは互いに両立不能ですらある、ということが明らかとなる。とりわけ、法に対するアプローチとしての実証主義とイデオロギーとしての実証主義についてはそうである。実際、アプローチとしての実証主義が示唆するところの価値判断の表明の拒絶は、およそイデオロギーを拒否することにほかならない。そもそもこのことこそ、法実証主義のリーダーの一人で

---

5) Christophe Grzegorczyk, Françoise Michaut et Michel Troper (sous la dir. de), *Le positivisme juridique*, Paris, LGDJ, 1992.

あるケルゼンが、その最も重要な著作のタイトルであり、また彼が創設した学派の名でもある「純粋法学（La théorie pure du droit）」という語によって意図していたことであった。純粋性——ちなみにそれは理論についてのみのものであり、法そのものの性質でありえないことは言うまでもない——は、とりわけ、価値判断を含まない、つまりあらゆるイデオロギーを免れた、記述に専念しようとする意思を意味する。だからこそ第一の意味における実証主義者を自任する論者は、実定法の上位に、それに従うよう、あるいは従わないよう命じる規範が存在するという考え方によって自然法論が特徴づけられるのであれば、イデオロギーとしての「実証主義」もまた、実際には自然法論の一ヴァリエーションでしかないと考えるのである[6)]。

それゆえ、国家を偶像崇拝することや、法律への絶対的な服従を理想とすること、また人権に対する無関心あるいは敵視は、とかく実証主義に対する批判として言われることではあるが、それらは第三の意味における実証主義を特徴づけるものでしかないことが明らかとなるだろう。そうではなく、もし実証主義の第一の定義をとるのであれば、第三の意味のような実証主義はまったく実証主義ではない、ということになるのである。

したがって、実証主義と人権との関係を考察するには、実証主義を第一の意味において、つまり学問方法論（épistémologie）としての実証主義の意味で用いることが必要である。そうすることで、いくつかの点においては実証主義が人権とは両立不能に見えるものの、他の点においては反対に実証主義が人権を説明するものである、ということが理解されるだろう。

1　外見的両立不能性（L'apparente incompatibilité）

実証主義と人権との両立不能性は、実証主義理論のつぎのような三種の要素に由来する。すなわち、①法と道徳の分離、②規範は意思の行為を表明したも

6)　この意味において、A. Ross, « Validity and the Conflict between Legal Positivism and Natural Law », *op. cit.* を参照。

のであるとする考え方、③法解釈は認識の作用ではなく意思の作用であり、意味を発見するのではなく意味を決定することであるとする理論、の三つである。

人権が道徳的な自然権として知覚される限り[7]、それは法と道徳の分離という法実証主義にとっての中心的な主張に従って、法学の領域外に置かれることとなる。そして法と道徳の分離の主張は、複数の異なる解釈の対象となってきた。時としてそれは、法的ルールの内容が自律的に、道徳に対するあらゆる参照から独立して決定されるということを意味するものとして理解されてきた。このように理解された場合、それは正当に批判される。というのも、あるルールがより一般的なルールからの単純な演繹により生成されるものではないこと、法システムのあらゆる段階において多かれ少なかれ自由裁量の余地が存在するために、これらのルールを作り出す者には、その内容を決定するにあたり選択が可能であること、つまり、法外的な考慮に影響されざるをえず、そのような法外的な考慮のなかに道徳原理が含まれることは、当然だからである。

しかし、より厳密な考え方においては、法と道徳の分離のテーゼは、法規範の妥当性が道徳規範への適合性にはまったく依存しない、ということを意味する。なお、妥当性の語は、義務的な性質を意味することもあれば、法システムに属していることを意味することもある。それゆえ実証主義者は、ある行為が上位規範の定める条件を満たしているとき、その内容がある道徳規範に適合しているかどうかにかかわらず、妥当する法規範としての意味をもつと主張するのである。そしてこのようなテーゼは、実証主義の方法論からも、実証主義の法理論からも、同時に帰結する。法理論からというのは、そのような主張により、実定法は規範の妥当性を道徳への適合性に依拠せしめてはいないということが理解可能となるからである。もちろん、実定法がそれ自身で法規範に道徳的内容を与える場合は別であるが、そのような場合でも、法規範の妥当性は道徳規範にではなく実は別の法規範に基づいている。方法論からというのは、法学の対象である法規範の定義が道徳的判断に依拠するとすること――「この規範は法規範としての性質をもっている、なぜならばその内容が道徳に適合するからである」――は、価値論上の純粋性という理想に反するからである。

---

7)　Carlos S. Nino (ed.), *Rights*, Aldershot, Dartmouth Publishing Co., 1992, p. XIX.

以上のような立場からすると、実証主義は、人権が実定法に優越するとする説をすべて拒否するしかなくなる。それらは人権を自然権と捉えているか、あるいはたんに道徳原理から演繹されたものとして捉えているのである。人権の優越性を認めるならば、実定法規範と人権とが衝突した場合に、法規範のほうが排除される、すなわち、たとえより上位の法規範の定める条件を満たしていても妥当性を奪われる、ということになってしまうであろう。

たしかに、法と道徳の分離の主張には、もう少し穏健なヴァージョンもある。*soft positivism* や、*inclusive positivism* と言われるものがそれである8)。これらを擁護する論者は、規範の妥当性のいくつかの条件の一つとして道徳原理への適合性を認める法システムが存在しうると主張する。このような観察結果を否定することはできないが、しかし、そのことは、道徳あるいは人権が実定法に優越するのかどうかという問題とは関連性がない。というのも、道徳原理に適合するように命じるものが法であるならば、道徳原理はその道徳としての性質ゆえに自律的に拘束力をもつのではなく、法的ルールの効果によってそうであるにすぎないからである。実定法に優越するのは人権なのではなく、実定法上のルールが人権に適合するように命じているのである。だからこそ、このような場合において、人権の実定化（positivation）が語られるわけである。

たしかに、人権との関係で行政上の決定や法律を統制する裁判官は道徳的判断を表明しているとは言えるであろう。しかし彼がそうすることができるのは、実定法によってそのように授権されている限りでのことである。つまり彼は、法規範を創設すべく裁量権限を授権されており、法規範に対してある特定の内容を与えること、つまり、時宜性の考慮や道徳原理に従って決定することを授権されている他のあらゆる機関に比べて、何ら異なった状況にいるわけではない。

他方で、法学を経験科学のモデルに依拠して構築しようとすることは、法学とその対象とを明確に区別することにより記述命題を作ろうとすることを含意

8)　Voir H.L.A. Hart, « Postscript », in *The Concept of Law*, 2e éd., éd. par Penelope A. Bulloch et Joseph Raz, Oxford, Oxford University Press, 1994, p. 250 ; Vittorio Villa, « Alcune chiarificazioni concettuali sulla nozione di *inclusive positivism* », in Paolo Comanducci e Riccardo Guastini (a cura di), *Analisi e diritto 2000*, Torino, G. Giappichelli Editore, 2001, pp. 255-288.

する。それゆえこれらの命題は客観的かつ認識可能な所与のものについてのものでなければならない。自然法はこのような要求を満たすものではなく、実証主義法学の対象は、実定法、すなわち人間の意思によって定められたものでしかありえない。そして、「実証主義」の語については、二つの意味が指摘される。すなわち、ある理論は、それが実証主義の学問を構築しようとするものであることから実証主義的であると言われ、また、同時に、この学問の対象が実定法（droit posiif）であることから実証主義的であるとも言われる。しかし前者の要素が最も重要である。なぜなら、実証主義の学問を構築しようとする意思こそが、その対象の選択を決定するからある[9]。

このような定義によれば、人権は法に属するものではなく、それが実定されない限り法学の対象とはなりえない。しかしそうなった場合には、人権はもはや国家に対抗するものとしては理解できなくなる。国家に対抗する権利が存在すると言うことは、語における矛盾ですらある。というのも、多くの実証主義者にとって、国家によって直接あるいは間接に作り出されたのではない法は存在しないからである。また、ケルゼンにとっては、国家と法（＝権利）は単一かつ同一の実体を意味する二つの語なのであり、したがって、国家に対抗する法（＝権利）と言うことは、法（＝権利）に対抗する法（＝権利）と言うことに帰着するのである。

ここから、「主観的な」権利、つまり、あらゆる人がただ人であるということのみに基づいて有するとされるもので、かつ、たんに客観的法、つまり国家の法によって「宣言され」、「擁護され」、「承認され」あるいはまた「保障され」るにすぎないもので、しかし、国家とは独立して、国家より前に存在するとされるものを構想することの困難さが生じる。

したがって、人が有する権利——そして人権とは「主観的権利」という類の一つの種でしかない——は、他者が自身の義務を尊重しなかった場合にその行動に対してサンクションを要求できる能力という形式において、国家によって与えられたものでしかありえないのである。とはいえ、一体どのようにして、

9）Uberto Scarpelli, *Cos'è il positivismo giuridico*, Milano, Edizioni di Communità, 1965, trad. fr. par Colette Clavreul, *Qu'est-ce que le positivisme juridique ?*, Paris, LGDJ, coll. *La pensée juridique*, 1996.

そして一体誰によってこのサンクションが与えられるのかを知る必要があろう。言うまでもなく、裁判所しか問題となりえない。法秩序が裁判による保障や保護を制度化しない限り、人権は存在しないと考えられているのは正しいのである。しかし、裁判所は国家の機関であるから、それは国家に対する個人の保護ではなく、国家による個人の保護を構成するものでしかない。

このように言うと、裁判所は人権を、国家に対してではないにせよ、国家の他の機関に対しては少なくとも保障するものではないかとの批判がなされるかもしれない。しかし、そのためには、このような保障の対象となる人権が固定された基準を構成し、その存在と内容が裁判所自身の活動から独立していることが必要となるはずである。ところが、裁判所の活動は、ある権利が侵害されたとか、あるいは言いかえればそれに対応する義務が遵守されなかったといったことをたんに確認することのみにあるのではなく、自由裁量による選択を含んでいる。そしてこのことは、少なくとも二つの理由による。

第一に、人権はさまざまなテクスト――各種の宣言や憲法典、法律や国際条約など――によって表明されており、解釈なしに適用されることはできない。ところが法解釈は一つの決定なのであり、それが最上級の裁判所によってなされる場合には、もはや争われえず、その内容がいかなるものであれ拘束力を有する。つまり最上級裁判所は当該テクストに対して、そのイデオロギー的な選好に従ってある特定の意味を与えることができるのである。さらに、裁判官は、法システムの総体から「取り出す（dégager）」ことができるとされる不文の原理を適用することもできる。要するに、実際に保障されているのは、人権なのではなく、それについて裁判官が考えるところのものなのである。

第二の理由は、テクストに表明されている人権が、しばしば衝突することがあり、ある権利を他の権利に対して優越させるかあるいは調和させることが不可避であるということである。時としてこのような両者の調和は、裁判官がバランスを探求した結果であると言われる。そして、裁判官は衝突しているそれぞれの原理の重みを検討したうえで決定に至っているのであるから、彼の思い通りになるわけではないということの証拠がそこにあるとも言われる。つまり決定は十分に理性的なものなのである、と[10]。しかし実際には、ある具体的な場合においてある原理が他の原理に対して優越しなければならないと言うためには、やはり選好を表明しなければならないのである。すでにケルゼンが指摘しているように、これらの原理それぞれの重さを決めることは、裁判官の決定の根拠になっているのではなく、裁判官の決定そのものなのである。

こうして実証主義者は、人権が、とりわけ裁判官にとっての権力の一つの淵源であることを示しうると主張することになる。なるほど価値論上の中立性は、およそ裁判官の権力を告発することとほとんど両立しないようにも見える。しかし実証主義者は、法を記述する学問を打ち立てようとする限りにおいて、ただ規範を記述するのみならず、ある特定の結果をもたらすため、あるいは避けるための固有の方法がなんであるかを示そうともしうるのである[11)]。それゆえ彼らは、裁判官が政治的権力を行使する法システムについての価値判断をなすことなしに、そのようなシステムが人権が宣言されていることによって招来するということと、また、裁判官に過大な権力を与えたくないのであれば、憲法典に人権宣言を挿入することを避けるべきであるということとを述べることが当然に可能であると考えているのである[12)]。このように述べることは、技術的な規範を述べることにすぎず、つまり真の規範ではなく、たんに指示的な命題を述べているにすぎないのである。

それゆえ、たとえ「実証主義」という語によってただある種の法学を打ち立てようとする意思のみが意味され、国家に対する絶対的な服従というイデオロギーが意味されるのではないとしても、そのような理論は人権の考え方とは真っ向から対立するものであると考えることになりそうである。ところが、このような結論は、おそらく少なくとも部分的には、経験的に正確ではないであ

---

10)　Robert Alexy, *Theorie der Grundrechte*, Frankfurt am Main, Suhrkamp Verlag, 1985, trad. angl., *A Theory of Constitutional Rights*, Oxford, Oxford University Press, 2002 ; R. Alexy, « Diritti fondamentali, bilanciamento e razionalità », *Ars Interpretandi*, n° 7, 2002, p. 131 et s. ; および、その批判として Véronique Champeil-Desplats, « Raisonnement juridique et pluralité des valeurs : les conflits axio-téléologiques de normes », *Analisi e Diritto*, 2002, p. 59 et s.

11)　H. Kelsen, préface à Charles Eisenmann, *La justice constitutionnelle et la Haute Cour constitutionnelle d'Autriche*, Paris, 1928, nouv. éd., Paris, Economica, 1986.

12)　H. Kelsen, « La garantie juridictionnelle de la constitution », *RDP*, 1928, p. 197 et s. ; H. Kelsen, « Wer soll der Hüter der Verfassung sein ? », *Justiz*, Berlin, Bd. 6, 1930-1931, pp. 576-628 ; Tom Campbell, K.D.Ewing et Adam Tomkins (ed.), *Sceptical Essays on Human Rights*, Oxford, Oxford University Press, 2001 ; Jeremy Waldron, *Law and Disagreement*, Oxford, Oxford University Press, 1999.

ろう。自らを実証主義者であるとする論者の多くが人権について述べており、また、そのうちのある者はこのようなイデオロギーに好意的な立場をとってさえいることが確認できるからである。

2　実証主義と人権の邂逅

(La rencontre du positivisme et des droits de l'homme)

実証主義と人権との邂逅は、二種類の場面において生じる。一方で、実証主義者のなかでも最も重要な論者たちがリベラルなイデオロギーに与することをためらっていないし、他方で、人権が実定法の一部分をなす限りにおいて、それは必然的に、実証主義の流れに属する法学の一対象となるからである。

(1)　相対主義と民主主義（Le relativisme et la démocratie）

実証主義者が法の内容の如何を問わず法に対する無条件の服従を説き回ったとする非難が歴史的に正しくないことは明らかである。そもそもそのような意味での「実証主義」の語は、とりわけその敵対者によって用いられたものなのであり、実際には、独裁体制の信奉者たちは自らをある種の自然法論者としていたし[13]、実証主義（もちろん第一の意味における）の主要な論者たちは、政治的には民主主義者であり自由主義者であった。ケルゼンしかり、ロス（Alf Ross, 1899-1979）やボッビオ、またハート（H.L.A. Hart, 1907-1992）もそうであった。

まさにこの、実証主義方法論の擁護者と自由主義的イデオロギーの信奉者とのあいだに歴史的連関が存するということこそが、ある種の困惑を生じさせうるものである。なぜ、純粋性という理想を掲げる論者が、なんであれイデオロギーに与するのであろうか。

第一の答えは、実証主義方法論は、学問上のやり方についてしか根拠を提供しえないもので、実証主義に与する者の人生全体に対してそうすることはできない、というものである。それはむしろ反対に、学問人としての態度と市民と

---

13)　たとえば、国家社会主義的自然法（droit naturel national-socialiste）なるものが語られた。

しての態度を明確に区別することへと導く。前者は価値論上の中立性に拘束されるが、後者はそうではない。ただし、実証主義者は民主主義や人権といった価値を、それに対立する専制といった価値に対して選択するよう拘束されているわけではないが、しかしそれらを選択するよう自然に導かれることはあるだろう。というのも、学問人としては、往時のウィーン学団の多くの論者がそうであったように、近代経験論が形而上学――それは保守的な学説の基礎をなしていた――の誤りを正すことに寄与することができ、解放を求めて闘う大衆の世界観（*Weltanschauung*）となりうると考えることができるからである[14)]。

他方で、純粋性の理想は非認知主義（non-cognitivism）のメタ倫理学と緊密な関係にあり、それによれば、価値なるものは客観的な存在を有するものではなく、あるいは少なくとも認識可能なものではない。つまり価値判断は我々の感情を表現したものでしかなく、科学によっては表明されえないのである[15)]。それゆえ、価値は決して絶対的なものではなく、相対的なものでしかない。「いかなる真理も、いかなる価値も（……）他に席を譲るためにつねに準備していなければならない。（……）絶対的な真理と価値とが、人間の精神にとって閉ざされているとする者は、自身の見解のみならず、それに対立する他者の見解をも、少なくとも可能であると考えなければならない。このゆえに、民主主義思想は相対主義哲学を前提とするのである」[16)]。

このような相対主義哲学については、たとえそれが民主主義を基礎づけるとしても、人権が自然権であり普遍的なものであり道徳的な基礎をもつということを前提とする人権論とは容易には両立しないとの反論がありえるだろう。

しかしこのような批判に対して、実証主義者は、人権が実定化されうるもの

14）　参照、Antonia Soulez (dir.), *Manifeste du Cercle de Vienne et autres écrits*, Paris, PUF, 1985, p. 128 および同書に寄せられた編者のはしがき（とくに 36-41 頁）。

15）　Gregorio Peces-Barba Martinez, *Théorie générale des droits fondamentaux*, Paris, LGDJ, 2004 (1991).

16）　H. Kelsen, *La démocratie, sa nature, sa valeur*, trad. fr. par Ch. Eisenmann de la 2e éd., allemande de 1929, Paris, Sirey, 1932 ; 2e éd., franç., présentation de M. Troper, Paris, Economica, 1988, pp. 90-92. 【訳者注】1932 年のアイゼンマン訳は、2004 年に Dalloz 社より Philippe Raynaud の解説を加えて再度出版されている。Dalloz 社版では、該当箇所は 110-112 頁である。また、邦訳として、西島芳二（訳）『デモクラシーの本質と価値』（岩波文庫、1948 年）がある（該当箇所は 131 頁。本章では、西島訳を一部改変している）。

であり、かつ実際に多くの憲法典や国際条約によって実定化されてきた以上、今日ではもはやいかにそれを正当化するかが問題なのではなく、ただいかにそれを保障するかが問題となるのみであると主張することにより、このような批判を退け、根拠の問題を回避することができる。つまり、問題は哲学的なものではなく、たんに実際上の、そして政治的な問題にすぎない、ということである[17]。その原初においては自然権として構想されたものの、実際には、法秩序によって認められたその他の権利と同様に、人権もまた自然権ではなく、それが国家機関によって創造され適用される限りにおいて、それは実定法のみに属するものなのであり[18]、法学によって記述されうるものなのである。だからこそ、法学は価値を認識し記述することはできないものの、定立者が与している価値を表明するルールを記述することはできる。自らを実証主義者とする今日のある論者たちにとっては、記述すべきルールは、明文化されたもののみならず、法システム全体のうちに黙示的に存在する不文の諸原理もまたそうなのである[19]。

しかし、価値の保障は、価値を宣言するルールや保障のメカニズムを設立する規定によってのみ確保されるわけではない。それは法システムの存在と組織自体によっても保障される。たしかに法システムは階統化されたものとして記述される。そしてこの階統性は、それ自体が、いかなる決定もそれがより上位の規範に適合していなければ妥当しえないがゆえに、自由を最低限保障する。たとえば、ある個別的な決定に従うことによって、人は間接的により一般的な規範、とりわけ法律に従うことになる。そしてこのことは、立憲主義および法治国理論の原初においては、政治的自由の定義そのものであった。というのも、法律が一般的で確定されたものであれば、各主体はその行動の結果を予期できるようになるからである。それゆえ、フランス人権宣言16条の用語法では、憲

---

17) N. Bobbio, *L'età dei diritti*, Turin, Einaudi, 1990, p. 17 et s.

18) H. Kelsen, *Théorie générale du droit et de l'État*, trad. franç., Paris, LGDJ, 1997, p. 315.
【訳者注】該当部分の邦訳として、尾吹善人（訳）『法と国家の一般理論』（木鐸社、1991年）402頁以下。

19) Gustavo Zagrebelsky, *Il diritto mite*, Turin, Einaudi, 1992, trad. franç., *Le droit en douceur*, Paris, Economica, 2000 ; G. Peces-Barba Martinez, *Derechos sociales y positivismo jurídico (escritos de filosofía jurídica y política)*, Madrid, Dykinson, 1999.

法は権力分立によって定義されたのである。すなわち憲法とは、臣民に向けられた個別的命令が、つねに、それより以前に存在する法律の執行としてなされることを保障するのに適した、諸権限の一定の配分をなすものであったからである。そしてこのような憲法の定義が人権宣言においてなされたという事実は、人の自然権の一つが、実定法秩序の存する社会において生きる権利であることを意味する。結局のところ、1789 年人権宣言において表明されている権利のいくつかは、このような、諸決定が法律に基づいてなされるべきであるという一つの考え方をいくつかの形態で定式化したものにすぎない。たとえばすでに述べた権力分立の原理がそうであるし、法律不遡及の原理もそうであるし、さらに、自由の限界は法律によってしか定められえないという原理もまたそうである。社会における人権が、法律にしか服従しないこととして定義される限りにおいて、人権は階統化された法秩序の存在そのものによって保障されるものとなるのである。

およそ国家は法治国であるというケルゼンの有名な謂いもまた、このようにして理解することができる。すでに見たように、ケルゼンは国家と法とを区別することを拒否した。両者は単一の、そして同一のものでしかない、と。それゆえ、国家が法に従属しうるなどと想定するのはばかげたこととなる。反対に、国家と法の単一性は、国家という社会においては、権力は法という形式をとって行使されるのであり、このようなタイプの権力がそこで生活する者に対して最低限の安全を保障する、ということを意味するのである。

しかし人権は、実証主義者が民主政との関係において構想しうる機能的連関からも帰結しうる。たとえば、ケルゼンにとっては、民主政は、絶対的価値が存在しないのであるから、人々が自分自身の価値観に合致する規範に適合して行動できなければならないシステムとして、つまり、自律のシステムとして、定義される。しかし自律の原理は、全員一致制が事実上不可能であるからという理由によってではなく、それがただ一人の者が他の全員に対抗できるということを意味するという理由によって、多数決原理へと変容する。最高段階の自律は、諸決定が多数決によってなされる段階なのである。にもかかわらず、「多数決原理は決して多数派の専制に等しいものではない」。それは少数派が存在する権利、それぞれの市民が一般的なルールの定立に参加する権利を前提としているのであり、「世論が精神的自由、言論・出版の自由、および信教の自由が保障されているところでのみ表明されうるものである限りにおいて、民主政は政治的自由主義と符合する」[20] のである。

このように、古典的な理論においては、民主政は人権を保障するためにより望ましいものであるという信念により正当化されるのに対して、ケルゼンにおいては、人権は純粋に功利主義的な観点によってしか正当化されないものとなる。つまり、民主政が確実に機能するためにこそ、人権を保障しなければならないのである、と。

(2) 法学の対象としての人権 (Les droits de l'homme, objet de la science du droit)

実証主義は、つぎのような、少なくとも三種類の理由により、人権を無視することができない。

第一に、実証主義者が実定法を記述しようとするのであれば、その記述をたんに一定の規範が生成されたことを確認するだけにとどめることはできない。規範を記述することは、その規範が命じることを示さずにはなしえない。ゆえに実定法の記述は、必然的に、規範の内容の記述である。

たしかに、法実証主義は時として過剰な形式主義に至ると非難されてきた。すでに見たように、20 世紀前半の実証主義者が確立した構想によれば、法の一般理論とは、あらゆる実定法に共通する性質を記述しようとするものであり、それらは本質的に形式的性質をもつものであった。しかし、そのことのメリットがどうであれ、かかる批判は法の一般理論に対してしかあてはまらないもので、実証主義の方法論をモデルとして構想されたある法学に対してはあてはまらない。この法学は、その対象によって、法の一般理論とは区別される。それはただ一つの実定法のみに関わるという意味で一般性のレベルがより低いものであり、その内容の記述を避けることはできない。そして実定法が人権に関する多くの規範を含んでいることは事実である。これらの規範を記述することは、それらが法秩序の段階構造において占める位置を示すことであり、それはまた

20)　H. Kelsen, *Théorie générale du droit et de l'État*, *op. cit.*, pp. 336-337.【訳者注】前掲・尾吹訳では 432-433 頁（一部改変している）。

その内容を記述することでもある。つまり、これらの規範が与えている権利や、その対象とする主体、またそれを保障するメカニズムを、である。

他方で、公権力によって表明されたものは規範ではなく、テクストなのであり、その意味こそが規範である。ところがおよそテクストは多様な意味をもちうる。それゆえテクストは多様な規範を含みうるものであり、したがって実定法を記述することは、ある一つの意味がテクストに対して与えられた推論を記述することとなり、あるいは、言いかえれば、一つの規範の存在が確定され正当化された推論を記述することとなる。このような推論もまた法学の対象の一部分であり、裁判官が原理を、つまり不文の規範を導出したと主張するときのそれも同様である。そしてこれらの推論の前提の一つとして、解釈者が人権の性質について有する考え方がある。たとえば、ある裁判官は自然法論に与しており、あらゆる人はその本質上人権をもつという考えを認めているかもしれない。このような信条は、もちろん人権に関するテクストを解釈する彼のやり方に影響しないわけではない。そういったテクストはそれらを定立した者の意思を表すものとしてではなく、たんなる確認的宣言として捉えられることになるだろう。したがって、この場合の解釈は、テクスト定立者の意図を発見することではなく――それはまったくどうでもよいこととなる――、権利を強制すること――そしてその内容はテクスト定立者の意図からも、それが表明されている形式からも独立したものとなる――を目指すことになるだろう。

それだけではない。解釈者は彼自身としては自然法論に与していないとしても、テクストの定立者がそれに与していたかどうかを検討する必要がある場合がある。たとえば、人権宣言を適用する今日の憲法裁判官は、その定立者の意図に従っていると自称し、かつ、1789年の人々がすでに存在する権利を確認的に宣言しているにすぎないと信じていたと考えるか、あるいは逆に、彼らは新たに権利を創設するのだという意識を有していたと考えるかに応じて、人権宣言の解釈を異なったものとするだろう。こうして、裁判官の行動を記述し、また今日の実定法を記述しようとする実証主義者は、裁判官の前提とするところをすべて、すなわち、彼自身の信条や彼が適用するテクストの定立者の信条として彼が考えるところのものをすべて、記述しなければならないことになる。

それはたんに裁判官の権力の実態を隠蔽するための正当化にすぎないと考え

られるかもしれない。もし彼が自由にテクストを解釈しているのであれば、彼は気ままに、人権に適合するもしくは違背するからという理由で法律を合憲または違憲と決定することができ、その決定をなんであれ特定の解釈に基づかせることができるのだから、と。このような主張は正鵠を射ているが、だからといって裁判官の理由づけを検討することを疎かにすることにはならない。むしろその逆である。というのも、裁判官の権力の度合いは、一般的なルールを作り出すことによって事前に人々の行動を決定する能力によるのであり、この能力は、判例の一貫性と安定性とに完全に依存するものであるからである。つまり、事後的な正当化でさえも、裁判官自身にとっては、少なくとも部分的には後の自分たちの決定の内容を規定する制約となるのである。アルゼンチンの軍事独裁下の最悪の時期においてさえ、裁判所は人権に依拠した議論に従わざるをえず、一定の場合には人権侵害を理由として拘束されていた人々を解放することを命じた、ということはきわめて意味深長である[21)]。実証主義が実定法を記述しようとし、また国家機関によって実効的に定立され適用されている法として実定法を定義するのであれば、実証主義は人権をその対象として扱うことを避けることはできないのである。

最後に、言明（énoncé）とそれを解釈する者の推論は、概念を利用する。そして概念は複数の法システムにおいて共通するものでありうる。契約の成立に関するルールが国により異なりうることは事実であるが、いかなる実定法も契約の概念をもたぬことはできない。そのゆえにこそ、実証主義の流れに属する法の一般理論は起源に関する形式主義を免れることができ、そして、概念を記述することを通じて、対象として法の実質を扱うことができるのである。それは伝統的な法哲学が契約や所有権、家族や権利といったものを扱うときに対象としていたものではあるが、そこでは何よりもまず道徳的観点からそれらが扱われていた。たとえば、所有権や権利といった術語が何を意味するのかが検討されたのではなく、所有権や権利の性質が探求され、その倫理的な基礎が探究されたのであった。実証主義の流れに属する法の一般理論は、それに対して、概念の意味の記述、すなわちいかなる条件においてそれらの概念が法言説で用い

21）C. S. Nino（ed.）, *Rights, op. cit.*, p. XI.

られているかを記述するにとどまる。そうすることで、法の一般理論は、一般性のレベルにおいてより高い段階にある言明の内容を扱いながらも、法哲学の命令的性格や本質主義を同時に免れるようになるのである。

そして法言説を構成する言明のなかに人権に関する言明が存在することは言うまでもない。まずもって憲法テクスト、本来の意味での憲法がそうであるし、また憲法前文や人権宣言、あるいはさらに国際条約などもそうである。しかし、諸決定——とりわけ裁判所の判決——を正当化するために国家機関——とりわけ裁判所——が用いる言明、それによってこれら各種のテクストやさらには不文の原理に依拠するところのものもまたそうなのである。権利という一般的な概念も、人権という個別的な概念も、したがって、法言説を記述しようとする法の一般理論の対象とならなければならないし、また、それが他の概念、たとえば「権力」や「義務」あるいは「許可」といった概念とのあいだに有する関係についての分析の対象とならなければならないのである。

さらに徹底することもできる。人権宣言が法律適合性の原理を宣言しているのは、規範の階統性が必要であることを述べていることにほかならない。しかし、人権それ自体がこの階統性の産物なのであるということも認めなければならない。規範の階統性は、実際には、議論を進めるうえでの一つの戦略を表現したものにすぎない。ある法的行為あるいはなんらかの行動の妥当性を審査しようとする裁判官はすべて、より上位の原理あるいはルールの存在を前提としなければならない。契約を審査する裁判官は、契約が適合していなければならない法律が存在することを必然的に前提とするし、違憲審査を行う裁判官は、憲法が優越的価値をもつルールであるということを前提としなければならない。これはまさにマーベリー対マディソン判決においてマーシャルが展開した議論であり、同様の議論構成をフランス憲法院の有名な1971年判決や、さらには1995年のイスラエル最高裁判所判決（United Mizrahi Bank v. Migdal Village）[22]

22）この例外的に長大な判決の抜粋が、Norman Dorsen, Michel Rosenfeld, Andras Sajo & Susanne Baer (ed.), *Comparative Constitutionalism*, Thomson West, 2003に収録されている。参照、M. Troper, « Marshall, Kelsen, Barak et le sophisme constitutionnel », in Elisabeth Zoller (sous la dir. de), *Marbury v. Madison 1803-2003*, Paris, Dalloz, 2003, p. 215 et s., reproduit dans M. Troper, *Le droit et la nécessité*, Paris, PUF, coll. *Léviathan*, 2011, p. 137 et s.

に見出すこともできる。しかし実際には、ある規範の他の規範に対する優越性が、後者が前者に適合しない場合に後者が無効とされる可能性を意味するのだとしたら、規範の階統性は裁判官の推論および決定に先立って存在するのではない。それは裁判官の推論および決定の産物なのである。

法実証主義は、こうして、実定法、すなわち実定された規範と法律家が現に行っている推論の態様を記述することに自己限定しようとする限りにおいて、人権の生成および通常の立法に対するその優越性とを明らかにすることができるようになるのである。

こうして、実証主義者ははたして人権の存在を認めるのかという問いには、明確に肯定の解答が与えられる。人権は、国家から独立したものではなく、実定法から独立したものでもない。普遍的なものでも、絶対的なものでもない。それは、人権という概念が、権力を配分するため、あるいは義務を課すための特有の技術として、また、同時にこのような権限配分を正当化するものとして、法言説において用いられる限りにおいて、存在するものなのである。

III 国家の理論
Théorie de l'État

第5章　法治国の概念

Le concept d'État de droit (1992)

1　不可能な法治国 (L'État de droit impossible)

2　不可避の法治国 (L'État de droit inévitable)

法治国 (État de droit) は、民主政や立憲主義、さらに人権と同様に、今日では、幅広くかつ急速なコンセンサスの対象となっている。そしてそれは実際にはごく最近の現象である。たしかにドイツにおいては、*Rechtsstaat* をめぐる学説がすでに19世紀には広く流布し議論されていたが、フランスではことの状況は非常に異なっていた。法治国の概念がほとんど知られていなかったがゆえに、カレ・ド・マルベール (Raymond Carré de Malberg, 1861-1935) は État de droit という術語を用いる前に、まず *Rechtsstaat* というドイツ語を用いざるをえなかったし、そもそも、État de droit という語は *Rechtsstaat* を文字通り仏訳したものでしかなかった。しかも、カレ・ド・マルベールは相対的に孤立していた論者なのであり、当時の公法学の泰斗の大部分は、よくてもせいぜい数行をこの概念に費やしているのみである。デュギーは簡潔な (そして批判的な) 説明を行っているが、オーリウ (Maurice Hauriou, 1856-1929) やバルテルミー (Joseph Barthélemy, 1874-1945) においては、法治国という術語は索引に登場すらしないのである。

ところが今日では、法治国という表現はあらゆるところであらゆる論者によって用いられ、またそれが数えられないほどの書物や論争、研究会などの対象となっているのみならず、それらの言説すべてが、自由主義者から東欧のかつての共産主義者によるものに至るまで、法治国に好意的な立場をとっている。自由主義者がそうであることについては驚くべきではないかもしれないが、かつての共産主義者は、法治国がマルクス＝レーニン主義と調和しうるものであるとしたうえで、今日ではそれを市場経済への移行のための道具となそうとしている。

このような全員一致の状況は当然のことながら怪しむに足るものであり、また、それ以外の部分ではあまりにも異なっているさまざまな言説がなぜか一致して法治国に言及していることからすると、きっとそこには何らかの曖昧さや混乱が潜んでいると考えないわけにはいかない。事実、もはやそれなしではすまなくなった法治国とは一体何であるかを明確にしようとするや否や、判然としない点が多く存在することに驚かざるをえないのである。

判然としない第一の点は、実を言うと簡単に解消しうるものである。それは言葉遣いに関わるものであり、時として論者が「法治国」とは異なる術語を用いながら両者は同一であるとしたり、あるいはそう明言しないにもかかわらず通例「法治国」に与えられている定義に近似した定義を与えたりすることに由来する。フリードリッヒ（Carl J. Friedrich, 1901-1984）が「立憲主義（constitutionalisme）」[1]、ウェーバー（Max Weber, 1864-1920）が「合法的支配（domination légale）」[2]、オークショット（Michael J. Oakeshott, 1901-1990）が「リーガリズム

---

1)　Carl J. FRIEDRICH, « Constitutions and Constitutionalism », in *International Encyclopedia of the Social Sciences*, 1968.

2)　Max WEBER, *Économie et Société*, t. I, p. 223 et s.,「合法的支配は、次のような相互に関連し合う諸観念の妥当にもとづいている。

1　任意の法が、（……）合理的な（……）志向をもって（……）制定されうる（……）。

2　すべての法は、その本質上、抽象的な・通常は意図的に制定された諸規則（レーゲルン）の体系（コスモス）であ（る）。

3　したがって、合理的に典型的な合法的ヘル、すなわち『上　司（フォアゲゼッツテ）』は、彼が指令を発する――したがって命令する――場合、彼自身もまた非人格的な秩序に服従しており、彼はその指令をこの非人格的な秩序に準拠させている（……）。

4　服従者は（……）仲間（ゲノッセ）としてのみ、また『法』に対してのみ服従する（……）。

5　3の点に照応して、団体仲間は、彼らがヘルに服従することによって、ヘルの人（ペルゾーン）に服従しているのではなく、右の非人格的な秩序に服従しているのであり、したがって、この非人格的秩序によってヘルに与えられた・合理的に限界づけられた・ザッハリッヒな管轄権の範囲内においてのみ、服従の義務を負う（……）。

したがって、合理的支配の基礎的な諸範疇は次のようなものになる。

1　官職事務の継続的な・規則に拘束された経　営（ベトリーブ）。

2　（……）権　限（コンペテンツ）（……）。

3　官職階層制（アムツヒエラルヒー）の原理（……）。」

同様に、ヘルマン・ヘラー（Hermann Heller, 1891-1933）もまた、*Rechtsstaat* を法律の統治また

(légalisme)」[3] などと言うのはその例である。

不明確な第二の点は、翻訳に起因する。État de droit や *stato di diritto* がドイツ語の *Rechtsstaat* に対応することは、それらが文字通りの翻訳でしかないことからたしかであるとしても、*Rule of Law* が *Rechtsstaat* と等しいものであるかどうかは、確実なことではまったくない。

第三点目として、これが最も重大なものであるが、同一の言語においてさえも、すべての論者が同一の表現を同一の意味で用いるわけではない、ということがある。

たとえば、しばしば――とりわけドイツにおいて――実質的法治国と形式的法治国との区別がなされる。前者はビスマルク（Otto von Bismarck, 1815-1898）以前の19世紀の憲法学者の言うところのものであり、それによれば、国家は、国家のうえに客観的に存在する法に適合的にしか行動することができない。ところが1871年以降、国家は固有の存在を備えたものと考えられるようになる。国家は人民から生じたものではなくなるのである。法は国家の意思を表現したものとして定義される実定法に還元され、国家はそれゆえ法によって制約されるものではなくなる。唯一可能なのは自己制限のみとなる。こうして、法治国理論は法律適合性の原理へと還元され、それが行政府と裁判所に適用されることになる。これが、一般的法律は立法府によってしか定立されえず、立法府は執行府および司法府の上位に座するものであるとする考え方である[4]。このような区別は、しかしながら、現代国家について論じるならば完全に明解とは言い難い。現代国家については、通常それは憲法および人権宣言に従属すると想定されているからである。このような国家は、憲法や人権宣言が自然法ではなく制憲者の意思を表明したものであると考えられている限りにおいて形式的法治国とされるべきなのか、それとも反対に、国家の諸機関は憲法から派生する権限の枠内において行動する義務のみならず、これらの機関が発する規範には

は支配（*Herrschaft des Gesetzes*）と定義する（*Rechtsstaat oder Diktatur ?*, 1930, in *Gesammelte Schriften*, 1971, vol. II, pp. 443-462）。【訳者注】以上のウェーバーの引用部分の和訳は、世良晃志郎（訳）『支配の諸類型』（創文社、1970年）13頁以下からの引用である。

3)　Michael OAKESHOTT, « The Rule of Law », in *On History and Other Essays*, p. 129 et s.

4)　Kaarlo TUORI, « Four Models of the Rechtsstaat », in Maija SAKSLIN (ed.), *The Finnish Constitution in Transition*, Hermes-Myiynti Oy, 1991, p. 31 et s.

特定の内容を持たせなければならないという義務をも負っていることから実質的法治国とされるべきなのだろうか？

フランスの法言語も一つの区別を知ってはいるが、これもまた明確性に欠けるものである。カレ・ド・マルベールが用いた、État légal と État de droit という区別がそれである[5]。前者は、権力は法律に適合してしか行使されえないというシステムであり、カレ・ド・マルベールによれば、それは二種類の保障をもたらす。すなわち、一方で、被治者はあらゆる不意打ちから保障されることとなり、他方で、法律は、その抽象的かつ一般的性質のゆえに、相対的に公正な精神で制定され、すべての者が平等に法律に従属することとなる、というのである。とりわけ行政は、法律に適合して（*secundum legem*）しか行動することができない。カレ・ド・マルベールは、「このシステムを夜警国家との対比において法治国体制と呼ぶところのものと混同してはならない」と述べている[6]。そして法治国とは、彼によれば、

> その国民との関係において、そして国民の個別の地位を保障するために、それ自身を一つの法のレジームに従属せしめる国家のことであり、それは国民に関する国家の行動を、国家自身がルール——市民に留保された権利を決定するものと、国家目標を実現するために用いられうる方途と手段とを予め規定するものとがある——によって拘束するという意味においてそうなのである。

このことは、一方で、法治国においては、行政は行政客体との関係で法律に適合してしか行動できないということを意味し[7]、また他方で、国民は裁判機

---

5)　Raymond CARRE DE MALBERG, *Contribution à la théorie générale de l'État*, Paris, 1922, t. I, p. 293 et s. ; Jacques CHEVALLIER, « L'État de droit », *RDP*, 1988, pp. 313-380 ; Marie-Joëlle REDOR, *De l'État légal à l'État de droit. L'évolution des conceptions de la doctrine publiciste française (1879-1914)*, Paris, Economica, 1992.

6)　R. CARRE DE MALBERG, *op. cit.*, p. 489.

7)　カレ・ド・マルベールにとっては、この点が État de droit と État légal とを区別するものであるようである。後者においては、行政は、つねに法律に適合して行動しなければならず、たんに行政客体との関係においてのみそうであるというわけではない。

関において行動するための法的手段を有するということを意味する。

そして法治国（État de droit）と法律中心国家（État légal）のあいだには多くの違いが存する、とカレ・ド・マルベールは言う。すなわち、

(a) 法律中心国家はより徹底したものである。すなわち、そこで行政機関は「法律の執行として、もしくは法律の許可によってしか行動することができず」、そしてそれは法治国がそうであるように個人の地位に影響を及ぼす行為に関してのみならず、行政のとるすべての措置、行政立法的措置を含めたすべての措置に関してそうなのである。フランスについて言えば、1875年2月25日法律の第3条にその表現を見出す体制は、「法治国の体制であるばかりでなく、法律中心国家の体制でもある」[8)]。

(b)「法治国体制は、今日ではほとんどの国家において打ち立てられている。少なくとも行政権について言えばそうである」。ところが法律中心国家を特徴づける国家の職能の階統制は、民主政に特有のものである。すなわち「それは、その国の選挙された者によって構成されたものとしての立法府こそが最高機関である、という考え方に結びついている」。

(c) しかし別の観点から見れば、法治国体制はより大きな射程を有するとも言える。というのは、それは「行政機関のみならず立法者をも」、個人の権利との関係で制限するものであるからである。そこでは、憲法が個人の権利を「立法者の手の届かないところにおく」[9)]。

---

8) 【訳者注】カレ・ド・マルベールにとっては、同法3条の「大統領は、法律の執行を監督し保障する」という規定は、――たとえばデュギーがこれを漠然としておりさほどの意味はないと評したのとは対照的に――第三共和政憲法が「行政」をどう捉えているのかを示す、きわめて重要な規定であった。この規定は、行政組織の頂点にある大統領でさえも、憲法によって個別に与えられた権限のほかには「法律の執行」という権限しか持たないことを示すものであり、したがって、この規定に示された第三共和政の憲法原則は、およそ行政の活動は法律の執行に限られる――しかも行政客体との関係における活動か行政内部における活動かを区別することなしにそう定められている――ということになる、とカレ・ド・マルベールは理解した。こうして彼は、行政を、「法律の支配のもとに、法律の執行として行われる、行政機関の活動」と定義した（*infra*, p. 482）。そしてこのように理解された第三共和政は、法治国ではなく、法律中心国家と名づけるべきものであったのである。Voir R. Carré de Malberg, *Contribution*, tome I, p. 474 et s. また関連して、参照、高橋和之「司法制度の憲法的枠組――法の支配と司法権」同『現代立憲主義の制度構想』（有斐閣、2006年）165頁以下（初出は2001年）、172頁注11。

以上のような区別は、ドイツの学説とフランス特有の学説との違いを可能な限り明確に示すという大きな機能を果たしたようには思われるものの、二つの弱点を抱えているようにみえる。第一に、この区別は二つの実に異なった基準に基づいており、そもそもその存在を特定の具体的制度において検出することは難しい。すなわち、個別的な行政行為の法律への従属なのか、あるいは行政立法までもがそうなのか、という基準、そして、個人の権利によって立法者が制限を受けるのか受けないのか、という基準である。ごくふつうのこととして、ある一つの制度において、法律中心国家のメルクマールの一つ、つまり個別的行政行為のみならず行政立法までをも含む法律への従属と、法治国のメルクマールの一つ、すなわち立法者の制限とが、同時に見出されるということがありうるのである。

このような用語法の第二の弱点は、ドイツの諸概念とカレ・ド・マルベールによって区別された諸概念とのあいだに同等性を見出すことが不可能である、ということである。ドイツの学説が言うところの形式的法治国においては、個人の地位に効果をもつ行為のみが、（法律上の、もしくは行政立法上の）ルールに適合しなければならない。裁判機関による統制はこの意味での適合性にしか及ばない。そして一般的射程をもつ行政の決定は、この統制を免れることになる。この意味においてこそ、カレ・ド・マルベールは、法律中心国家は法治国よりも徹底したものである、と書くことができたのである。前者においては、いかなるものであれ、およそ行政の措置は法律に従属することになるからである。

いまここで、*Rule of Law*（法の支配）という表現を検討してみても、やはりよく似た困難に突き当たる。それはたんなる法律適合性の原理にすぎないとする論者もいれば[10]、反対に、それは立法もしくは裁判手続が帯びなければなら

9）【訳者注】これら（a）（b）（c）のトロペールによるカレ・ド・マルベールの要約・引用は、*Contribution*, tome I の491-492頁によっている。

10）　先に引用したオークショットは、それを「既知の非道具的ルール（つまり法）の権威の承認という条件の下にのみある道徳的結社の一つの様態」であり、このような非道具的ルール（*non-instrumental rules*）は、その管轄に服するすべての人が自ら選択した行動を遂行するに際しての副詞節的条件（*adverbial conditions*）に同意する義務を課す、と定義する。

【訳者注】「」で括った前半部分の和訳は、中金聡『オークショットの政治哲学』（早稲田大学出版部、1995年）273頁による。

ない一定の性質を意味するとする者もいる[11]し、さらにまた、それはメタ法的な学説であるとする論者もいるのである。

以上のような不明瞭さは、法治国について何らかの主張——たとえば法治国と民主政の関係について——を述べようとする際に、当然のことながら、大きな困難をもたらす。法治国と民主政の関係について言えば、法治国は民主政を補うものであるのか、それとも民主政に代わりうるものなのか、あるいはまた民主政に対するブレーキの役割を果たすものなのか、といった問いに対する答えは、すべて、法治国という表現にいかなる意味を与えるのかによって変わるからである。それゆえ、概念についての分析を行うことが必要であり、さらに、法治国とは何か、ではなく、また、法治国という表現によって通常何が意味されているか、でもなく、それについて一体何を理解することができるのか、また、それをどのように用いることができるのか、を検討することが必要となる。

ところで、法治国という表現——および他言語におけるその対応語のうちの

11）たとえば、Joseph Raz, « The politics of the rule of law », *Ratio Juris*, 1990, pp. 331-339 は、「法律なければ刑罰なし、新法律は公布さるべし・明確たるべし・爾後について規定すべし、司法の決定は法に適合すべし・独立公正の裁判所によって公開公平の訴訟の後に下さるべし・理由を伴うべし・公表さるべし、というような原則の総体」である、とする。

同様のものとして、Friedrich A. von Hayek, *The constitution of Liberty*, University of Chicago Press, 1960 がある。John Finnis, *Natural Law and Natural Rights*, Clarendon Press, 1980 も、*Rule of Law* を語りうるのは法システムがうまく機能しているときであると言うが、それはすなわち、

1　法システムにおける諸ルールが将来についてのものであり、遡及効をもたないこと
2　それに従うことが不可能ではないこと
3　それが公布されていること
4　それが明確であること
5　それが一貫していること
6　それについて人が有する知識に基づいて行動することができるようになる程度には、それが安定したものであること
7　より一般的でないルールおよび個別の命令がより一般的なルールに基づいていること
8　ルールを制定し適用する権能をもつ者には責任を問いうること、また彼らが一貫した、そしてルールの内容に適合したやり方で法律を適用すること

を意味する。フィニスによれば、重要なのは実質的な性質ではなく、手続的な性質——それは何よりもまず予見可能性という性質である——をもつものである。人が人ではなく法律に従属しているということが重要なのである。さらに、フィニスが *Rechtsstaat* を *Rule of Law* ではなく *constitutional government* と訳している（272 頁）ことにも注意すべきである。というのも「*Rule of Law* はこのように正義または公正が要求することがらのうちの一つ」だからである。

あるもの——は、国家と法についての二種類の関係を意味しているように思われる。すなわち、国家はその外部に存在する何らかの法に従属している、という関係か、あるいはたんに国家は法を手段として用いることにより行動する、という関係か、である。これら二種類の考え方が、民主政の考え方や人権の考え方とそれぞれ同様には両立しうるものでない、ということは言うまでもない。とくに、法治国は自由を保障するものであると主張される場合には、二種類の考え方のいずれにおいて、いかにして自由の保障が実現されうるのかを検討する必要がある。

しかし実際には、自由の保障は、いずれの考え方においても実現される見込みはない。法治国という表現は、実は、用語法における矛盾であるか、あるいはトートロジーでしかないのである。

1 不可能な法治国（L'État de droit impossible）

上位の法に従属する権力という考え方は、ときにプラトンやアリストテレスにまで遡って論じられることがある。しかし、このような考え方が発展したのは、とくに中世末期以降、主にイギリスにおいてのことである[12)]。そしてこのような体制のもとでは、人々は、統治者の意思や気紛れにではなく法律のみに従属するのであって、したがって自由であるとされた。

しかしながら、このことが可能となるのは、法律が統治者の意思を表現したものではないときに限られる。言いかえれば、統治者の制定する法律が、他の法律、しかもそれ自体固定されている法律に従っている場合に限られる。もし法を作り出すのが国家であれば、国家が法に従属するということは当然ありえない。そこで、国家の外に国家に先立って存在する法に国家が従うとするか、全体として理解された国家ではなく、国家を構成する諸機関が法に従うとしなければならないことになる。この二種類の考え方は、大まかに言って、ここで

---

12) Norberto Bobbio, *Stato, Governo, Società*, Torino, Einaudi, 1985, p. 86 et s. ; F. A. von Hayek, *supra*, chap. 11.

扱う第一の法治国の考え方に属する二種類の流れに対応している。第一が自然法論の流れであり、それによれば、国家は、神の意図した法、または、人もしくは事物の本性から派生した法に従うことになる。第二が実証主義の流れであり、それによれば、国家の外および上には法など存在せず、それゆえ、法に従うのは国家そのものではなく国家の諸機関にすぎない、ということになる。

自然法論のほうは、いくつもの重大な困難に遭う。そのうち最も重要なものは、もちろん、それが自然法というもの――そしてそれは認識可能であるとされる――の存在に対する形而上学的信念（croyance métaphysique）に依拠しているということである。このような法治国理論が民主政そして自由の保障に資するかどうかというここでの問題について言えば、その答えが否であるだけでなく、そのような理論は主権および民主政の理論と両立不可能でさえあることを認めなければならない。このことは、民主政の簡単な、しかし十分な定義、すなわち人民が主権者である体制、という定義から明らかである。主権が無制限の権力のことであるならば、上位のルールに従属しなければならない人民は主権者たることをやめることになるだろう。このように両者が両立しえないということは、これまで何度も指摘されてきたことであり、まずはじめにルソー（Jean-Jacques Rousseau, 1712-1778）によっても指摘されていた。すなわち彼は、「あらゆる国家において、何事をもなしうる一つの最高権力、（……）一人の主権者が必要である」、「制限されえないということが、主権の本質である。主権はすべてのことをなしうるのであり、そうでなければそれは何ものでもなくなる」[13]と言う。

これに対しては、人民を主権者として定立するのがまさに自然法なのであって、人民は、法律に従うことをやめるとき主権者たることをやめるのだ、と反論されるのが通例であるが、それに対する反駁は簡単である。すなわち、そのような議論は自然法なるものの客観的存在についての形而上学的な信念に基づ

13）Jean-Jacques ROUSSEAU, *Lettres écrites de la montagne*（2e partie, lettre 7）; cf. également Franz L. NEUMANN, *The Rule of Law. Political Theory and the Legal System in Modern Society*, Leamington Spa, Heidelberg, Dover, 1986.【訳者注】『ルソー全集第八巻』（白水社、1979年）における川合清隆（訳）「山からの手紙」の該当箇所は以下の通りである：「国家ならかならず、一つの最高権力、（……）万能なる主権者を必要とします」（363頁）、「制限できないというのが主権の本質です。主権は万能です。さもなければ、それは完全に無意味です」（365頁）。

いているのであって、存在の証明責任はそのような理論に与する者が負うべきである、と。さらに、人民が制限された権限を自然法から引き出すという考え方を受け入れるとしても、そのことから人民が実体的なルールに従属することになるという考えが導かれるわけではなく、ただ、人民は手続的なそして形式的なルールによって主権者であると言えることになるにすぎない。人民はこれらのルールに従って行動する限り完全な主権者であって、それゆえ、法から解放された者（*legibus solutus*）なのである。

また別の、同様に古典的な反論もある。すなわち、民主政を人民の多数派の意思に還元することはできず、代表者の意思に還元することができないのはなおさらである、というものである[14]。しかしこのような反論が自滅せざるをえないことは誰の目にも明らかであろう。それは、法治国の主張を維持するためには、民主政についての我々の古典的な考え方、すなわち主権者人民による統治という捉え方を変更しなければならないことを白状しているのにほかならないのである。別言すれば、法治国と民主政という二つの考え方は両立不能であることの白状にほかならない。実のところ、国家が自然法に従属するという主張は、それが一貫したものであるとしても、あらゆる主権的権力の理論――民主的な権力であろうがなかろうが――と両立不能なのである。主権論というのは、最高であるのみならず、無制約でもある権力の存在を認めるものだからである。

しかしそれだけではない。事実においては、上位の法に拘束されているとされる国家も、必然的に、法が統治しているのではなく、人が統治している。国家が従属するべきであるとされる法律も、無媒介的に理解できるものとしてそこにあるわけではない。それは発見され、取り出され、そして解釈されなければならないが、これらの作業はいずれも人によってしかなされえず、いずれも価値判断、言いかえれば決断に基づく選択を伴う。

だからこそ、広く信じられているのとは反対に、実質的法治国という考え方は、全体主義国家によってもまったく否定されることがなかったのである。ヒ

14）　このような反論はとりわけ、才気煥発に（avec beaucoup de talent）、Laurent Cohen-Tanugi, *Les métamorphoses de la démocratie*, Paris, Odile Jacob, 1989 によってなされている。

トラーのイデオロギーでは国家社会主義的 *Rechtsstaat* という概念が用いられ、それは一つの正義のあり方と説明され、形式的に有効なルールであればその内容がどうであれ拘束力をもつものであった[15)]。

自然法を解釈する者が裁判官であって、彼らが複雑かつ拘束的な、そして衡平であると考えられる長い裁判手続きの果てに判断を下すとしても、そのことは何も変えはしない。自然法が存在すると考える論者であっても、その内容が明確な認識の対象足りうると主張することはできないのである。それゆえ、自然法というものは個人的見解の問題であって、相対的なものであり、また偶然に支配されるものであるということを認める必要がある。このことは、けだし明解に、自然法論内部における種々の理論的対立からしても理解できることである。したがって、国家の行為が上位の法に適合するかどうかの検討は、必然的に価値判断、つまり真偽判断可能な言明ではなく、決断——すなわちその論者の選好——を表明したもの、によって結論を下されざるをえない。しかも、たとえ自然法についての言明が真理値をもつとしても、かかる言明が拘束力をもつのはそれが真実であるということの効力によるのではなく、そのような言明を表明した裁判官のもつ権威によってそうであるにすぎないのである。*Auctoritas non veritas facit jus*（真実ではなく権威が法を作る）、である。このように理解されたところの法治国とは、それゆえ、法に従属する国家ではなく、裁判官に従属する国家である。

つぎに、また別種の、時として「実証主義的」と言われる、より極端でない説をとりあげてみよう。そこでは、国家はもはや自然法に従属するものとは考えられない。既存の実定法にのみ従属するとされるのである。この点に関して、しばしば、まずルールが定立され、それがつぎに統治者を拘束するという、ソロン（Solon）あるいはリュクルゴス（Lycurgue）の仮説が、または、立法者は「人権宣言」を遵守しなければならないという仮説が、引き合いに出される。

このような議論もまた、問題がないわけではない。最も深刻な難点は、やはり、統治者が従属する法が実定法であるとして、それはその国家の外側に存在するわけではまったくない、ということである。そのような法を定立する行為

---

15)　K. Tuori, *op. cit.*

は国家自身の行為であるから、国家がこれらのルールに従っているとしても、国家は自らの意思に従っているにすぎない。たしかに現時点の統治者が従うルールは、彼らの外側にあり、かつ彼ら以前に誕生したものであると考えることはできるし、現時点の統治者こそが拘束の対象なのであると考えることもできるが、しかし、法によって拘束される国家を語ることはもはやできなくなるはずである。せいぜい、国家の自己制限を語りうるのみである。

さらに、このような制限の正当化も明解であるとは言い難い。というのも、たとえば人権宣言のようなルールが人間の意思によって定立されたとしても、なぜ、民主政において、現在の人間の意思が過去の人間の意思に従属すべきなのかを、容易には理解できないからである。しかし、民主政において、統治者は本当に過去の実体的ルールに従属しているのだろうか。これほど不確かなことはない。統治者の行為がルールに照らしてコントロールされるとしても、これらのルールは漠然とした曖昧なテクストのなかで表明されたものであり——しかも人権宣言のテクスト自体は自然法の諸概念を参照している——、必然的に解釈されなければならないからである。解釈者——ここではコントロールを行う者であるが——の有する自由は多大であり、結局、統治者は最終的には統制者——つまり人間——にのみ従属しているということになる[16]。

すなわち、法に従属する国家など、ありえないと言うに尽きるのである。

2　不可避の法治国（L'État de droit inévitable）

つぎに、法治国を違う意味で用いた場合を考えてみよう。上位の法に従って行動する国家ではなく、法を手段として、すなわち法的形式をとって行動する国家を。これは要するに、18世紀にしばしば論じられたところの、国家——あるいはむしろ国家の諸機関——は、法律——すなわち一般的かつ抽象的ルール

16）Emmanuel Kant, *Métaphysique des mœurs, 1re partie : Doctrine du droit*, trad. A. Philonenko, Paris, Vrin, 1979, p. 202 :「国家権力を制限しようとする者は、制限される権力以上の、あるいは少なくとも同等の力をもたねばならない。したがって主権者とは、抵抗の対象となる者のことではなく、抵抗を命じる者のことである。そしてこのことは、矛盾である」。

——の適用としてしか行動してはならない、という考え方である。このような意味での法治国は、要するに、権力構成のあり方のうち規範の階統性がそこに存在するもののこととなる。

実は、このような法治国カテゴリーのなかでもいくつかの区別をしなければならない。そしてそのような区別のために用いられる基準はさまざまであり、そもそもそうであるからこそ、形式的法治国あるいは実質的法治国についての多様な定義が一致しないのである。

まず、権力が手続的ルールにのみ従属するのか、あるいは実体的ルールにも従属するのかによって、法治国を二つのタイプに区別できる。第一のタイプにあっては、権力は、上位規範によって授権されている場合にのみ、授権された権限の範囲内において、そして定められた手続きに従って、行使されうる。第二のタイプにおいては、権力はさらに内容上の命令にも従わなければならず、とりわけ正義の実質的諸原理を表明するとされるルールや、基本権を宣言するとされるルールを尊重する義務を負う。

また、上位規範に従属しなければならない権力は行政権のみであり、立法権は主権的でいかなる制限にも服さないというタイプの法治国と、立法府もまた上位規範すなわち憲法に従属する法治国とを区別することもできる。

第三に、以上のような形式上の限界あるいは内容上の限界を尊重しているか否かについての外的統制[17]が存在しない法治国と、それが存在する法治国とを区別することができる。統制が存在する法治国はさらに、この他者による統制がなんらかの上位機関によってなされる——たとえば立法府が行政府を統制するといった——システムと、そのような統制が裁判機関に委ねられているシステムとに区別できる。

これらの区別はさまざまに組み合わされうるし、現実の法治国の多様性には実に大きな差があるため、いずれの法治国についても真であるような一般的な命題はごくわずかしか存在しない。

にもかかわらず、あらゆる場合において、そしてその最小バージョンにおい

17）外的統制（contrôle externe）とは、ここでは、内的保障（garantie interne）のシステム——それは、たとえば権力配置のあり方により、諸機関が自己に与えられた権限の限界を逸脱することが不可能、あるいはたんに困難となっていることから生じる——と対比されるものである。

てさえ、法治国が望ましいものとして示されるのは、それが自由と民主政を保障するものと考えられているからである。つまり、そこで法治国は、手段あるいは道具として捉えられているのである。

まず、二つの重要な理由によって、法治国は自由を保障すると考えられている。第一の理由は、政治的自由の考え方そのものに由来する。たとえばモンテスキューの定義がそうである。すなわち、法律に、法律のみに、従属するということである。このような状況において、人は自然において享受する自由に比すべき自由を享受する。自然においてはその法則が固定されており認識可能であるため、つねに自己の行為の結果を予測することができる。政治的自由は、法的安定性と同視され、法律の内容がどうであれ、確保されるのである。法律が厳しいものであるかどうかは、法律が固定的でかつ一般的でありさえすれば、重要ではない。というのも、ある機関が法律に従属しているのであれば、その機関に従うことによって、人もまた間接的にその法律に従っていることになるからである[18)]。

第二の理由は、規範の階統性が存在するのであれば、すなわち、諸機関の発する命令が既存の法律の適用としてなされており、立法者は自ら法律を適用できず、その気紛れや状況に応じて法律をより厳格にあるいは寛容に変更することもできないのであれば、言いかえれば、権力分立が存在するのであれば、この場合の立法者は、法律が適用されることになる具体的な事例をいまだ知らず、一般的かつ抽象的な法律を制定するにとどまる、というものである。楽観的に、法律は中庸を行くはずだと主張する者さえいる――なぜなら、法律を制定する者たちは、それが自分自身にも適用されるかもしれないということを知っており、抑圧的な規則に従属させられることを望まないからである、と。こうして、このようなシステムは二重の保障をもたらす。人々は法律にしか従属させられず、しかも、その法律は穏健なものとなる、と。

---

18)　現代の自由主義者は、なおこのような考え方を擁護している。たとえば、ハイエクはつぎのように述べる：「法のもとにおける自由という概念の基礎になっている主張はつぎのとおりである。われわれが法律に従うとき、一般的で抽象的な規則がわれわれにたいするその適用にかかわりなく規定されているという意味において、われわれは他人の意志に従っているのではなく、自由なのであるということである」（前掲注 11）、p.153）。【訳者注】邦訳は、気賀健三＝古賀勝次郎（訳）『ハイエク全集第六巻』（春秋社、1987 年）31-32 頁によった。

民主政について言うと、法治国と民主政とは複雑な関係にある。このことはまず、想像の次元において理解できる。たとえばケルゼンは、国家と法との対立は政治的な対立であるとし、その理由として、「国家は権威主義的な形態と考えられ」、「法は民主主義的な形態と考えられ、国家を法に従属させることは、規範創設の権威主義的方法を民主主義的方法へ変容させようとする試みを意味する」[19]と述べていた。しかし両者の関係を技術的・道具的次元で検討するならば、あらゆる法治国が必ずしも民主政ではないのに対し、あらゆる民主政は法治国たるべきことが確認されねばならない。

法治国は、民主政なしに存在することができる。自由とは、法律に従うことであり、それは法律の内容やその制定方法の如何にかかわらずそうだからである[20]。モンテスキューの言う穏和政体や啓蒙専制は、完全に、法治国として理解しうるものである。これらの政体においては、一般的抽象的な法律による権力行使は、人々の行動を紀律しまたその支持を得る手段としてのみならず、行政を統制するための確実で便利な方法でもある。法典化の嚆矢の一つはフリードリヒ２世（1712-1786）によってなされ、法治国は、ビスマルク期ドイツにおいて実現したと考えられた。

反対に、法治国のないところには民主政はない。民主政においては、人民（あるいはその代表者）が法律を作り、行政機関は法律の執行としてしか行動することができないからである。民主政における権力の実際は、それゆえ、規範の階統性の存在に緊密に依存している。この階統性は、とりわけ厳格な意味において理解されなければならない。すなわち、命令行為がいずれも法律からの演繹によるものと見えるように、法律は執行権に対してできるだけ限定的な裁量の余地しか与えてはならないのである。そしてこれが執行権を民主的な機関に与えてはならないことの理由である。民主的機関では、厳格な執行がなされなくなるおそれがあるからである[21]。

19）Hans Kelsen, *Hauptprobleme der Staatsrechtslehre : entwickelt aus der Lehre vom Rechtssatze*, Tübingen, J.C.B.Mohr, 1911, 2e éd., sans changement, 1923, p.5.

20）F. L. Neumann, *supra* note 13：「国家の予測可能な行動、すなわち測定可能な干渉は、たとえそれが抑圧的なものであっても、慈悲深かろうが測定不能な介入（予測不能な、恣意的な行動）よりも好まれる。ものごとの予測不能な状態は、不確実を作り出すからである」（32頁）。

21）H. Kelsen, *La démocratie, sa nature, sa valeur*, trad. Ch. Eisenmann de la 2e éd. all. 1929,

しかし、実際には、法治国は――諸機関が法を手段として行動する国家という限定的な意味に理解されたものであっても――、決して、自由を保障するための効果的な手段にはならない。このことには、いくつかの理由がある。

第一に、法治国の理論は、政治的自由という自由についての一つの考え方に全面的に基づいており、個人の自律といった意味における自由を保障するものでは決してないし、またそもそもそのようなものであろうともしないから、という理由が挙げられる。それはまた、法律がそれ自体抑圧的なものとならないようにという保障もしない。法治国のシステムが民主的なものでない場合には、立法者自身は法律に従属せず、法律が自らに適用されないことを知っている以上、穏健な法律を作るべく誘導されることはまったくなくなる。しかも、このような仮説は他律のシステムのみにあてはまることではなく、民主政においてさえも、人民が全体のために個人の自由を制限することを望む、ということを想像しうるのである。

そうだとすると、法律は、一般的であり、抽象的であり、将来についてのみ定めるものであっても、しかしながら同時に暴虐なものでも十分ありうることになる。ところが18世紀の自由の捉え方によれば、このような体制でも、法律の固定性を理由として、人々はやはり自由であったのである。しかし、それはもはや満足することのできない自由概念であった。

実際のところ、政治的自由は、18世紀の意味においてでさえ、本当は保障されていない。というのも法律が自由の道具たるための、一般性、抽象性、固定性、非遡及性といった性質を、法律が帯びるよう保障するものは何もないからである。

18世紀においては、権力を分立することが法律の一般性を保障することになると考えられていた。立法者は、執行に携わらないゆえ、法律が適用される事例を知ることはなく、また、法律が自分自身にも適用されうることを想像できるからである。しかし、このような機械的な効果を合理的に期待できるのは、限られた場合のみである。民法典やある種の刑事法のように、法律が採択され

Paris, Sirey, 1932. ちなみにここでのケルゼンの議論は、ルソーの主張（*Contrat social*, liv. III, chap. IV）を敷衍しているだけのものである。

る際に、あらゆる人が平等に契約を結び、婚姻し、また、罪を犯すものと考えられるような場合に限られるのである。

ところが、一定のカテゴリーに属する人についての個別的な法律を制定することが必要となる場合を否定することはできない。ルソー自身も同様の仮説を検討し、承認している[22]。たとえこのようなカテゴリーが抽象的な用語によってしか定義されていないとしても、立法者がこのカテゴリーに属する人を知らないということはありえない。そして現代国家においては、このようなカテゴリーは増大し、しかもカテゴリーの数のみならず、立法の専門技術性もまた増大するため、あらゆる市民が自己に適用されうる法律を知ったうえで自己の行動のもたらす帰結を予測することができるなどと主張することは、もはや不可能となっている。

非遡及性という性質それ自体もまたまったく保障されてはいない。言うまでもなく、立法者が遡及効をもつ法律を定めることを妨げるものは何もない。そのような法律が、権力分立によって避けることができると主張されていたものではないこともまた、言うまでもない。権力分立によって考察の対象とされていたのは、執行権であった。しかし、執行権が立法権とは別の異なる機関に担われている以上、執行権には、法律を執行する段階において、それを和らげるためであろうがより厳しいものとするためであろうが、法律を作り替えることは認められない、と考えられていた。さらに、法律は一般的であるだけでなく、明確であるとも考えられていた。実際のところ、18世紀の論者にとっては、解釈の必要性はまったく存在しなかったのである[23]。ところが今日では、あらゆる法的テクストの適用措置が解釈を含むことが知られている。解釈は意思の行為であり、必然的に遡及的なものである。テクストが採択された時点におけるテクストの意味を決定しようとする行いなのだから。法律が発効した日からその法律が解釈される日までに行われた行為に対して、そのように解釈された法律が適用されるのである。

22）J.-J. Rousseau, *Contrat social*, liv. II, chap. VI.

23）民法典は、法律の解釈に関する規定を一切含んでおらず、逆に法律はつねに明確であるということを前提としていた。だからこそ民法典は、法律の不明確性には、裁判拒否罪に問われる裁判官が用いる言い訳としてのみ言及したのであった（4条）。

しかし、法律の性質がどうであれ、人々がつねに直接または間接に法律に従属するという法治国の理念は、規範の階統性というその一事をもって、本来的に実現不可能なものであると言える。

ケルゼンの言うように、やはり規範の上下関係について二種類を区別しなければならない。静態的関係と動態的関係である。前者においては、上位の規範は下位の規範に対して一定の内容を定めるべきことを命じるが、後者においては、上位規範はある機関に対して下位規範を制定する権限を与えるにとどまり、下位規範が一定の内容をもつべきことを命じることはない。その内容は下位の機関が自由に決定しうるのである。もし法治国がたんに動態的関係にとどまるのであれば、言いかえれば、上位の機関から下位の機関への授権の関係にとどまるのであれば、この下位の機関に従うことによって、法律にも従っていると言うことにはまったく理由がないということは明らかである。そして、法的システムにおいては、規範の階統性は主として動態的なものであると主張する論者もいる[24)]。

しかしながら、たとえ静態的関係であっても、法律への一途な従属という理想型は、必ずしも達成されない。静態的関係そのものが二種類の意味に理解されうるからである。第一に、それは厳格な適合性の関係（strict rapport de conformité）として理解される。すなわち、下位規範の内容は、上位規範のより一般的な内容から、実践的三段論法によって導き出されるものでなければならない。この場合、下位の機関は羈束された権限しかもたず、この機関に従属することが、法律にのみ従属していることになると言うことができる。しかし、このような状況は実に稀にしか存在せず、法律は適用機関に大なり小なり――しかし無であることはほぼ決してない――裁量の余地を必ず与えざるをえないことは周知の通りである。第二の場合は――これが最もありふれたものであるが――、規範と規範のあいだにはたんなる両立可能性の関係（simple rapport de compatibilité）[25)] しかない場合である。上位規範は、たとえば目的や限界を定めることによって、一般的な枠組を決定するにとどまり、下位の機関――行政機

24)　とりわけケルゼンがそうである。

25)　用語法は、Charles Eisenmann, « Le droit administratif et le principe de légalité », *EDCE*, 1957, n° 11, p. 25 et s. による。

関であれ司法機関であれ――に対して、定められた限界においてではあるが、方法の選択を委ね、また規範の内容を自由に決定する権能を与える。ケルゼンによれば――少なくとも後期ケルゼンにおいては――、下位規範の内容は上位規範の内容から演繹されるものとしては捉えられない[26]。下位規範の内容は、上位規範の内容に包摂されうると言いうるのみなのである。こうして、フォルストホフ（Ernst Forsthoff, 1902-1974）のあの結論が理解されるだろう。すなわち、法の不確定性は、法治国の心臓を傷つける、なぜなら、法の確定性は法治国の基礎そのものであるから、と[27]。

また、行政行為の裁判統制の制度化や、違憲審査の制度化でさえも、これらは時として法治国を強化し法律の支配を保障すると考えられてはいるものの、実際には自由を保障するものたりえないということは強調するまでもないだろう。行政行為が裁判によるコントロールを受ける場合、裁判官はたしかに行政の決定が法律の形式をとる一般的ルールに正しく包摂されたものであるかどうかを確認することはできる。しかし当然のことながら、裁判官は行政の決定を実践的三段論法の結論へと還元することは決してできないのである。憲法裁判官について言えば、彼が法律と憲法の両立可能性を統制しうるということをたとえ認めるとしても、法律が憲法から演繹されるように計らうことは彼にはできない。つまり、これらのコントロールは政治的自由を保障するものたりえないのである。

両立可能性のコントロールはそれだけで自由を守る性質のものだと主張されるかもしれない。それはそもそも違憲審査制について通常なされる正当化の一つでもある。というのも、憲法裁判官が、法律の憲法への従属を確保することによって同時に自由の保障をも確保しうるためには、憲法が立法者に対して基本権や個人の自由を守るように命じ、立法者に対して個別的な対象についての立法や遡及法の制定を禁じれば十分であるから、と。

このような主張は、裁判官は創造的権力を持っておらず、ただ憲法の侵害を確認しそれに対して制裁を加えるにとどまる、という根拠薄弱な前提に基づい

26）H. Kelsen, *Allgemeine Theorie der Normen*, Wien, Manz, 1979, pp. 208-216.

27）Ernst Forsthoff, « Rechtsstaat oder Richterstaat ? », in E. Forsthoff, *Rechtsstaat im Wandel*, Munich, Beck, 1976, p. 242 et s.

ているのみならず、規範の階統性を政治的自由の保障の手段とするものとして法治国理論を理解するのであれば、その根拠としては援用しえないものである。違憲審査制はもちろん自由を保障しうるものではあるが、法治国原理が求める政治的自由を保障しうるものではない。違憲審査制は、市民が何らかの命令に従うことによって法律にしか従属しないことになるということを保障するものではないのである。つまり違憲審査制を法治国の一要素と考えるわけにはいかず、自由と基本権の尊重を確保するための別個の方法として考えなければならない。

こうして、二種類の結論を呈示することが許されるのではないかと思われる。

まず、ケルゼンの主張、すなわちあらゆる国家は法治国である、あるいは、「法治国」という表現は冗語にすぎない、という主張は、完全に正当なものと考えられる。というのも、もしこの表現が、諸規範が階統構造をとるシステムを意味するにすぎないのであれば、およそ法秩序たるものすべて法治国であるということになるからである[28]。法治国とは、このようなシステムにおいて、国家が法に従属するとか、自由がそこでは保障されるなどを意味するものではなく、たんに階統性の存在を意味するにとどまるのである。また、ケルゼンが、一見すると矛盾したやり方で、法治国という表現は用語における矛盾であると主張しえたこともやはり理解できる。ケルゼンは、ある国家――すなわち法規範のピラミッド――が、法――すなわち法規範のピラミッド――に従属するという不条理な仮説をとりあげていたのである。

つぎに、法治国は、いかなる意味においても、自由を保障するものではない、ということである。このことは、アングロサクソンの法の支配（*Rule of Law*）の考え方もまた同様の批判に服すべきことを意味するのであろうか。法の支配の理論では、規範の階統性によってそれを定義するのみならず、法律の一般性や抽象性、非遡及性、公然性、あるいは独立の裁判権の存在といった一連の要

28）H. Kelsen, *General Theory of Law and State*, 1945, trad. franç., *Théorie générale du droit et de l'État*, Paris, LGDJ, 1997 ; Cf. M. Troper, « Réflexions autour de la théorie kelsenienne de l'État », 1990, reproduit dans M. Troper, *Pour une théorie juridique de l'État*, Paris, PUF, coll. *Léviathan*, 1994, p. 143 et s.

素が定義のなかに含まれており、当然のことながらその答えは否である。法的安定性はこれらの特質を示す法的システムにおける方がよりよく保障されるからである。また、法の支配という概念が用いられること自体、規範の階統性が自由を保障するのだという考え方に対する懐疑を示しているとさえ考えることもできる。法治国すなわち規範の階統性を実現するということは、法律がこれらの望ましい性質を帯びることを保障するのに十分ではないのである。

しかしながら、法の支配の考え方は別の批判に服さねばならない。法治国理論は一定の結果を得るために適切であると考えられる方法を採ることを要求するものであるのに対して、法の支配の理論は結果を要求するのみでそれを実現するための方法を示すものではない。規範の階統性、あるいはその他の何らかの方法が、抽象的で、公示された、一般的で、遡及効をもたない良い法律が制定されることを可能にするかどうかについては何も述べないのである。それは直接これらの結果を要求するにとどまるものである。言いかえれば、それは、主張(テーゼ)ではまったくない。

第6章　主権の名義人

Le titulaire de la souveraineté（1997）

「誰が主権者であるのか」という問いには、実に異なった多様な答えがありうる。たとえば、フランス第四共和政下にあっては、「人民が主権者である」とか、「議会が主権者である」、またあるいは「国家が主権者である」といった答えが表明されえたであろうし、そしてそのいずれもが認められるものであった。このことは何も不思議なことではなく、たんに「主権」という語がそこでは異なった意味において用いられているという事実に起因する。

カレ・ド・マルベールは主権という語の意味を三つに区別したが、その分析をもう少し進め、「主権（souveraineté）」・「主権者（souverain）」という語の意味を五つに分けて考えることが有用であろう。カレ・ド・マルベールによれば、

> 「原初的な意味においては、主権の語は、国家権力の最高であるという性質（caractère suprême de la puissance étatique）を意味する。第二の意味では、国家権力に含まれる諸権限の総体（ensemble des pouvoirs）を意味し、それゆえそれは国家権力（puissance d'État）の同義語となる。第三に、国家権力の最高の名義人が国家において占める地位を特徴づけるために用いられる場合がある。この場合、主権の語は、その機関の権力と同一化する。」[1)]

ドイツ語にはこれら三種の観念に対応する術語があること、すなわち第一のものには *Souveränität*、第二のものには *Staatsgewalt* 、そして第三のものには *Herrscher* がそれぞれ対応するということを行論の過程で強調したうえで、カレ・ド・マルベールは、これらの区別が主権の「真の性質」の理解を可能にするとする[2]。しかしながらこれらの区別は、なぜいくつかの主権に関する命題が、一見互いに両立不可能であるように見えるにもかかわらず、同一の法的議論においてすべて受け入れられるのかを理解可能にするという、より直截な利点を持っている。

まず、主権の不可分性という性質に関する命題についての場合がそうである。もし「不可分性（indivisibilité）」という語によって、その性質ゆえに主権を破壊することが禁止される――あるいはたんに勧められない――という性質のことではなく、あらゆる分割を現実に不可能にするような性質であると理解するのであれば、主権はつねに不可分というわけではない。たとえば、「国家権力に含まれる諸権限の総体」に関して言えば、これを分割しないことが望ましいと主張することは可能であるが、しかしそれが不可能であると言うことはできない。権力分立は、まさにこのような権力をさまざまな区別された機関に配分することである。この意味で理解された主権は、つまり、不可分ではまったくない。カレ・ド・マルベールによって抽出された第三の観念について言えば、ことはもう少し不明確であり、補充的な区別を導入する必要がある。最高機関の性質は、非常に異なった二通りの方法で理解できるからである。つまり、それに優位するものが存在しないという事実に関するものとして、そしてまた、それが他のすべての機関の上位に存在するという性質に関するものとして、である。前者のように理解すれば、複数のものが同時に、つまり対等にそのような主権を有することが可能であるから、主権はまさしく共有されうるものとなる。反対に後者のように理解するならば、主権はたしかに不可分となる。複数のものに他のすべてのものの上位に存在するという性質を与えようとするならば、い

1) Raymond Carré de Malberg, *Contribution à la théorie générale de l'État*, t. I, Paris, Sirey, 1920 (réimpr., Paris, Dalloz, 2004), p. 79.【訳者注】ここでのトロペールによるカレ・ド・マルベールの引用中、puissance tactique とあるのは、puissance étatique の誤植である。

2) *Ibid.*, p. 86.

かなるものもそのような性質をもつことはできないからである。

同様にして、カレ・ド・マルベールの区別によって、主権の名義人に関するさまざまな命題が異なった対象を有しており、完全に互いに両立可能であることを理解できるようになる。たとえば、国家が主権者であるということと、議会が主権者であるということとを同時に言うことができる。というのは、国家に関しては、それは国家が国際関係のなかで占めている地位を念頭において言われていたり、あるいは非国家的権力との関係において存在しうるような法的関係について言われていたりする――国家のなかには国家は存在しえない、と言われる場合に表明されているのがこのことである――し、他方で、議会の主権という言い方は、ある機関の最高性を意味しているからである。

反対に、カレ・ド・マルベールの分析によっては理解できない命題も存在する。それが人民主権に関するものである。人民は、独立国家でもなければ、最高機関でもないし、また国家権力に含まれる諸権限を行使する存在でもないからである。そこで、議会が主権者であると述べ、同時にまた人民も主権者であると述べるために、新たな主権概念を導入することが望ましいというわけである。すなわち、自己に優位する者が存在しない機関の権力を正当化する存在――そしてそれはある権力の名義人でもある――の性質という概念である。この性質こそが、18世紀の政治的・法的用語法において、たとえば主権の「本質(essence)」とか「淵源(principe)」といった語において示されていたところのものである。1789年人権宣言3条が、「あらゆる主権の淵源は本質的にナシオンに存する」としていたごとくである。つまり、この主権の本質は、その「行使(exercice)」に対立するものであり、「行使」は主として立法権においてなされるものであり、また代表者もしくは機関に委ねられうるものであった。

それゆえカレ・ド・マルベールによる区別は、主権の不可分性もしくは人民主権についての一定の命題の妥当性を説明しうるように補われなければならない。そこで、五つの主権概念が導き出されることになる。

①他のあらゆる対外的・対内的な権力から独立しているという国家の性質
②国家権力、すなわち、国家がなしうることすべての総体
③最上位の権力すなわち立法権を行使する、あるいはその行使に参与すると

いう理由により、より上位のものが存在しない機関の性質

④あらゆるものの上位にあるという機関の性質

⑤その名によって主権的機関（③あるいは④の意味での）がその権力を行使する存在の性質

以下で扱おうとする問題は、主として、⑤の意味での主権の名義人を決定することに関わる。しかしそれに先立って、いかなる観点からこの問題が提起されているのかを明らかにしておくことが望ましいであろう。国家の一般理論に属するあらゆる問題と同様に、主権に関する問題もまた、命令的観点からも記述的観点からも扱うことができる。ある実証主義方法論からすると、記述的観点が選択されなければならないが、記述的観点という選択が実証主義方法論の専有物であるというわけではない。

自然法学説が時として国家には一人の主権者の存在が必要であると言うとき、それはしばしば「あらゆる国家には、一人の主権者が存在する」という言い方で表現され、そのことによって自然法学説はこの場合の主権の属性や性質を記述することができるのだと、しばしば指摘されてきた。しかしながら、語の何らかの意味において主権的であるとされる性質は、経験的な性質ではないのであって、ベンサム（Jeremy Bentham, 1748-1832）以来、「あらゆる国家には、一人の主権者が存在する」といったタイプの主権についての記述的理論が分析に耐えうるものではなく、有効性を立証されうるものでもないということは明らかである[3)]。さらに、国家が主権によって定義されるのであれば、これらの命題を分析命題として理解することはできなくなる。なぜなら、この場合に、循環に陥ることなしに、主権をあらゆる国家に存在する権力として定義することはできなくなるからである[4)]。

他方で、伝統的な法実証主義もまた、それが実定法を記述することを任務と

---

3)　Bernard Crick, « Sovereignty », in *International Encyclopedia of the Social Sciences*, t. 15, 1968, p. 76 et s. ; Jeremy Bentham, *Fragment sur le gouvernement ; Manuel des sophismes politiques*, trad. et préface de J.-P. Cléro, Paris, LGDJ, 1996.

4)　とりわけオリヴィエ・ボーがつぎのように書くときにそうしているように。すなわち、「国家を考える者は、主権を考えなければならず、また逆も真なりである」と。

する場合、国家の一般理論にとっての有用な観点を提供することはない。それは、「Pという国家の実定法によれば、主権の究極的名義人は人民である」といったタイプの命題を提示することになるが、このような記述は、それとして捉えた場合、かかる言明に用いられている語の意味について何ごとをも明らかにしないからである。憲法が「主権は人民に属する」と述べているとしても、そのことは必ずしも、民主政や普通選挙の存在を意味するわけではない。さらに同じ憲法が普通選挙や命令委任の制度を定めていたとしても、これらの制度と人民主権の宣言とのあいだに論理的関連が存在すると言うこともできない。より一般的に言うならば、伝統的理論がそうしてきたように、これらの命題が法規範を表明しており、また、法規範として記述されうるとの前提をとることはできないのである。時として実証主義の論者は、憲法制定権力は、主権や代表、また権力分立などについての非常に一般的な原則をまず定め、そこからさまざまな機関の地位や権限についての規範を引き出すのだと考えている。この意味においては、実証主義の論者は自然法論者に近いと言える。自然法論者もまた、憲法規範が諸原理から演繹されると考えているからである。唯一の違いは、これらの諸原理に与えられる性質が異なるという点のみである。一方はそれを記述として捉えるが、他方はそれを一般的な規範として捉えるのである。

実際には、これらの主張がいかにナイーヴなものであるかは、どれであれ憲法制定議会の討論を読めば充分に理解できる。憲法制定権力は幾何学的な方法で（*more geometrico*）作動するのではなく、また、原理を制定したうえでそこからルールを演繹しているのではない。実を言うと、原理は時としてルールより後に表明されており、さらに、たとえ原理が最初に表明されたとしても、それはつねに討論の過程で解釈され直している。原理の役割は大前提としてのそれではなく、時宜性に基づいて採用される実際的な問題の解決策に価値論的根拠を提供するための論拠としてのそれなのである。

そうすると、国家の一般理論に属する諸原理は、それが定式化されたときの議論の文脈においてしか、記述的観点から扱われえないものとなる。こうして、主権の理論は別な意味において記述的なものとなりうることになる。時として、国家の理論は――そしてそのなかでも主権の理論は最も重要なものであるが――国家を構成するものであると言われる。真に実証主義的な国家の一般理論は、メタ理論でしかありえず、それは諸原理および国家に関する諸理論を、これらが実定法を基礎づけ構成するものであるときに、記述し説明することを目的とする[5]。

主権の諸理論が国家を構成するという考え方は、近代国家がボダン（Jean Bodin, 1530-1596）とともに現れたという主張が前提としているものである。当然のことながらこの主張は、ボダン自身が国家を構成したとか、また、彼が一定の方法で国家が構成されることを勧め、その勧めが現に実行されたということを意味するわけではない。さらに、国家が非物質的なものであり、ただ理論のみによって構成されているということを意味するわけでもない。この主張は、国家は、国家を正当化する諸理論によってその他のあらゆる政治形態から区別されるということと、これらの諸理論が権力の行使のためには必要であるということとを、意味する。

「必要である」という言い方によって、これらの諸理論が民衆を従順へと向かわせるから有用である――統治者によって決定された政策は良い政策であるとか、統治者たちは賢明であるとか有徳であるといった考え方がたとえば有用であると判断されうるように――ということのみを意味しているわけではない。ある理論は、権力の組織化と、統治者たちがその言説においてこの理論を用いることとのあいだにそのような理論が存在しなければ権力の適切な行使が不可能となるという理由で、一つの関連性を作り出しうるときに、必要であると言えるのである。この意味においてのみ、そして分析命題としてではなく、主権の概念は国家の概念に含まれているという考え方を理解することができる。

このようなタイプの関連性は、主権一般について作り出すこともできるが、特定の主権理論についてもそうすることができる。

前者については、簡潔に述べることとしよう。

5)　Voir Michel Troper, « Préface » de *Pour une théorie juridique de l'État*, Paris, PUF, coll. *Léviathan*, 1994.

1　権力の組織化と主権の一般理論
(Organisation du pouvoir et théorie générale de la souveraineté)

他のあらゆる政治権力と比較したときの国家の特殊性は、その法形式との関係にある。このことは、ケルゼンが、国家と法の同一性というその有名なテーゼにおいて巧みに表明していたことでもある。このテーゼを真面目に受けとるならば、国家とは、政治権力が、特定の正当化の方法によって特徴づけられた法形式において行動するときに、この政治権力に対して与えられた名称であると理解することができる[6]。ところで、法形式を特徴づけるのは、それぞれの決定が、より上位の機関によって授権された機関によってなされ、かつ、より上位の機関によって発せられたより一般的な性格を有する決定の適用としてなされるときに、妥当するものとされる、すなわち正当化されるということである。つまり正当化のプロセスは法システムの構造そのものに連結しているのであって、すなわち、ケルゼンが後期の著作のなかで採った立場とは異なり、静態的および動態的な階統性の存在に連結しているのである[7]。

法システムを、静態的であると同時に動態的でもある構造を伴った規範的システムとして定義するなら、当然のことながら、たんに静態的またはたんに動態的な階統構造を含むだけの規範的システムを「法」と呼ぶことは拒否しなければならない。逆に、このように定義することで、法と国家の同一性というケルゼン理論のもたらす主たる困難の一つを退けることができる。かかる困難は、「法」という語をこのような二重の階統性をもたない規範的システム――たとえば文字をもたない社会のそれ――を意味するために用いると同時に、「国家」という語を近代の政治システムに限定して用いようとする、伝統的な用語法に関係するものであったからである。ケルゼンの主張はかかる用語法に明らかに反するものであったのであり、文字のない社会の法を国家と同一視することになるのであれば、法と国家を同一と捉えるのはばかげているとさえ思われたは

---

6) M. Troper, *ibid.*

7) M. Troper, « Réflexions autour de la théorie kelsenienne de l'État », in M. Troper, *Pour une théorie juridique de l'État*, *supra* note 5, p. 143 et s.

ずである。

反対に、法の語を静態的かつ動態的なシステムに限定するのであれば、同一性のテーゼはその正しい意味を明らかにするものとなる。すなわち、近代法のみが国家となる。実際、まさに17世紀頃、近代法がその構造を獲得し、つまり先にこの語に与えた意味における法が存在するようになり、したがってケルゼンの意味における国家が存在するようになったこの時期に、歴史家は近代国家の誕生を認めているし、そしてまたこの時期に、国家の理論や主権の理論が現れるようになり、そういった術語が用いられるようになった。

以上のことから、国家の理論が構成的であるという考え方は二つのことを意味する。すなわち、国家理論は法システムの構造そのものの産物であるということと、国家理論は法システムが機能するために必要であるということとである。

まず、極端に単純化された、動態的でしかないシステムを考えてみよう。そこでの決定は、その内容がどうであれ、それが権力を託された機関によって下されたという事実のみによって正当化される。最高機関、たとえば国王は、権力を誰に託すかという指名の決定以外の決定は行わない。そしてこれらの指名に関する決定は、国王を他の者と区別せしめる個人的資質――国王は超人である――によってのみ正当化されるか、あるいは、個人的資質とは関係なく、神による授権によって正当化される。後者の場合、受託者の決定が正当化されるプロセスは、国王の決定に関する正当化のプロセスと同様に適用される。

ここで主権について語ることは、この語の一定の意味においてのみでしか可能でないということは明らかである。国王は、自らが他のあらゆる対外的・対内的権力から、教皇からも皇帝からも、独立していることを主張できる。つまり彼には優位する者はいないと言える。しかし、彼は権力受託者たちの決定の内容を決定するわけではない――彼が介入するのは局部的にでしかない――以上、また、下位規範は国王の決定から演繹されるものとして現れるのではない――そしてその結果、国王は下位規範の間接的制定者ですらないことになる――以上、国王がすべての者の上位に在るとか、国家権力を所有しているとか言うことは、ばかげたこととなる。

反対に、システムがたんに動態的であるのみならず、静態的でもあるならば、すなわち下位機関の決定が、国王のより一般的な決定から演繹されるものとして現れるのであれば、国王が主権者であるという考え方は絶対的に必要なものとなる。たんに動態的であるだけのシステムにおいては、国王は自らの決定を、臣下と同様のやり方で正当化することができる。つまり権限の受託によってである。しかし静態的階統性が伴うならば、言うまでもなくそれは不可能となる。国王は一般的規範を、それよりもさらに上位にあり、さらに一般的である規範から演繹されたものとして示すことができないからである。唯一可能な正当化は、それゆえ、国王は、それ自身の権利として（*suo jure*）、ある特別な権力を有しているとすることであり、そしてそのような権力は、すべての者を拘束し、しかしそれ自体は誰にも従属せず、したがって無制限のものである、とすることである。これが、主権である。

このように、ここで用いられている正当化の方法は、下位の決定を正当化するための方法とは根本的に異なっている。下位の決定が妥当するとされるのは、それが権限ある機関によって下されたものであり、かつ、より一般的な決定から演繹されるからであるのに対し、国王の決定は、それが権限ある機関によって下されたということのみによって、妥当するものとされるのである。

つまり立法権というものが現れたときに、それと同時に近代的意味における主権の諸理論が現れたのである。主権はたんに法を作る権力として定義されたものの[8]、同時にそのような権力とは区別された性質、そのような権力を含みあるいは正当化する性質が観念されていたのである。そしてその結果、法は、循環的に、主権によって定義されることとなる。ボダンは言う、法とは、「主権を有する者の命令である」[9]と。

こうして、主権の近代的概念がすべて揃ったことになる。国王は主権者である。なぜなら、①彼はあらゆる外部・内部の権力から独立である、②いかなる問題についても彼は法を制定することができる、「一般的にはすべての者に、個別的にはそれぞれの者に」対してそうすることができる、つまり彼は国家権力

---

8)　Olivier Beaud, *La puissance de l'État*, Paris, PUF, coll. *Léviathan*, 1994, p. 70：「主権は〔ボダンによって〕一般的にはすべての者に、個別的にはそれぞれの者に、法（loy）を与える権力として定義された」。

9)　Cité par O. Beaud, *op. cit.*, p. 71.

を有している、③および④国王が権限を何らかの機関に委ねるとき、国王は受託機関よりも上位に在り、しかも国王自身にはより上位の機関はない、⑤国王は、彼自身が名義人である権力を行使している。

しかしながら、国王がすべての意味において主権者であるとしても、他の法システムにおいては、様々な実体が、それぞれ異なる意味で主権者であると宣言されることがありうる。そこでつぎのような仮説を検討してみよう。すなわち、すでにみたように、まとまった一つの主権理論が法システムの構造そのものに関連しているのであれば、主権の名義人に関するさまざまな理論もまた、これらの理論が正当化の機能を果たすところの、ある権力の組織化に関連しているはずである、という仮説である。

2　権力の組織化と主権の個別理論
(Organisation du pouvoir et théories partielles de la souveraineté)

法秩序の構造に関する理論は、規範に関する理論である。しかしこれらの規範を作り出す諸機関の関係をも合わせて考慮に入れることが望ましい。規範の階統性が機関の階統性を決定するのか、あるいはその逆であるのかについての論争に立ち入ることなく[10]、ここでは、二種類の動態的階統性（hiérarchie dynamique）と二種類の静態的階統性（hiérarchie statique）とを区別しておこう。

つぎのような関係を動態的階統性その１（D1）と呼ぼう。すなわち、法規範が妥当するものとされるのは、それが上位規範によって授権された機関によって定められたときであって、また、最上位の規範はそれ自身は授権されていない機関、すなわちより上位の機関をもたない機関、つまり第三の意味における主権者である機関によって定められているという関係である。しかしこの機関は第四の意味における主権者ではない。他の機関にとって代わってその機能を果たすことはできないという意味において、この機関は他のすべての機関より

10)　R. Carré de Malberg, *Confrontation de la théorie de la formation du droit par degrés, avec les idées et les institutions consacrées par le droit positif français relativement à sa formation*, Paris, Sirey, 1933 (réimpr., Paris, Dalloz, 2007).

上位に在るとは言えないからである。フランス第三共和政における議会がこのタイプの主権的機関である。

つぎのような関係は、これを動態的階統性その2（D2）と呼ぶこととしよう。よく似た規範間の関係ではあるが、この関係においては、より上位の機関をもたない機関は、同時に他のすべての機関より上位に在る最高機関でもある。つまり、第四の意味における主権者でもあることになる。

D1とD2との違いは、前者では最高機関は法律を用いて統治を行うものの、執行作用をも果たすことはできないという点にある。つまりこの場合の最高機関はそれより上位の機関をもたないという意味においてそうではあるものの、他の機関を支配しているわけではない。他の機関を指名するわけでもないし、また、他の機関に対してそれら自身の権限をいかに行使するかについて指令を与えることもできない。ところが後者においては、最高機関は、それ自身で必ずしも執行作用を果たすわけではないにせよ、執行機関を指名し、執行という任務の遂行方法についての指示を与える。

ひょっとすると、カレ・ド・マルベールのように[11]、立法という機能こそが最高の機能であるから、職能の階統性が機関の階統性をもたらすと考えられるかもしれない。立法作用を与えられた機関は第三の意味における主権者であって、ゆえに他のすべての機関を支配することができ、したがって第四の意味における主権者ともなる、と。かかる推論は否定しえないものであるが、しかしそれは、権力配分のもたらす実際の効果と、諸権限が行使される際にこの配分に対して生じうる修正とに関するものである。おそらく立法機関は執行機関を支配しているし、このような支配関係をカレ・ド・マルベールは機関の階統性と呼んでいる。しかし、これはもちろん事実上の階統性なのであって、厳密な意味における階統性とは実に異なったものなのである。厳密な意味における階統性とは、下位の機関による決定の内容を決め、またそれを変更する権力や、自ら下位の機関にとって代わったり、また下位の機関に対して懲戒処分を科すといった権力の存在を意味する。すなわちここでは現実の、あるいは潜在的な政治権力の分配を考察しようとしているのではなく、それとして採択されまた

11）　R. Carré de Makberg, *Contribution* …, *passim*.

正当化される必要のある、法的権限の分配のルールを問題としているのである。

動態的階統性同様に、静態的階統性もまた二種に理解することができる。そしてそれは、権力分立が存在するかしないかによって区別される。第一の場合（SA）には、法律を制定する機関はそれを執行することもでき、第二の場合（SB）には、そうすることができない。

D2のシステムは必然的にSAと結びつく——なぜなら他のすべての機関の上位に在る機関はより下位の規範を創設することができるから——、と考えられるかもしれない。実際には、D1とD2の差に関してそうであったのと同様に、正当化されるべき分配、すなわち、紙の上に書かれた、つまり理論上の分配のみがここでの考察の対象であるということが忘れられてはならない。理論上は、ある機関が、指名の権限や懲戒の権限までも有しているという意味で、他のあらゆる機関よりも上位に在るものの、しかしまた、執行の行為は、第四の意味における主権者によって制定された法律に従って、下位の機関が形式的に遂行するということを定めることも可能なのである。すなわち、D1は権力分立（SB）とのみ両立しうるのに対して、D2は権力分立の存在する関係とも存在しない関係とも両立しうるのである。

これらのカテゴリーを組み合わせることで、第五の意味における主権者の性質決定の理解を可能にする三類型が得られることになる（表を参照）。

表の四区画のうち一区画は空白であるが、それは、一つの法秩序において、D1のシステムは権力の分立を伴ってしか存在できないからである。こうして三類型が残るのみとなる。

(a) D2-SAのモデルは、ルイ14世（1638-1715）の権力およびイギリス議会の権力の正当化を記述するものである。いずれの場合においても、ある機関があらゆることをなす権力を与えられている。この機関はより上位の機関をもたず、かつ、他のすべての機関を支配している。この機関が行使する権力は無制限かつ絶対的であり、そしてこの権力はあらゆる形式において行使され、権力の分立は存在しない[12]。このシステムにおいては、最高機関は言うまでもなく個別

12）　このことは、モンテスキューがイギリスの国制についてなした記述と矛盾するものではない。イギリス議会は複合的機関だからである。すなわち、庶民院と貴族院と国王から構成されているのであり、この三者のうちのいずれも単独では全権力を併有することはできないが、三者が揃って

		SA 静態的階統性 権力分立なし	SB 静態的階統性 権力分立あり
D1 ある機関——単一機関であれ複合的機関であれ——は、他のすべての機関の上位に在るわけではないものの、より上位の機関をもたない	例 ------------ 主権の名義人		1791年フランス憲法 1793年フランス憲法 ---------------- 立法機関は主権を行使するが、その本質の名義人ではない、主権者はプープルまたはナシオン
D2 ある機関が他のすべての機関の上位に在る	例 ------------ 主権の名義人	ルイ 14 世 イギリス議会 ---------------- 主権を行使する者がその名義人、彼は代表者ではない	ドイツ帝国 ---------------- 主権の名義人は国家

的決定を、それが一般的ルールから演繹されたものであると示す必要なしに下すことができ、この機関の決定のそれぞれは、個別的なものであれ一般的なものであれ、その制定者の意思を表明したものとして確定される。同様に、従属する諸機関の決定もまた、何らかの一般的ルールからの演繹としてではなく、主権者の明示的もしくは黙示的な同意を得てなされたものとして下される。それらは、ある種の法システムにおけるがごとく、過去の意思への合致とかそれが一般的抽象的な対象に関するものであるからという理由によって正当化されるのではなく、現在の意思に合致するという理由によって正当化される[13)]。「ルイ 14 世またはイギリス議会によって行使されている主権の名義人は誰か」という問いに対する答えは、それゆえ、彼自身が名義人である、ということになる。この主権は、彼に対して神によって委任されたとか、あるいは彼自身の性質から生じたものであるとすることができ、重要なのは、彼がいつでも自ら

であればあらゆることをなすことができるのである。

13）　オースティンによる、裁判所の判例を主権者の黙示的委任とする正当化を参照。

の意思の内容を変更できるということである。

(b) D1-SBという第二のモデルは、フランス革命のモデルであるが、アメリカ革命を特徴づけるものでもある。このモデルでは、立法機関の優越性は、法律が他の決定に対して有する優越性のみに関連している。そして立法者は原則として執行に容喙することはできない。

執行それ自体について言うと、それは個別的決定から構成されており、その各々は、一般的かつ抽象的かつ事前のルールに合致していなければ正当化されない。つまり下位の機関はその固有の意思を表明すべく授権されているのではない。彼らの決定は、法律からの演繹でしかないのである。このモデルの理想型は、少なくともヨーロッパにおいては、司法の判断が三段論法の結論でしかなく、それゆえ自動的性質をもつとされる場合に求められる。しかし、たとえ判決が法律の適用であるとしても、それは立法者の意思の適用ではない。もしそうなのであれば、ルイ14世やイギリス議会にとってそうであるのと同様に、立法機関は、自己の恣意を表明しているのだと言うこともできようし、とりわけ、執行の段階になって、状況次第であるいは自己の気変わりのゆえに、以前に表明した意思を変更することもできるであろう。ところが権力分立のゆえに、立法機関はそのようなことをなしえない。このシステムにおいて、立法者の意思と呼ばれるところのものは、つまりその現在の意思ではなく、ましてやその実際の意思でもない。それゆえ法律が人間の意思によって定立されるということを、神の授権とかあるいは立法者の特別な性質によって正当化することは不適切となる。立法者によって表明された意思は、立法者自身のものではないのである（もしそうなのであれば、立法者はそれを変更できるはずである）。それは他者のもの、主権の真の名義人のものなのであって、立法者は主権を行使しているにすぎないのである。この意味において、それは一般意思なのである。このことは、また別の言い方でつぎのように言い表されることでもある。すなわち、かように制限された立法権の名義人は、代表者でしかありえない、と。

こうして、立法者が第四の意味における主権者ではないシステムは、主権の本質と行使とを区別せしめる。それでは、誰が主権の本質の名義人であるのか。立法権によって表明されるこの一般意思の主体は誰なのか。適切な正当化を提供するためには、名義人を示す場合に充たさなければならない条件が二つある。

すなわち、第一に、名義人が生来的に主権を所有していることが確認できなければならず、そして第二に、名義人と主権の行使を委ねられた者とのあいだには必然的なつながりのあることが示せなければならない。

第二の点のほうが、より慎重な考慮を要する。言うまでもなく、立法機関は主権の名義人からその名において行動しうるよう委任を受けたのだと主張することが最も簡単である。このような委任が現実のものである必要はなく、当然のことながらその存在が推定されればそれでよい。そうすると、主権者は人民であるという主張は、君主政とも、貴族政とも、また代表民主政とも簡単に両立可能となる。両立のためには、人民は自身で自己の主権を行使できず、その結果その行使を国王あるいは自分たちよりも優れた者に委ねるのだと主張すれば十分なのである。しかも、これらの者は選挙された者でも選挙されていない者でもよい。反対に、もし民主政という語によって、人民が主権の本質を所有しているにとどまらず、その行使までをも自身でなすというシステムを理解するのであれば、先の主張は民主政とは両立しないこととなる。

人民主権の考え方は、混合政体——立法権が国王、貴族階級、人民もしくはその選出者の三者によって共同して行使される政体——を正当化することにも役立たない。実際、人民は立法権の行使に参与するのだから、人民が立法権を授権したと言うことはできないし、また、人民は立法権の一部分を授権しているのだから、人民が自ら立法権を行使していると言うこともできない。たしかに人民は立法権の行使を国王および貴族階級と共有しているとは言えるかもしれないが、しかしそのことは、人民が主権者ではないということを意味する。つまり、このような立法権の構造を前にすると、18世紀のイギリスのように立法者が主権者人民の代表者であるという考えを放棄するか、あるいは、他に主権の名義人を捜すほかないのである。

フランス革命の最初の制憲議会が1791年に発明した定式が、このことを説明する。1789年人権宣言において法律は一般意思の表明である（6条）と宣言した後に、制憲議会は、「フランス憲法は代表制である（la constitution française est représentative）」[14] と言うことによって、この考え方を憲法典のなかに表現

14）【訳者注】1791年憲法の第3編第2条。

したのである。そしてその結果、立法権を行使する者のすべてが、つまり議会と国王が、代表者とされたのである。それゆえ、国王と選挙された議会とが、両者ともにその代表者であると宣言しうるところの、一般意思の主体たる一つの存在を構想することが必要となった。こうして「ナシオン」という一つの実体が、人民と国王という二つの要素から成り立つものとして構成されたのである[15)]。このような構造——これは立法機関についての構造と同形である——が、こうして国王の立法権への参与を正当化するとともに、二者の権力のいずれもが、それぞれに対応する要素を代表するのではなく、ナシオンの不可分の主権を代表すると主張することを可能にしたのである。そして以上のことの裏返しの例が、1793 年憲法によって与えられている。同憲法は、立法権を単一の議会に与え、かつ、法律が一般意思の表明であるという考え方を維持した。つまりこの場合には主権の名義人が人民であると言うために、いかなる困難も存在しないということになる。そして現に同憲法は、「主権は人民に存する」と宣言したのであった[16)]。

(c) 第三のモデル (D2-SB) は、ドイツ帝国のそれである。そこでは、18 世紀のイギリスに似たやり方で、法律は皇帝と二つの議院によって作られる。しかし、イギリス議会とは異なり、この複合的な立法機関はあらゆることをなしうるのではなく、ただ一般的な法律のみを制定することができるという意味において、ドイツ帝国には権力分立が存在するのである。ただし、革命期のフランス憲法の定める権力分配とは、重要な二つの点において異なっている。

第一の相違点は、皇帝に関するものである。皇帝は、単独では法律を制定できず、したがって、国家権力の全体を保有していたわけではない。しかしながら彼は階統構造の頂点に位置していたのであり、すべての行政機関を拘束する

---

15)　これらの考え方の全体が、1791 年憲法第 3 編の冒頭におかれた 3 か条に要約されている。「第 1 条：主権は単一、不可分、不可譲であり、かつ時効にかからない。主権はナシオンに属する（後略)。第 2 条：すべての権力が由来するナシオンは、委任によってしかそれを行使することができない。フランス憲法は代表制である。代表者は立法府と国王である。第 3 条：立法権は単一の国民議会に委任される。国民議会は、人民によって自由に選挙された任期を有する代表者によって構成され、国王の裁可を得て、以下に定める方式に従い、立法権を行使する。」

【訳者注】1791 年憲法の邦訳として、中村義孝（編訳）『フランス憲法史集成』(法律文化社、2003 年）14-40 頁がある。ただし、ここでは同訳に従っていない。

16)　1793 年人権宣言の第 25 条。

権力を行使していた。

第二の相違点は、まさに行政と法律との関係に関わる。フランスの制度においては、行政機関は法律の厳格な執行にとどまった。いかなる裁量権限の余地も有していなかったのであり、意思を表明するものではなかった。これに対して、ドイツの警察国家のシステムにおいては、行政は、状況に応じて、自ら提示した目的を実現するため、目的達成にとって適切な手段を用い、法律を超えて行為することができたのである[17]。法治国家においても、市民の権利に関するときは、*secundum legem*（法律に従って）でありさえすれば、行政は意思を表明し行為することができた。これに対して、「その本性上」行政の性質をもつと考えられた行為類型が存在し、それらは何らの法律上の根拠がなくともなされうるものであったのである[18]。行政機関が意欲することができるとしても、それが表明するのはその固有の意思ではありえない。そしてこの意思は皇帝の統制の下において表明されるとしても、それを推定によって皇帝に帰属せしめることもまたできない。皇帝は肉体をもつ存在であるからである。それゆえ、この意思は、行政機関自身とも区別され、また皇帝や立法者とも区別された存在の意思であると考えられた。それが、国家である[19]。

それゆえ主権の名義人であるのは国家であり、何らかの行為を行う機関のそれぞれは国家の名においてそうすることとなる。機関（autorité）は国家の器官（organe）なのである。両議院がそうであり、また皇帝も、行政部も、そして人民も国家の名において選挙人の任務を果たすときには、そうなのであった。

要するに、主権の名義人に関する諸理論は、この名義人を記述するものではない。これらの理論が明らかに正当化の性質を有するとしても、そのいずれの理論に訴えるかは、当該システムの構造そのものによって決定されている。シ

17) R. Carré de Malberg, *Contribution* …, t. I, p. 488 et s.

18) *Ibid.*, p. 501. また、M.-J. Redor, *De l'État légal à l'État de droit. L'évolution des conceptions de la doctrine publiciste française (1879-1914)*, Paris, Economica, 1992.

19) G. Jellinek, *Das Recht des modernen Staates*, vol. I, Allgemeine Staatslehre, Berlin, 2e éd., trad. franç., *L'État moderne et son droit*, 1905, p. 526 et s.

ステムの構造がこれらの理論を作り出すよう仕向けているとさえ言える。法秩序の構造が国家の構造であるならば、国家についての諸理論は国家を説明せず、ただ国家によって説明されるのみであるということになる。

これまで述べてきたシェーマは、つまるところ記述的メタ理論に属するものである。このメタ理論は国家の諸理論の形成に関するものであって、そしてこれらの国家の諸理論は規範的なものである。またこのメタ理論は、それが主権に関する言説の内容とその出現とを決定づける制約を明らかにする限りにおいて、弱い意味における「説明的」なものとも言えるものである。ある政治機関が第三あるいは第四の意味における主権者の状況に置かれれば、その機関が行使している主権の名義人はその機関そのものであると言うことを禁じる何らかの制約が存在するだろうか。メタ理論がかかる制約は存在しないということを明らかにするならば、それは、ルイ 14 世やイギリス議会の場合のごとく、このような政治機関が自らを主権者と言うことができるということを「説明」したことになる。反対に、メタ理論がかかる制約の存在を——とりわけ権力分立を理由として——示したとすると、それは他の者を主権者としなければならないこと、言いかえれば、主権の行使と主権の本質とを区別しなければならないことを、「説明」したことになる。同様に、メタ理論は、それが立法権の構造と主権の本質の名義人に関する理論の内容とのあいだに関係が存在することを明らかにするとき、説明的なものとなるのである。

以上のことはおそらく現代国家についてもあてはめることができるだろう。(a) と (b) のモデルは二元的な正当化によって特徴づけられるものであった。下位機関の決定は、動態的な方法、すなわち決定者が授権された権限によって正当化され、かつ、静態的な方法、すなわちその決定がより一般的な性質をもつ別の決定に厳密に適合していることによって正当化される。その反面、最高機関の決定は、動態的な方法、すなわち、決定の内容がどうであれ義務的なものとなるべく、決定者は神から、人民から、あるいはナシオンから、神秘的権限を授権されたということによってのみ正当化される。

現代のシステムにおいては、最上位の決定、つまり法律は、静態的方法によっても正当化されるべきであると考えられることが多い。すなわち、その内容がより上位の規範、つまり憲法の内容に適合していることによってである。これが違憲審査制の意味である。すなわち、違憲審査制は、立法者が主権の究極的名義人によって委任された権力をその意向通りに行使するにとどまらず、既存の何らかの原理を適用することをも行っているかどうかを確認することを任務とするのである。ここでは憲法は諸原理の総体として理解されることになる。そしてこれらの原理はそれ自身では意思を表明するわけではなく、客観的な存在を有すると想定されている。このような正当化のあり方は、実に重要な二種類の帰結をもたらす。第一に、主権者、つまりその名において最高立法機関が行動し意思するとされるところの存在は、もはや必要ないということ。それゆえ今日の憲法裁判に関する言説において、人民のあるいはナシオンの主権への言及が消滅しつつあることは、何らの驚きにも値しない。時として「憲法の主権（souveraineté de la constitution）」なる考え方を見出すこともあるが、これは人民主権とはきわめて異なる意味をもつものである。憲法主権の理論は、これらの術語を用いることによって、憲法あるいは憲法制定権力とはその意思が立法者によって表明されるところの存在であると信じさせようとしているわけではない。たんに立法者が尊重すべき規範が存在するということを述べるにすぎず、これらの規範が誰のものとされるべきであるかについては語らないのである[20)]。また、憲法の制定者は人民であって、人民はいつでもそれを変更できるとすらもはや言えない。人民でさえも変更することのできない一定の原理が存在することを認める憲法裁判所の数は増えているのである。つまり主権の名義人に関するテーゼは無用となっているのであり、もはや主権者は存在しないと言える。

ところが、もはや主権者が存在しないのであれば、憲法裁判と民主政を両立させることは困難になる。民主政を、人民が主権者とされる統治の一形態と理解する限りはそうなのであって、いかにしてつぎのジレンマから逃れうるのか、ほとんど理解できなくなる。すなわち、違憲審査制は誰の意思にも同定されえない憲法の尊重を確保するものであると認め、そのようなシステムを民主政と――あるいは代表民主政とさえ――呼ぶことを諦めるか、あるいは、代表民主政の観念を否定することは拒否し、憲法や憲法が含む諸原理、そしてとりわけ

20)　Gustavo Zagrebelsky, *Il diritto mite*, Turin, Einaudi, 1992.

それについて与えられる解釈が、全体として主権者人民、ある一つの人民の意思を表明するものとして示されなければならないとするか、である。しかし、後者の選択肢を採るために支払うべき代償は大きい。すなわち、主権者人民は現実の人民ではありえず、「永遠の人民（peuple perpétuel）」、「超越的人民（peuple transcendant）」でしかなく、憲法を解釈することによって超越的人民の意思を表明する者は、選挙された議会に代わって、「代表者」と呼ばれるべきことになるのである[21]。

21）　これらの用語法は、ゴーシェ（Marcel Gauchet, 1946-）が憲法裁判所の正当化において用いるものである。彼は「永遠の人民、つまり世代の交代を超えて自己自身との同一性を永続させる人民、そして主権の真の名義人となる人民」と言う（*La Révolution des pouvoirs. La souveraineté, le peuple et la représentation, 1789-1799*, Paris, Gallimard, 1995, pp. 45 et 47）。また、参照、M. Troper, « Justice constitutionnelle et démocratie », 1990, reproduit dans M. Troper, *Pour une théorie juridique de l'État*, Paris, PUF, 1994, coll. *Léviathan*, pp. 329-346。

【訳者注】なお、前者の邦訳として、富永茂樹＝北垣徹＝前川真行（訳）『代表制の政治哲学』（みすず書房、2000年）がある。後者の邦訳として、長谷部恭男（訳）「違憲審査と民主制」日仏法学19号（1995年）1-23頁がある。

第7章　ナチス国家は存在したか？

Y a-t-il eu un État nazi ? (1986)

実証主義者と自然法論者との古くからの論争において、第三帝国（le Troisième Reich）は一つの重要な位置を占めている。実証主義者は法と意思とを同一視することにより内容の如何にかかわらず国家の意思への服従を説くものであるとする、自然法論者の議論はよく知られている。なかでも第二次大戦後のラートブルフ（Gustav Radbruch, 1878-1949）による批判がそうであった。実証主義のものであると彼が言うところの「法律は法律（*Gesetz ist Gesetz*)」というスローガンや、法形式をとってなされたあらゆることに対して法律家が抵抗を自制したという事実こそが、ナチスの残忍な行為の実現を大いに手助けした、というのである[1)]。

ナチスの度を超した行為とは関係なしに、ナチス体制というものは、このような議論の一つであるのみならず、法の定義についての論争の対象そのものでもある。はたしてナチス法なるものは存在するのか。自然法論者によれば、ナチスの法は、いくつかの根源的な価値を尊重していないがゆえに法ではなく、つまり義務的なものではないということになるが、これに対して実証主義者によれば、それは法であり、たしかに唾棄すべきものとはいえ法であることには

---

1) Gustav RADBRUCH, *Rechtsphilosophie*, 1946.

【訳者注】このようなラートブルフの主張（いわゆる「ラートブルフ・テーゼ」）については、それを、法実証主義がナチスの不法の原因であるとする「原因テーゼ」の側面と、当時の法律家たちは法実証主義のせいでナチスの法に従属せざるをえなかったにすぎないとして免責しようとする「免責テーゼ」の側面とに分けて詳細に検討する近時の研究として、酒匂一郎「ラートブルフ・テーゼについて」法政研究78巻2号（2011年）1-50頁および同「枉法と故意——ラートブルフ・テーゼと裁判官の責任」法政研究79巻1=2号（2012年）1-45頁がある。なお、関連して、本訳書第4章注2）とそれに対応する本文をも参照。

変わりがないということになる、ということもまたよく知られている。ここに、ハートとフラー（Lon Fuller, 1902-1978）の有名な論争で扱われた問題の一つがあることは理解されるであろうし、それはまたドゥオーキン（Ronald Dworkin, 1931-2013）の論攷において言及されていることがらでもある[2)]。

同様の問題をヒトラー国家についても提起することができ、そしてほぼ同じ用語法でそうすることができる。すなわち、国家とは、それが「法治国」――たいていの場合に法治国として構想されてきたもの、つまり自由主義国家――である場合にのみ、存在するものとして考えるべきなのか、と。あるいは、そうではなく、一定の特質――社会学者にはよく知られている、制度化、中央集権化、拘束力の独占といった特質――をもつ政治組織であればすべて国家と呼ぶべきなのか[3)]。前者であれば、ナチス国家は存在しない。後者であれば、ナチス体制はたしかに一つの国家である。こうして、またしても自然法論の主張――いくつかの価値を実現していないため、ナチス権力は国家ではない――と、実証主義の主張――何であれある政治形態を国家と同一視することは、その行動への賛同も反対も意味せず、ただその特質にのみ依存する――とが見出されたかのように思われるであろう[4)]。

---

2)　H.L.A. Hart, « Positivism and the Separation of Law and Morals », *Harvard Law Review*, 1958, pp. 593-629 ; Lon Fuller, « Positivism and the Fidelity to Law, a Reply to Professor Hart », *ibid.*, pp. 630-672 ; Ronald Dworkin, « La théorie du droit comme interprétation », *Droit et société*, 1985, n° 1, pp. 81-92.

3)　例として、ウェーバーの有名な定義においては、「国家とは制度的性格をもった政治的事業である。しかし、それはあくまでも国家の行政機構が諸規則の適用にあたって合法的な物理的強制力の独占を首尾よく要求できる場合およびその限りにおいてである。」とされる。Bertrand Badie et Pierre Birnbaum, *Sociologie de l'État*, trad. fr., Paris, Grasset, 1979 による引用。あるいはまた、ストレイヤー（Joseph R. Strayer, 1904-1987）の定義（*Origines médiévales de l'État moderne*, trad. fr., Paris, Payot, 1979）では、国家は4種類の特質を示すものとされる。すなわち、①安定した共同体、②常設かつ非人格的な諸制度、③最終的な決定をとりうる機関、④被支配者によるこれらの制度に対する忠誠心、の存在である。

【訳者注】ウェーバーの定義は、B. バディ＝P. ビルンボーム（小山勉訳）『国家の歴史社会学』（日本経済評論社、1990年）31頁によった。また、ストレイヤーの原著は、J. R. Strayer, *On the Medieval Origins of the Modern State*, Princeton University Press, 1970 であり、その邦訳として、鷲見誠一（訳）『近代国家の起源』（岩波新書、1975年）がある。

4)　ただし、また別の社会学上の定義を採用するのであれば、反対の結論に至りうることは言うまでもない。国家の特質を市民社会との差異化・分離に求めるのであれば、ナチス体制は国家ではない。たとえば、ビルンボーム（Pierre Birnbaum, 1940- ）は、「社会的・領域的・党派的な周縁からしかしながら、このような二種類の問題および二種類の行論のあり方の比較は、あまり徹底すべきではないであろう。まず、前者は、法は適用されなければならない、とする実際上の帰結をもたらすようにみえる——だからこそ、ナチス期における密告女性の事例が戦後裁かれることになったとき、ハートは遡及法の制定を主張しなければならなかった——のに対し、後者はそれをほとんどもたらさない——というのも、ある政治形態についてそれが国家の特質を示すと述べることは、それにいかなる正当性を与えることにもならない——からである[5)]。

第二に、いずれの主張も自由主義学説に武器を提供しうるものであり、その結果、ナチス国家を国家とすることは、ナチス法を法とすることが実証主義から生じたようには、実証主義から生じるわけでは必ずしもないからである。ナチス国家を国家とすることは、必ずしもナチス体制の形式的特質に基づかず、その行動内容に基づくのである。たとえば、その第一のバリエーションが、「ナチス国家（あるいは全体国家と言いかえてもよい）は、国家という形態の完成形であり、つまりこのことは国家というものがその本質上抑圧的なものであることを示している」、である。あるいは、第二のバリエーションとして、「国家とは法律による統治のことであり、それは本質上、保護的なものである。ナチス体

差異化された政治権力であって、普遍主義的に発現しようとするこの権力の制度化が実現される度合いに応じていっそう強力に遂行されることになる職務を担ったアクターによって行使される政治権力、を国家と名付けると決定することができる」、と言う（P. Birnbaum, « La fin de l'État », *RFSP*, 1985, p. 981）。この定義、あるいはこれと同様の定義（前掲 B. Badie et P. Birnbaum, *Sociologie de l'État* を参照）からすれば、ナチス体制は国家ではなく、「全体国家」という表現自体が術語における矛盾を含むものということになる（参照、P. Birnbaum, *Dimensions du pouvoir*, Paris, PUF, 1984. とくにその第9章「見つからない全体国家——ヒトラー権力の例」167頁以下）。結局のところ問題は、ある定義ではなく別の定義が約定されることをいかに正当化するか、である。

5)　たとえばフラーは、自分の夫が体制に批判的な言動をなしたとゲシュタポに密告したドイツ人女性の例を論じている。もちろん、その夫は前線に送られ戦死し、戦後、妻は裁判所に召喚されたが、自らの行為について、それが行われた時点においては法的な義務に適合して振る舞ったにすぎないと主張して自らを弁護した。フラーによれば、もしナチス法を法と認めるのであれば、妻は無罪とされるべきことになる。このような結論を避けるためには、密告を命じるナチス法は、法的な性質をまったくもたないものであったと考えるべきであり、そうすることでこの妻をそれ以前の法（【訳者注】1871年のドイツ刑法典〔ライヒ刑法〕のこと）によって処罰することが可能となる、とする。ハートは反対に、ナチス法は、たしかに唾棄すべきものであるとはいえ、やはり法である、とする。それゆえ、密告を命じるルールはたしかに義務的なものであったのであり、にもかかわらずこの女性を処罰しようとするのであれば、遡及法を定めてそうしなければならない、と。

制が抑圧的であったとしたら、それはまさにそれが国家ではなかったからである」、と。

第三に、実証主義は、少なくともそのケルゼンによるバリエーションにおいては、大きく異なったつぎの二つの考え方を両立させるべきものであるからである。すなわち、①法と国家とは単一かつ同一の現象であり、したがって「法治国」という表現は畳語にすぎないとするが、他方で、法の定義は、単純に、大部分においてかつ一般的に実効的である制約の秩序とするにとどまる、という考え方[6]と、②あらゆる法秩序、あらゆる法は、必然的にピラミッド構造を示し、そこにおいて規範は静態的かつ動態的に階統化されている、とする考え方とである。第一の考え方によれば、古典的なやり方で、たしかにナチス国家が存在すると述べることにつながるが、ただしその理由は通例の理由とは異なっている。すなわち、国家の社会的現実を持ち出すのではなく、制約の秩序——そして、不幸なことにそれが実に効果的であったことは誰も否定することができない——を持ち出すからである。第二の考え方は、より慎重な検討を要求する。制約の秩序の存在を確認するだけでは不十分であり、それが法秩序としての全特質、つまり階統化された構造を示すことが必要であるからである。

多くの場合、とくに自由主義国家という現代の政治システムについては、ケルゼンの二つのテーゼは同じ結論をもたらす。というのも実効的な制約の秩序のほとんどが、純粋法学が記述するような構造を示しているからである。ところが、ある実効的な制約の秩序において、規範が静態的かつ動態的に階統化されていないケースがあれば、彼のテーゼは撞着に陥ることになる。その場合、いくつかの立場から一つを選択しなければならないことになる。

——第一のテーゼ、つまり国家と法の同一性のテーゼを放棄し、第二のテー

---

6)　参照、Hans Kelsen, *Der soziologische und der juristische Staatsbegriff, kritische Untersuchung des Verhältnisses von Staat und Recht*, 2e éd., Tübingen, 1928, réimpr. Scientia Verlag, Aalen, 1981 ; *General Theory of Law and State*, New York, Russell & Russell, 1945, p. 181 et s.

【訳者注】前者の邦訳として、堀真琴（訳）『社会学的国家概念と法律学的国家概念、国家と法の関係に就きこの批判的研究』（春秋社、1929 年）および法思想 21 研究会（訳）『社会学的国家概念と法学的国家概念』（晃洋書房、2001 年）が、後者の邦訳として、尾吹善人（訳）『法と国家の一般理論』（木鐸社、1991 年）がある。

ゼを維持するという立場。この場合、当該制約秩序は法ではない、と言わねばならないが、しかしそのことによって当該法システムを国家と考えることが禁じられるわけではない。社会学的な定義に立ち戻るわけである。そしてその過程で、実証主義者にとっては、ナチス法と呼ばれるところのものは法ではないと主張することが理論的には不可能ではなく、また矛盾も存在しないということが認められることになるだろう。

——両テーゼを維持し、当該システムには法も国家も存在していない、と主張する立場。第二のテーゼにおいて法の定義に用いられている形式的特質が存在しないから法は存在しないし、法と国家の同一性のテーゼにより、国家もまた存在しない、ということになる。

——法と国家の同一性テーゼを維持し、第二のテーゼを放棄する立場。当該システムはその場合、法であり、かつ国家であると記述されることになる。

そしてまさに、ブロシャート（Martin Broszat, 1926-1989）の著書は、第三帝国の諸構造を検討し、そのタイトルに反して、ヒトラー国家なるものは存在しないという結論に至る[7]。

社会学的な意味においても、ここで国家を語ることは困難であると思われる。というのも、市民社会との差異化、特殊化、分離化、が欠けているからである[8]。同書から受ける一般的な印象として、「機関のジャングル（jungle organisationnelle）」（同書 512 頁）があり、そこでは諸機関、個別的な調整、特別な権力、権限の重複、機関間や派閥や人々の激しさを増す一方の競合関係、といったものが増殖し続けている。国家と政党の関係をめぐる問題をとりあげてみよう。三種類の解答がこれまで考えられてきた（すなわち国家の政党への従属、政党の国家への従属、そして両者の融合策）が、ナチスでは長らく、具体的な問題やその時点

7）同書のタイトルは、やはり著者にとっては、たとえ特殊なタイプであるにせよ国家が問題とされていることを示している。なお、ここではフランス語訳のタイトル（*État hitlérien*）について述べている。ドイツ語原著のタイトル（*der Staat Hitlers*）、すなわち、「ヒトラーの国家」は、「国家」という類のある特殊な種を問題としていることを意味しないからである。

8）参照、P. Birnbaum, *Dimensions du pouvoir*, *op. cit.*

における対抗関係に応じて、あるときは一方の従属、またあるときは他方の従属という方策を借用することにより、バランスをとってきた。たとえば、1933年9月28日、ヒトラーは、「徐々に党をライヒの権威のもとにおく意向」があると宣言したが、12月1日には、「党と国家の一体性（unité）の保障」についての法律を制定しており、そのタイトルは両者の融合という方向性を想起させうるものであった。さらに同法は党を公法上の機関とするものでもあった。しかしながら、ナチス党の同人たちは「党が国家に命ずる」というスローガンを採択していたのであり、1941年には、内務大臣フリック（Wilhelm Frick, 1877-1946）が「行政の責務が公務員ではなく党員に委ねられている」と不平を述べている。同様に、地方レベルにおいて、あるいは警察やプロパガンダといった一部の領域において、党もしくはその派生物が、たとえばSSのように、行政権の扱う事項について介入する権限をもつということも生じた（495頁）。

同様のことは、国家と経済との関係について、あるいはより一般的に政党と社会との関係についても確認することができる。この点については、ブロシャートの結論を参照すれば十分であろう。すなわち、「このような制度や権限の錯綜が、……国家、社会、そして党の境界線を動揺させた」（496頁）。

そこでこのような「ヒトラー国家」において法秩序の構造を探索するならば、法の一般理論が記述するような構造をそこに見出すことは実に困難となる。まず、規範の階統性が明確ではないことが確認できるだろう。つとに1933年3月24日に採択された全権委任法に基づき、政府は――実際には首相は――立法権を与えられ、その結果「法的観点からすると、〔法律〕はオルドナンスやデクレとほとんど異ならない」ものとなった（413頁）。そして他方で、法律やオルドナンス、デクレとしての性質をもつ決定を行う権限は、しばしば大臣やその他の機関に委任され、ときには秘密命令という手段にさえ委任されることがあった（417頁）。ケルゼンの用語法を用いるなら、委任することの決定と委任を受けてなされる決定との関係については、それをかろうじて「動態的」階統性と言うことはできるかもしれないが、そこには「静態的」階統性はまったく存在しない。権限を委任する決定は、その権限がどのように用いられるべきかを定めておらず、下位の決定の内容は、上位の決定のより一般的な内容に包摂されえないからである。下位の決定は「総統（Führer）の意思」を執行する手段でなければならないと考えられていたにすぎず、そしてこの意思は、その内容を認識しうるような具体的な意思ではなかったのである。つまりそれは、代表民主政において主権者国民の意思が法律との関係で果たす役割——法律は主権者国民の意思を表明したものと推定される——に比しうる役割をもつものであったのである。このような推定を覆す手順も時には存在するが、法律を主権者の意思に包摂することは決してできない。そしてそれぞれの機関は、総統との関係如何により、自律的であろうとし、そしてしばしばそれに成功したが、その結果、当該システムは中央集権化され階統化された組織としての外観を示さず、人々やその集団が互いに競合する多頭政の外観を示したのである。

もちろん、すでに見たように、国家の定義や同定という問題が、もし実際上の帰結や価値論上の帰結をおよそもたらさないのであれば、それを問うことにいかなる利益があるのかが疑問に思われるだろう。ナチス体制が国家であろうがなかろうが、それが一体いかなる違いをもたらすのか、と。しかし、国家と法の同一性からその全帰結を取り出すならば、理論的には大いに違いが存するのである。一方で、国家と法の同一性テーゼは、国家とは、ある政治権力が一定の形式、つまり法的形式において行使されるときに、それに対して与えられる名にすぎない、ということを意味する。他方でそれは、権力の形式と下される諸決定の内容とのあいだにある関係が存在することを意味する。とりわけブロシャートの著書のおかげで、つぎのような仮説を検討することが可能となる。すなわち、国家ではない体制が、また、法的形式において行使されるのではない権力が、まさにその形式を理由として、抑圧的な諸決定を生み出すのではないか、という仮説である。たとえば、ナチズムの場合、その諸決定は、事前に策定された構想がたとえ存在していたとしても、その具体化として従順な組織によってなされたものから帰結したのではなく、派閥や過激分子間における狂信的な内部的競合関係から生じたものであった、というように[9]。このようなタイプの推論によってのみ、法秩序のピラミッド構造——広く「法治国」と呼

---

9)　このようなメカニズムは、「最終解決」について Michael POLLACK, « Des mots qui tuent », *Actes de la recherche en sciences sociales*, n° 41, 1982, pp. 29-46 が巧みに描くところである。同論文は、とりわけブロシャートの、「ヒトラー国家」の後に出された論文 « Hitler und die Genesis der Endlösung », *Vierteljahrshefte für Zeitgeschichte*, n° 4, 1977, p. 747 に依拠している。

ばれるもの——、政治行為の実質、そしてそこで講じられている諸学説とのあいだには関係があるという仮説の立証を、いつの日か試みることができるであろう。

IV 憲法理論史
Histoire de la théorie constitutionnelle

第8章　フランス革命初期における司法権の概念

La notion de pouvoir judiciaire
au début de la Révolution française (1993)

独立した司法権が存在するべきであるという考え方は、権力分立の考え方と容易に両立するものではない。広く受け入れられているところによれば、権力分立とは、国家機関が専門化され、互いに独立していることによって、相互に抑制し、均衡し、よって自由の確保を保障することが可能となるようにする国家の組織化のあり方を意味する。

ところで、法律を適用することによって紛争を解決する権限に専門化したものとして司法権を捉えるならば、一つのジレンマに直面してしまう。すなわち、裁判官が法律を適用しているのだとすると、なぜ立法権と司法権とが均衡していると言えるのかを理解できなくなるし、逆に両者が均衡しているのであれば、裁判官が法律を適用しているとは言えず、彼はそのような職務に閉じこもっていると言うこともできなくなるのである[1)]。

このジレンマを解決する方法は一万通りもあるというわけではなく、司法の職務を法律の単純な適用とする理解を放棄するか、あるいはまた均衡が可能であるとする考え方を放棄するかしなければならない。やや単純化するならば、アメリカ合衆国が前者の方途をとり、フランスが後者をとった、と言える。

---

1) Walter F. Murphy & C. Herman Pritchett (ed.), *Courts, Judges, & Politics: An Introduction to the Judicial Process*, New York, Random House, 4^{e}éd., 1986, p. 33.

ただし、アメリカには、少なくとも二種のヴァリエーションがある。第一のものによれば、裁判官は形式的な意味における法律ではなく法を（*not statutes, but the Law*）適用しているのだとされ、したがって、裁判官は法律の憲法適合性を審査できると同時に立法者とのあいだに均衡を保ちうるとされる。第二のものによれば、裁判官は法を適用するにとどまらず、少なくともその生成に関与しているとされる。

フランスの法システムは、今日においてもなお法と法律とを区別せず、また裁判所は法律の適用をその排他的任務とするという、二種の前提に依拠している。それゆえフランスの裁判官は、法律の生成に参画することもできず、また法律がより上位の法に違背するという理由でその適用を拒否することもできない。

たしかに、専門化された権力機関間の均衡ではなく、たんなる職掌の分割によって自由を保障することが可能になるとする、最小限度の権力分立なるものを構想することもできるであろう。しかしそうしたところで問題は移設されただけであって、やはり同様に問題が提起される。たとえば、ある機関は法律を生成し、ある機関はそれを適用するというように権限を分配することを考えてみよう。法律を適用する機関は法律を生成する機関に制限を課すことはできず、均衡関係にあるとは言えないことになるが、それでも自由は保障されていることになる。というのも、立法機関は個別の事例を考慮することなく一般的かつ抽象的なルールを表明するにとどまり、その一方で、適用機関（行政あるいは裁判所）はこれらのルールを具体的事例に適応させるべく修正することなしに適用するからである、と。こうして、人々が適用機関に従うとき、それは法律に従っていることになるのであって、このことこそが、モンテスキューによれば、政治的自由の定義そのものなのであった。それでもやはり立法と適用とは一体何であるのかが明らかにされなければならない。まさしくこれが、1789 年の制憲者たちが、司法権の問題を扱うときに直面した決定的問題であった。彼らはまず、人権宣言第 16 条において、非常に単純で全員の賛同を得られるであろう原理を表明することから始めた。つまりそれは純粋に消極的な原理なのであって、全権力を一機関に与えることのみを禁じ、それをどのように分配するかについては何も命じないものなのであった[2)]。このような原理を採択すれば、そのうえで、二またはそれ以上の機関のあいだに均衡を実現することを追求する——ただしそのためには全機関に法律の形成に参画させることが条件となる——か、あるいは、一つの民主的な機関に立法権限を独占させることによってその地位を優越的なものとし、残る機関を法律の執行または適用に特化させることを追求する——その結果これらの機関は従属的なものとなる——か、のいずれかの方途をとることが可能となる。第一の方途が、アメリカやイギリスのとったものであり、また、フランスの1791年憲法においても採用される。ただしフランスでは、法律の生成に民選議会以外の機関を関与させようとするにあたり検討された機関は、つねに、そして排他的に、執行権の長であり、決して司法権ではなかったということには注意が必要である。そして第二の方途——法律の適用に特化させるそれ——は、ルソーの主張していたもので、1793年憲法が採用するものであるし、また、共和暦Ⅲ（1795）年憲法もそうであった。他方で、司法権については、それを立法権との関係で均衡の一要素とすることは決して検討対象とならなかったし、それを立法権に関与させることも——執行権に関与させることと同様に——、考えられなかった。司法権は、つねに従属したものとして捉えられ、裁判機能に専門化したものと捉えられることになるのである。

このような専門化は、二つのことを意味する。第一に、裁判官は司法の職務しか果たすことができず、立法や行政の職務に参画してはならない、ということ、そして第二に、裁判官はその職務を裁判官のみで果たさなければならないのであって、他の機関がそれに関与することは禁じられる、ということである。第一のルールは、かの有名な、そして現在でも有効な、1790年8月16日-24日法から帰結するものである。同法はつぎのように定める。

【第10条】　裁判所は、直接にも間接にも、立法権の行使にいかなる関与もしてはならず、立法府により出され国王により裁可された命令の執行を、妨げもしくは停止してはならない。違反者は、瀆職（forfaiture）の罪に問

---

2)　Voir Michel Troper, « L'interprétation de la Déclaration des droits ; l'exemple de l'article 16 », *Droits*, n° 8, 1988, reproduit dans M. Troper, *Pour une théorie juridique de l'État*, Paris, PUF, coll. *Léviathan*, 1994, pp. 263-274.

われる。

【第13条】　司法の職務は行政の職務と区別され、つねにそれから分離される。裁判官は、いかなる方法であれ、行政府の活動を動揺させてはならず、行政官をその職務を理由として召喚してはならない。違反者は、瀆職の罪に問われる。

第一のルールは、非常に似た文言で、しかしより凝縮された形で、1791年憲法の第5章3条においても述べられている。

裁判所は、立法権の行使に介入することも法律の執行を停止することもできず、また、行政の機能を侵害することも行政官をその職務を理由として召喚することもできない。

第二のルールはそもそも当然のことであるので、1791年憲法にしか規定されていない。その第5章1条はつぎのように定める。

司法権は、いかなる場合にも、立法府または国王によって行使されえない[3]。

しかしきわめて重要なポイントがある。それは、これらの条文からつぎのような考え方が帰結するということである。すなわち、司法の職務は立法の職務に従属しており、裁判所による法律の合憲性審査を想定することはできない――法律の執行を停止することの禁止がその理由である――が、しかしこれらの条文は、司法の機能についての消極的あるいは純粋に形式的定義のほかにはいかなる定義をも含んでいないし示唆してもいない、ということである。裁判官が裁判所の職務として与えられた権限以外の権限を行使することはできないということは理解できるが、実際のところそれがいかなる権限であるのかは、知る由がないのである。

3）【訳者注】1791年憲法第5章3条および第5章1条の邦訳は、中村義孝（編訳）『フランス憲法史集成』（法律文化社、2003年）34頁および33頁を参考にした。

裁判する（juger）とは、紛争を解決することである、と言っても問題の解決に近づくことにはならない。紛争を解決するやり方はいくらでもあるからである。つまり、このような形式的定義を実質的定義によって補うこと、裁判する職務とは一体何であるのかを述べることこそが、裁判官に許される行為およびそのことにより立法者と執行権に禁止される行為が何であるかを知るために、必要なのである。

この点につき、1789 年の制憲議会は一つの考え方を採用した。それは今日でもなお、近時の変容の兆しにもかかわらず、フランス法の根本にあるものであるが、そこから制憲議会はいくつかの重要な帰結を取り出している。

1　三段論法としての判決（Le jugement-syllogisme）

裁判所の職務は紛争の解決にあるが、しかしそれは排他的に、事前に存在する法律を適用することによってなされるものである。そして裁判官は、三段論法によってそうする。すなわち、大前提が法律の文言であり、小前提が事実であり、そして判決は結論である。いずれの前提も裁判所にとっては所与のものであり、したがって裁判官には固有の意味でのいかなる決定権限も与えられてはいない。

それゆえ、裁判官を独立した存在にしようとするのは、彼が何らかの権力を行使するからなのではなく、裁判するという職務が立法者や執行権といった他者の手に落ちることを避けるためである。これらの他者は、三段論法による推論ではない方法によって決定するかもしれず、たとえば法律を状況に応じて改変するかもしれないし、あるいはその気紛れによって変更するかもしれない。それはまさに専制の定義そのものである。

このような考え方は古くからあったし、モンテスキューもそれを表明している。すなわち、「裁判所が固定されていてはならないとしても、判決は、法律の正確な文面以外のものでは決してないというほどまで、固定されていなければならない」（『法の精神』第 11 編 6 章[4]）、と。モンテスキューによれば、裁判官の裁量権限の余地の大小は専制との距離の大小による、ということにさえなる。

すなわち、「専制国家においては、法律は存在しない。裁判役自身がその規則なのである。……共和政体においては、裁判役が法律の文字に従うのがその国制（constitution）の本性である。……同じように、イギリスでも、陪審員は、彼らの前に示された事実について、被告人が有罪であるか無罪であるかを決定する。被告人が有罪と宣言されると、その事実に対して法律の科する刑罰を裁判人〔判事〕が言い渡す。そのために、裁判役に必要なのは眼だけである」（第6編3章[5]）、と。このようにして、裁判する権力は「ある意味では無である」のであって、裁判官は「法律の言葉を発する口にすぎず、その力も厳しさも緩和することのできない無生物」でしかない（第11編6章[6]）、ということになるのである。

同様の考え方はフランス人権宣言にも見出すことができる。とりわけつぎの3カ条において、そうである。

> 【第5条】　……法律によって禁止されていないすべての行為は妨げられず、また、何人も、法律が命じてないことを行うように強制されない。
> 【第7条】　何人も、法律が定めた場合で、かつ、法律が定めた形式によらなければ、訴追され、逮捕され、または拘禁されない。……
> 【第8条】　……何人も、犯行に先立って制定され、公布され、かつ、適法に適用された法律によらなければ処罰されない[7]。

要するに、権力分立の考え方は、法律適合性の原理、それも公権力のあらゆる行為はすでに存在する法律と矛盾しないだけでなく、それに適合しており、そこから論理的に演繹しうるものでなければならない、という意味に理解されたところの法律適合性の原理と、実に単純に混同されるものなのである。

このような考え方は、制憲議会での討論においても繰り返し見出しうるもの

4）【訳者注】邦訳は、野田良之＝稲本洋之助＝上原行雄＝田中治男＝三辺博之＝横田地弘（訳）『法の精神〔上巻〕』（岩波文庫、1989年）294頁〔横田地訳〕によった。なお、トロペールの原文では第11編11章となっているが、誤植である。

5）【訳者注】邦訳は、野田ほか（訳）・前掲163-164頁〔三辺訳〕によった。

6）【訳者注】邦訳は、野田ほか（訳）・前掲297頁及び302頁〔横田地訳〕によった。

7）【訳者注】邦訳は、初宿正典＝辻村みよ子（編）『新解説世界憲法集〔第2版〕』（三省堂、2010年）269頁〔辻村訳〕によった。

である。たとえば、カザレス（Jacques Antoine Marie de Cazalès, 1758-1805）の「判決は、法律適用の物理的な行為にほかならない」[8]や、クレルモン＝トネール（Stanislas de Clermont-Tonnerre, 1757-1792）の「司法権とは、不適切にも司法権と呼ばれているが、法律もしくは一般意思の個別事案への適用なのであって、したがって、つまるところ法律の執行でしかない」[9]の発言がそうである。

そしてそこでは、通常の三元的な職務の分類（立法、執行、司法）と、より単純かつより論理的な二元的分類とのいずれをとるかで躊躇されているように見える。結局のところ、法律の生成と法律の執行に加えて、法律を適用することではあるものの、しかしながら執行作用とは区別されるべき司法という第三の職務を想定することには困難が伴うのである。三元的な分類を維持しようとするのは、何よりも、裁判することが法の執行作用の一部分であると言うことと執行権の長は国王であると言うこととを同時になすことにより、裁判官を国王に従属するものとしてしまうのを避けようとするがゆえである。

しかしながら、三種類の職務を想定するのであれば、そして司法の職務が紛争解決のために三段論法を用いて法律を適用するという従属的職務であるならば、またさらに、このような職務を専門化された機関に与えるのであれば、境界画定の諸問題が生じるのは不可避である。

第一の問題は、裁判所と立法者との関係についてである。裁判官は、法律が完全なものであり、一貫したものであり、また明確なものでなければその職務を果たすことができない。そうでなければ、裁判官には大前提が与えられていないことになる。立法者はそれゆえ、法律を完全なものとする義務を負う。そこで、法典化という一般的な課題が生じる[10]。しかし、法律がこれらの性質を帯びていないとき、どうすべきなのであろうか。紛争を託された裁判官が適用可能な法条を見出しえないということはありうるし、あるいは適用可能な法条を複数見出したり、さらにあるいは適用可能な法条が漠然としていたり、もし

8）1790年5月6日。

【訳者注】カザレスのこの発言は、*Archives parlementaires de 1787 à 1860*, 1ère série, tome 15, p. 419に見えるが、発言日は5月6日ではなく5月7日のようである。

9）*Archives parlementaires, ibid.*, tome 15, p. 425.

10）Giovanni TARELLO, *Le ideologie della codificazione nel secolo XVIII*, Genova, Edizioni Culturali Internazionali, 1969.

くは多義的な表現を含んでいることもありうる。もちろんこれらの困難は、解釈という手段により解決することができる。しかし、解釈は、司法の職務に属するのか、それとも、立法者の職務に属するのか。

第二の問題は、行政についてである。裁判官は行政の職務を行ってはならないと理解されている。しかし行政と私人とのあいだに紛争が生じることはありうる。裁判所がこのような紛争を裁判できるとすると、裁判所が行政の職務に介入することになってしまうのではないであろうか。かといって、もしこれらの紛争を裁判所に係属させられないのであれば、裁判所は、それでもなお裁判という職務の全体を行っていると言えるであろうか。

かかる二つの問題は、このように、司法の職務の実質的な内容に関わっている。8月16日-24日法は、三段論法としての裁判という一般的な理論的基礎に基づいて、司法の職務行使における裁判所の専門化について語るにとどまったものなのである。そしてそれを補完するために、制憲議会は、このような一般論としての考え方から、いまもってフランスの法システムの構造に影響を与え続けているいくつかの帰結を引き出した。

2　解釈の問題（La question de l'interprétation）

裁判することは、法律を適用することである。しかし、法律を解釈することもやはり法律を適用することであるのか、それとも、法律を作り出すことであるのか、あるいは、それを作り直すことであるのか。

実に古くからの伝統によれば、第二の立場が採られることになる。それはローマ法にまで遡りうるものであるが、17世紀イングランドのホードリー司教（Bishop Hoadly）によって再び脚光を浴びせられたものでもある[11]。

それによれば、解釈は立法者の権限であって、法律の意味について疑義が生じた場合には、裁判官は、立法者すなわち国王に頼るべきであると考えられた。

11）　M. Troper, « Une théorie réaliste de l'interprétation »（本訳書第1章「リアリズムの解釈理論」）を参照。

【訳者注】ホードリー司教については、本訳書第1章注11）を参照。

このような方策は、立法者照会（référé législatif）と呼ばれ、1667年のある王令によって採用されたものである。それはつぎのように定めていた。

> 朕の諸院（cours）に係属する訴訟の判決において、朕の王令（ordonnance）、王示（édit）、王宣（déclaration）および王免許状（lettre patente）の執行（exécution）につき何らかの疑義または困難が生じたときは、朕は彼らがそれを解釈することを禁止する。反対に、朕は、この場合には、諸院が朕の意図するところを了知するために、朕の面前に出ずることを欲する[12]。

ただし高等法院（パルルマン）[13]は、革命に至るまで、法規的判決（arrêt de règlement）において法律の解釈をなし続けた。まさにここにこそ、彼らが立法権を行使する一形態が存在していたのである。

さらに、同じ考え方はフリードリヒ2世の法典にも影響を与えている。すなわち、

> 朕は、疑わしい事案において、裁判官が解釈することを禁じる……。法のある部分が裁判官にとって疑わしいものとみえ、明確にすることが必要である場合には、司法省（Département des affaires de Justice）に出頭することを欲する[14]。

12）【訳者注】ここでトロペールが引用する条文は、アンシャン・レジームにおけるいわゆる大王令（grandes ordonnances）の一つである、ルイ14世の「司法改革に関する民事王令（Ordonnance civile touchant la réformation de la justice）」（いわゆる民事訴訟王令）第1章7条であろう。邦訳は、塙浩（訳）「ルイ14世民事訴訟王令（1667年4月）（一）」神戸法学雑誌24巻2号（1974年）165-202頁、172頁を参考にした。なお、この塙訳は、塙浩著作集6『フランス民事訴訟法史』（信山社、1992年）667頁以下にも収録されている。

13）【訳者注】parlementの訳語については、「従来高等法院と訳されることも多いが、上訴手段が認められないことを示すため最高法院の訳語をあてる」とする、滝沢正『フランス法〔第4版〕』（三省堂、2010年）40頁もあるが、ここでは山口俊夫（編）『フランス法辞典』（東京大学出版会、2002年）に従った。

14）【訳者注】ここでトロペールは「フリードリヒ2世の法典（le Code de Frédéric II）」と述べるのみで、その出典および条数を示していないが、訳者の調べた限りでは、おそらく、「国王の私的顧問官（Conseiller privé）であるA.A. de G.」なる者が「ドイツ語から翻訳した」と記されたうえで1751年に出版されている *Code Frédéric ; ou corps de droit, pour les États de Sa Majesté le Roi de Prusse : fondé sur la raison, sur les Constitutions du Pays...*（以下長々と続く副題は省略。九

要するに、制憲議会が裁判所に対して法律の解釈を禁じ、立法者照会の制度を創設したのは、このような古くからの考え方を素直にあてはめた結果であったのである。そしてそれは、1789年8月17日の最初の憲法草案にも取り入れられている。同案の第1編9条はつぎのように定める。

> いかなる方法であれ、裁判官が法律を解釈することは許されない。法律に疑念が存在する場合、必要であればより正確な法律を得るために、裁判官は立法府に出頭しなければならない[15]。

この文言が、1790年8月16日-24日法の第12条に取り入れられることになる。同法の第10条が裁判官に対して立法の職務に介入することを禁じていたことはすでにみた。そして第12条は、それが意味すべき内容を明確にする。すなわち、とくに、解釈することが禁止されているのである。第12条の規定ぶ

州大学法学部図書室所蔵〔貴重図書〕）の第1部1巻2編の7条と8条であると思われる。そして、Antoine Alexandre Barbier, *Dictionnaire des ouvrages anonymes et pseudonymes*, 2e éd., tome 1er, Paris, Chez Barrois l'Ainé, 1822, p. 185によると、イニシアルしか記されていない同書の訳者はAlexandre Auguste de Campagneであり、同書の出版地はBerlinである。なお、同書にはそのドイツ語原典が何であるかの記載がなかったが、おそらく、フリードリヒ大王（Friedrich Ⅱ, 1712-1789）から大法官（Großkanzler）の称号を与えられ、首席司法大臣でもあったコックツェイ（Samuel von Cocceji, 1679-1755）による、*Project des Corpus Juris Fridericiani, das ist, Sr. Königl. Majestät in Preussen in der Vernunft und Landes-Verfassungen gegründete...*（以下の副題は略）に間違いないと思われる。こちらは1749年にHalleで出版されたことが表紙に記されており、やはり九州大学法学部図書室に貴重図書として所蔵されている。

コックツェイについてはもとより、最終的には大王の死後に成立するプロイセン一般ラント法（*Allgemeines Landrecht für die Preußischen Staaten*, ALR）やプロイセン一般裁判法（*Allgemeine Gerichtsordnung für die Preußischen Staaten*, AGO）に至る一連の法典化の流れについては、鈴木正裕「18世紀のプロイセン民事訴訟法（1）～（3）」神戸法学雑誌23巻3=4号（1974年）115-179頁～24巻4号（1975年）333-355頁や、石部雅亮『啓蒙的絶対主義の法構造——プロイセン一般ラント法の成立』（有斐閣、1969年）が詳しいが、残念ながら、鈴木論文には、1747年の「ポンメルン・フリートリヒ勅法の草案」（*Project des Codicis Fridericianici Pomeranici*, CFP）および1748年の「マルク・フリートリヒ勅法（の草案）」（*Project des Codicis Fridericianici Marchini*, CFM）についての記述はあるものの、トロペールの引用するものの原典であるはずの、1749年の*Project des Corpus Juris Fridericiani....*についての検討はない——ただし、鈴木論文（2）神戸法学雑誌24巻2号（1974年）109-164頁には、「プロイセンでは〔ALR〕が施行されるまで、いくどとなく、その全土を通ずる一般的な実体法を創設しようとしたが、そのつど失敗、または未完に終わった。たとえば、コックツェイ……は、……1747年のCFP、CFMの起草ののち、右の実体法の執筆に着手

りは、司法による自発的な立法行為のみならず、法律を解釈することを目指すものとされる法規的判決をも明示的に禁止する点で、1789年8月17日の憲法草案の定式を、たんにより厳密に述べたものであると言える。

> 裁判官は法規を作り出すことはできない。法律を解釈する必要があると考える場合、もしくは新たな法律に作り直すことが必要であると考える場合、裁判官はつねに立法府に出頭しなければならない。

そしてこの規定を正当化する議論もやはり同じものであり、さまざまな機会に多数の発言者が繰り返し述べている。解釈するということが創造することであるなら、それは立法者のみの権限に属するもので、自由な国家においては、立法者が法の創造を独占しなければならない、と。たとえば、ロベスピエール（Maximilien de Robespierre, 1758-1794）はつぎのように言う。

し、早くも1749年、つづいて1751年には、その草案の一部が印刷、公表された。この草案は、Project des Corporis Juris Friedericiani（ママ）（フリートリヒ法大全の草案）とよばれ、1749年に発表された第1部には、親族法、婚姻法、後見法などが含まれ、1751年の第2部には物権法、相続法が含まれた。」との記述が146頁にある――。また、石部本にも、ALRの「長い法典編纂の過程のうち、本書で取り扱う範囲は1780年の閣令から1794年の法典の施行までに限定される」（3頁）と序章で述べられているように、その検討は見あたらない――ただし、「〔コックツェイ〕は、フリードリッヒ大王によって、裁判所制度の改革と並んで、『理性とラントの制度に基づくドイツ一般ラント法の作成』を命ぜられ、1749年に人の法3巻および1751年に物の法8巻を公表した。しかし、彼は中道において倒れ、その作品は、若干のプロヴィンツで第1部の2巻、婚姻法および後見法が採用されたのを除いて、法律としての効力をもたなかった」との記述が2頁にある――。

裁判官に法律の解釈を禁止し、法律の意味に疑義のある場合には立法者たる国王のもとにある司法省（Département des affaires de Justice, *Departement* der Justiz-Sachen）に照会することを命じるこの規定は、その後も形を変えてALR等に引き継がれている。たとえば、ALRのEinleitung 47条には、「裁判官は、法律の本来の意味について疑義の生じたとき、……その疑義を法律委員会（Gesetzcommißion）に通告し、その判断を求めなければならない」とある。このような、裁判官に対する解釈の禁止と、国王の大権判決（Machtspruch）（の最終的な廃止）との関係については、村上淳一『ドイツの近代法学』（東京大学出版会、1964年）83頁以下も詳しい。また、司法省の成立（1738年3月1日）過程を含む、プロイセンの司法機構の歴史的発展については、上山安敏『ドイツ官僚制成立論――主としてプロイセン絶対制国家を中心として』（有斐閣、1964年）262頁以下を参照。

15）【訳者注】引用部分は、ベルガス（Nicolas Bergasse, 1750-1832）の名で提出された、*Rapport du comité de constitution, sur l'organisation du pouvoir judiciaire, présenté à l'Assemblée nationale,* p. 30にある。

> ローマ法においては法律の解釈は法律を制定した者に属するということを原則とした。« *Ejus est interpretari legem qui condidit legem* » である。立法者でない機関が法律の解釈をなしうるとすると、その機関は、最終的には立法者にとって代わり、そして自らの意思を立法者の意思より高く掲げることになるだろうと考えられたのである[16)]。

ところが、表向きとは異なり、実際には裁判官に対して法律の解釈すべてが禁止されていたわけではない。言うまでもなく全面的禁止は実際には無理であった。ほとんどの紛争においては、当事者は事実の物理的存否について同意しないのみならず、当該事実が包摂されるべき法律が何であるかについても同意しない。そしてかかる問題は、裁判官が解決しなければならないが、それは法律の文言の解釈にも関わる。しかしこの場合の解釈は、8 月 16 日-24 日法が対象としていたような抽象的な（*in abstracto*）な一般的解釈ではなく、具体的な（*in concreto*）解釈であった。今日の法律用語で「事実の法的評価」（qualification juridique des faits）と呼ばれる操作である[17)]。18 世紀においては、三段論法の論理にあてはめれば、そこで行われているのは大前提についての操作ではなく――それを決定することは裁判官には禁じられている――、小前提についてのそれであったのである。

しかしそうするとただちに 1790 年の立法者は一つのジレンマに直面することになる。すなわち、裁判官に対して三段論法における大前提のみならず小前提の決定をも禁止する――抽象的解釈のみならず具体的解釈をも禁止する――と、しばしば裁判官は判決を行うことができなくなり、立法府は裁判官からの膨大な解釈要求に埋もれてしまうことになる。

かといって反対に裁判官に具体的解釈を許すと、二つの重大な危険が生じる。すなわち、一つは、裁判所ごとに解釈が分かれてしまうことであり、もう一つは――より深刻であるが――、裁判官が解釈という名のもとに法律を作り直し、よって立法権を行使することになってしまう、ということである。

16）1790 年 10 月 25 日。Yves-Louis Hufteau, *Le référé législatif et les pouvoirs du juge dans le silence de la loi*, Paris, PUF, 1965 による引用。

17）【訳者注】「事実の法的評価」については、本訳書第 1 章注 4）を参照。

かかるジレンマを解決するために、一連のみなしを設けるという方法がとられた。そしてそれらは1790年11月27日-12月1日法の規定に結実している。

a）具体的解釈は、通常の場合は解釈ではなく、法律の単純な適用でしかない。それは三段論法の小前提にしかかかわらず、大前提についてのものではないからである。ゆえに、それは許される。

b）悪い具体的解釈は、法律の侵害――当時の用語法では「法律の誤った適用（fausse application de la loi）」――にほかならない[18]。それは破毀（cassation）という制裁を受けなければならない。そこで破毀裁判所（tribunal de cassation）を設立するが、それもやはり立法権を行使するものではない。その統制が小前提にしか及ばないからである。

c）破毀裁判所の統制により、法律が不明瞭であること、そして解釈（この場合は抽象的解釈）をなす余地のあることが明らかにされうる。それが「連続する2度の破毀の後、3番目の裁判所の判決が、先立つ2回の判決と同様の理由により異議申立てをされたとき」[19]に該当するものであり、その場合には、解釈を施す権限は立法者に属する。

d）立法者は具体的に解釈するのではなく、抽象的に解釈する。立法者は三段論法の大前提を作り直すのであり、それは通常の立法の形式でなされる。抽象的に解釈することは立法することなのである。

そこで、二種類の立法者照会が存在することになる。一つが、8月16日-24日法第10条の定める任意的照会であり、これは抽象的解釈を得るためのものである。もう一つが、1790年12月の法律によって定められた義務的照会であり、これは三度目の破毀申立の場合になされる[20]。このようにして、ジレンマ

18）M. Troper, *La séparation des pouvoirs et l'histoire constitutionnelle française*, Paris, LGDJ, 1re éd., 1973 ; 2e éd., 1980 ; Jean-Louis Halpérin, *Le tribunal de cassation et les pouvoirs sous la Révolution (1790-1799)*, Paris, LGDJ, 1987.

19）1791年憲法第3編5章21条。【訳者注】中村（編訳）・前掲注3）『フランス憲法史集成』36頁を参考にした。

20）ただし、1791年憲法は、義務的照会がなされる前に必要な申立の数を2回とした。
【訳者注】ここで pouvoirs とあるのは、pourvois の誤植である。

の解決に成功したと考えられた。すなわち、まず、8月16日-24日法の第10条は、同法の第12条および1790年12月法によって、十分に補完され明確化された。裁判官は司法の職務に自己限定しなければならないのであって、爾後その職務が何であるかは明らかになった。つぎに、法律は唯一の法源であり続ける。なぜなら裁判官は立法を行わないし、解釈という口実のもとにおいても立法を行わないからである。そして最後に、そのことと対称的に、立法者もやはりその職務にとどまり続ける。彼は抽象的な解釈を行うのみで、裁判することはないからである、と。

ところが実際には、これらの解決策は早晩放棄されてしまった。まず、任意的照会が、破毀裁判所の判例によっていわば廃止される。破毀裁判所は、共和暦Ⅳ年以降、裁判所が係争中の事案について立法者に照会することは、「裁判所に与えられた司法の職務を放棄するものであり、……真の裁判拒否をなすものである」と考えるようになったのである[21]。この判例が民法典の第4条に法定されることになるものである：

> 法律の沈黙、不明瞭性、もしくは不十分性を口実として裁判することを拒絶する裁判官は、裁判拒否を犯すものとして訴追される。

1790年12月法の義務的照会については、いくつかの変転を経て、最終的には1828年7月30日法によって廃止された。それ以降、二度目の破毀申立の後は、破毀院が、全部会において最終的な判断を下すこととなっている。

しかし根底においては、制憲議会によって定められた一般的な均衡関係は尊重されており、今なおそうであるとも言える。つまり、具体的な解釈が義務なのであって（民法典第4条）、抽象的な解釈は禁止されたままなのである（同5条）。1828年法がなしたのは、不明瞭性の推定を廃止するということであった。しかし主たるみなし、すなわち具体的解釈は法律の適用以外の何ものでもないというそれ、そして、破毀院は立法を行っているのではないというそれは、消去されてはいないのである。また1828年法の採った解決法は革命の延長線上

21）　Y.-L. Hufteau, *supra* note 16.

にあるとさえ言える。というのも、全部会の判決は、やはり立法者の意思——制定者たる立法者の意思あるいは現在の立法者の意思——に適合するものとみなされているからである。実際、意味を決定することは、立法者の見えるところでなされているのであり、立法者はいつでも、法律に対して与えられた解釈に不満があれば法律を改正することができるはずだ、というわけである。つまり、判例は法を創造するものではないという考え方——それはもちろんフィクションである——が維持されているのである。

3　行政訴訟（Le contentieux administratif）

ここでも思考の流れは同様である。司法の職務と行政の職務は分離されるということがまず宣言され、つぎにそれぞれの職務に実質的な内容を与える別の規定が必要とされる。

分離された行政裁判所の存在と権力分立との関係をめぐっては、フランスの法学者のあいだで古くから論争があり、それはまた定期的に繰り返されてもいる。支配的な学説にとって、ことがらは明快である。すなわち、1790年8月16日-24日法の第13条こそが、裁判官に対して行政の職務に介入することを禁止することによって、裁判官から行政争訟を審理する権限を奪っているのである、と。それゆえ行政争訟を扱うべきなのは行政自身であり、こうして行政訴訟を専門とする機関を創設することになる。かかる機関は、まずは一般行政組織の一部分をなすものとされ（留保裁判権 justice retenue のシステム）、続いて活動行政との関係では自律的なものとされる（委任裁判権 justice déléguée のシステム）。こうしてそれは真の裁判機関となりはするが、それでも司法裁判所の秩序とは区別され分離された秩序をなすとされ、司法裁判所のみが破毀院に従属する。そしてこのような区別は、「権力分立のフランス的理解」（la conception française de la séparation des pouvoirs）と呼ばれる原理に基づくものとされるのである。

このようなテーゼは、その大部分が、判例によって形成されたものである。というのも、多くの判決——とりわけ争訟の管轄問題を扱った判決——が8月

16日-24日法を引き合いに出しているし、また、とくに憲法院が、行政行為の取消しまたは変更の訴訟を行政裁判所に留保するという、「共和国の諸法律によって承認された基本的原理」——したがってそれは憲法的価値を与えられている——が、「権力分立のフランス的理解に適合して」存在することを認めた[22]からである。

しかしながら、それは同時に、ある一つの前提に基づいてもいる。すなわち、8月16日-24日法が、裁判官に対して行政の職務に介入することを禁じているからといって、それがそのことにより裁判官に対して行政争訟を裁判することをも禁じているということになるのは、明示的にではないにせよ、行政を裁判する（juger l'administration）ことは、行政を支配することであり、つまりは行政する（administrer）ことであり[23]、逆に、行政の職務には行政争訟の裁判権が含まれているのだということを認めているからなのである。そしてこのような前提は、裁判所を裁判という職務に特化させることと、裁判所から一定の争訟についての裁判権を奪うこととを、いかにして制憲議会が同時に意図しえたのかを理解しようとするあらゆる法学者たち——とくに19世紀末の法学者たち——によって明らかにされたものであった。

これらの法学者によれば、制憲議会の態度を一貫性のあるものとして理解するためには、行政が一当事者となる訴訟を裁判所が扱えるのであれば裁判所は

22） Décision n° 86-224 DC du 23 janvier 1987.

【訳者注】同判決は、第五共和政憲法にはそもそも行政裁判制度についての規定がないところ、その存在および司法裁判所からの独立が、「権力分立のフランス的理解」に適合して、「共和国の諸法律によって承認された基本的諸原理（principes fondamentaux reconnus par les lois de la République）」に含まれることを判示した重要な判決である。同判決の解説として、永山茂樹「行政裁判所の憲法的地位および行政処分を受ける者の防御権」辻村みよ子（編集代表）『フランスの憲法判例』（信山社、2002年）318-321頁がある。また、福岡英明「司法と権力分立」辻村みよ子（編集代表）『フランスの憲法判例Ⅱ』（信山社、2013年）221-224頁も参照。

さらに、関連して、フランスにおける行政裁判と司法裁判との二元制の歴史をめぐり、とくに越権訴訟の淵源が、伝統的な通説的見解とは異なり、革命期にまで遡りうることを明らかにしたうえで、トロペールの本論文をも参照しながら革命期の裁判観や権力分立観との関係についてまで検討する重要な論攷として、興津征雄「越権訴訟の起源をめぐって——あるいはフランスにおける《司法》と《行政》の原像」日仏法学25号（2009年）80-120頁を参照。

23） 【訳者注】« Juger l'administration, c'est encore administrer » というフランスの法諺は、興津・前掲注22）116頁の注132によれば、「アンリオン・ド・パンセ（Henrion de Pansey）に始まる19世紀の学説によって徐々に形成されてきたもののようである」。

行政を支配下におくものとなると考えるか、あるいは、行政訴訟は実質的に裁判の職務に属するのではなく行政の職務に属すると考えるかのいずれかが必要である。そしてこのいずれの考え方もが、19世紀末の公法学説において支持者を見出した。前者の考え方は、ラフェリエール（Édouard Laferrière, 1841-1901）、ドラマール（Eugène Dramard）、アルチュール（Émile Artur, 1852-1921）、エスマン（Adhémar Esmein, 1848-1913）によって、そして後者の考え方は、デュギーによって支持された[24]。なお、両者の考え方は互いに矛盾するものであるが、それは、前者は、実際上の理由により機能的な分立原理に対して例外をもたらそうとしたものと言えるのに対して、後者は、かかる原理を、アンシャン・レジーム（旧体制）にまで遡る行政の職務についての理解に純粋かつ単純に適合するように適用しようとしたものだからである。

しかしながら、いずれの考え方も受け入れることはできない。前者は、言うまでもなく、裁判官は真に権力と言えるものを一切行使していないとする三段論法の理解と両立しえないからである。行政を裁判することは、つまり、いかなる場合にも行政を支配することも行政の職務に介入することも許さないはずなのである。

後者は、少なくとも二つの重要な歴史的反論を受けることになる。まず、アンシャン・レジームにおいては、行政争訟が裁判ではなく行政の職務に属するとする明快な学説が存在していたわけではない。むしろ逆に、メストル（Jean-Louis Mestre, 1947-）が適切に示しているように、三種類の潮流が併存していたのである。すなわち、行政争訟は行政自身に属すべきものであるとする考え方、行政争訟における判断を私人間の訴訟におけるそれと同視する考え方、すなわち行政訴訟を普通裁判所に委ねるべきとする考え方、そして最後に、行政訴訟は特別な裁判所に委ねるべきとする考え方、である[25]。

さらに、行政の職務が行政訴訟を含むという考え方が明白なものであったのであれば、8月16日-24日法の採択ののち、1790年の秋になって、行政争訟の裁判管轄が誰にあるのかについての論争が起こる必然性はなかったはずである。

---

24)　M. TROPER, *supra* note 18.

25)　Jean-Louis MESTRE, *Introduction historique au droit administratif français*, Paris, PUF, 1985, p. 180 et s.

1790年10月7日-14日法による解決策――それは国王にあるとした――は、すでに8月16日-24日法に含まれていたはずのものである。

実際には、解釈についてと同様の道筋が辿られたのである。まず8月16日-24日法によって、裁判所は裁判の職務を、しかもそれだけを行使すべきものとすることが確認された。つまり形式的に裁判所の権限が決定されたわけである。その職務に実質的な内容を与えなければならなくなるのは、その次の段階のことでしかなかったのである。

裁判所に対して行政争訟を管轄させることが否定されたのは、行政の独立性を維持するためではなく、また行政の職務についての当時の理解によるのでもなく、ただたんに、裁判の職務についての考え方によるものでしかなかった。裁判の職務が三段論法によってなされるものなのであれば、三段論法の方法によって解決しえない争訟を裁判所に担当させることは不可能である。ところが行政争訟は、行為を刑事法律にあてはめれば済む刑事裁判のごときものではまったくない。行政の事案においては、ある明確な行動を命じる法律が存在することは――したがって行政が法律に違反したか法律を適用したかを明快に断定しうることは――ごく稀にしかない。行政については完全な法典も存在しない。通常は、適用可能な法律は行政に対して評価の余地、すなわち裁量権を認めているのであって、行政の行為を一般準則に包摂することはできないのである。

革命期にあっては、行政が明確な義務を負う場合――それに対する違反を容易に確認できる場合――は一つしか存在しなかった。間接税についての場合がそれであって、そこでは課税品目と課税率とが法律によって定められていたため、三段論法によることが可能かつ容易であり、だからこそ1790年9月11日法は、通常裁判所にそれに関する訴訟を扱わせることを定めたのであった。

これに対して、直接税は割当課税（impôt de répartition）[26]であった。立法府が、徴収すべき総額を各県（département）に割り当てていたのである。そしてつぎに各県の行政が、郡（district）に割り当て、さらに郡が市町村（commune）

26）【訳者注】「あらかじめ徴収すべき税の総額が定められており、その額を納税者の財産等に応じて按分し割り当てる税」と説明される。山口俊夫（編）『フランス法辞典』（東京大学出版会、2002年）509頁。

に割り当て、そして市町村が納税者に割り当てる。こうして行政による決定の連鎖が存在し、それらはいずれもが裁量権を行使してなされるものであった。ある納税者が自己に求められた納税額に不服を申し立てようとしても、もちろん法律違反であるとしてそうすることはできなかった。いかなる法律も侵害されてはいないからである。そしてこのような紛争の解決を裁判所に委ねることも不可能であった。裁判所がそれについて決着をつけることは不可能であろうからである。下位の行政機関の決定に対する不服をより上位の行政機関に——そして最終的には国王に——申し立てさせることを想定するほうが格段に簡単であった。これが、間接税以外のすべての事項について、論理的に採択された解決策なのである。

つまり、このような思考の流れは完全な一貫性をもつと言える。まず裁判所は裁判の職務を——ただそれだけを——行うものと決定し、つぎに裁判の職務に属する行為が何であるかを明確に決定しなければならないことになり、しかも裁判の職務が厳密に法律に従属したものにとどまるようにしたうえでそうしなければならない、というわけである。

このような考え方は、フランス法における一般的な手法を実によく表している。すなわち、なしうる行為および権限を、その内容、性質、あるいは対象によって定義するのではなく、主として、それが行使される形式およびそれをなす機関によって定義するという意味での形式的・組織的な手法である。

「裁判権（pouvoir juridictionnel）」ではなく「司法権（pouvoir judiciaire）」という用語法は、この点において実に示唆的である。すなわち、裁判権という表現は、それが行う職務によって定義された機関に対してある権力を与えるということを意味しうる。それは、法律に従って紛争を解決する裁判という職務を行うすべての者の権力のこととなる。

これに対して、司法権という表現は、ある機関または機関の総体に関連づけられる。それは裁判官あるいは裁判所の権力であり、彼らがなす行為の性質もしくは内容には関係がない。それがたとえ紛争の解決のみでなかろうが、これらの行為の総体が単純に「司法の職務（fonction judiciaire）」と呼ばれることになるのである。

ところで、フランスにおいては、革命期には——そしてそれ以降も、であるが――「裁判権」なるものが存在しないことは明白である。裁判官は、裁判という職務の全体をなしているわけではない――行政官がそこに参画している――し、その一方で、裁判官に法律を解釈する権力を認めなければならない以上、裁判官は法律の厳密な適用を超えた権限を行使しているからである。

以上のことから、ここで「司法権」を語るべきこととなった。以下のようないくつかの帰結が導かれる。

――司法の職務についての組織的定義の結果、たとえ紛争解決とは何ら関係のない行為であっても、それが中立で不偏の機関に担当させるほうがより良く遂行されるであろうと考えられる行為が、次第に司法の職務に含まれていくことになる。たとえば、少年事件担当裁判官（juge des enfants）、後見裁判官（juge des tutelles）、公用収用裁判官（juge de l'expropriation）は、紛争から離れて行政上の措置をなすために介入する。これらの措置は、活動行政の公務員になさしめることが不適切であると考えられるのである。

――訴訟の区別は、行政訴訟の特質を実質的に定義しえないままに、維持される。行政訴訟は、行政が一当事者となる紛争のすべてを意味するわけではない。それは今日では、たんに、実に多様な理由によって、行政裁判官の権限に属する紛争の総体のことなのである。

――革命期において行政争訟が行政自体に委ねられた結果、構造上、活動行政（administration active）と訴訟行政（administration contentieuse）とが区別されることになった。今日では、それゆえ、裁判の職務（紛争の解決として実質的に理解されたもの）が、行政裁判所と司法裁判所とに分有されていると考えることができるのである。

――司法の職務（司法裁判官の権限の総体として形式的に理解されたもの）については、二通りの実質的な理解が可能である。第一に、伝統と伝統から帰結するさまざまなみなしの一群が維持されている場合である。つまり、司法の職務とは、――時として紛争が存在しない場合においてなされたとしても――法律の適用なのであり、民主政においてはそれでしかありえない。裁判官は法を作り出すものではない。彼らが解釈するとしても、それは具体的な解釈でしかない。判例は二次的な法源でしかない。こうして、司法「権」（pouvoir）

ではなく、1958年憲法のように、司法「機関」(autorité) が語られることになる[27)]。これに対して、部分的にはアングロ・サクソン法の影響を受けて、裁判所の役割は法律の機械的な適用のみにあるのではなく、一般的に法を、すなわち憲法と人権とを適用することにもあると考える傾向が今日ではある。この場合には、裁判所の役割は当然のことながら格段に重要なものとなるのであって、この役割によって裁判官は、立法権あるいは行政権との関係で均衡する一要素となる。この場合には――そしてこの場合においてのみ――、司法「権」を語りうることになる。しかし、このような理解もなお、たとえ新しい方法においてであるにせよ、職務を形式的に定義しようとするフランス革命以来の伝統に含まれるものなのである[28)]。

27) 【訳者注】1958年憲法第8編のタイトルは De l'autorité judiciaire となっている。既存のいくつかの邦訳はこれを「司法権 (について)」とするが、高橋和之 (編)『新版世界憲法集〔第2版〕』(岩波文庫、2012年) 322頁〔高橋訳〕は、「司法機関について」としている。

28) 【訳者注】本論文には、巻末に参考文献の一覧が付されている。そのうち、脚注に登場しなかったもののみを、以下に掲げておく。

- Jacques Chevallier, *L'évolution historique du principe de séparation de la juridiction administrative et de l'administration active*, Paris, LGDJ, 1970.
- J. Chevallier, « La séparation des pouvoirs », in Association française des constitutionnalistes, *La continuité constitutionnelle en France de 1789 à 1989*, Paris / Aix-en-Provence, Economica / PU d'Aix-Marseille, 1990, pp. 113-146.
- Léon Duguit, *Traité de droit constitutionnel*, 2e éd., t. II.
- George P. Fletcher, « The Separation of Powers : A Critique of Some Utilitarian Justifications », in James Roland Pennock & John William Chapman (ed.), *Constitutionalism*, Nomos XX, New York, New York University Press, 1979, pp. 299-324.
- M. Troper, « Fonction juridictionnelle ou pouvoir judiciaire ? », *Pouvoirs*, 1981, reproduit dans *Pour une théorie juridique de l'État*, Paris, PUF, 1994, coll. *Léviathan*, pp. 95-105.
- Serge Velley, « La constitutionnalisation d'un mythe : justice administrative et séparation des pouvoirs », *RDP*, 1989, n° 3, pp. 767-783.

第9章　立憲主義の概念と現代法理論

Le concept de constitutionnalisme et la théorie moderne du droit (1992)

ここでは、立憲主義の概念と現代の法理論との関係を検討したい。すなわちこの概念が、現代法理論において実際に果たしている機能、もしくは果たしうる機能を検討することが課題である。

さまざまな理由から、立憲主義概念はいかなる機能をも現代法理論において果たしていないし、またいかなる機能をも果たしえない、と考えられるかもしれない。というのも、現代法理論という言葉でもって、実証主義の流れに属する仕事——法の一般理論に関するものであれ憲法に関するものであれ——を理解するのであれば——ここでの検討にとっての必要性からすると、そう理解することが好都合なのであるが——、そこではまずほとんど「立憲主義」の語が用いられていない——索引を調べてみればそのことはすぐわかる——からである。そしてこのような「立憲主義」概念の不存在は、立憲主義と、少なくともヨーロッパにおいて今日支配的な法理論との両立不能性に起因すると考えられがちである。

「立憲主義」という語は、一般にはさまざまな異なる考え方として理解されているようであるが、それらはつぎの三種類にまとめることができる。

①広義における立憲主義とは、18世紀以降非常に広まった考え方で、あらゆる国家には、専制政治を排するために憲法が必要であるとするものである。
②狭義における立憲主義とは、憲法が必要であるということのみならず、こ

の憲法が、特定の効果――すなわち、専制の排除、あるいは、必ずしも同じことではないが、政治的自由の保障――をもたらすような一定の諸原理に基づいたものでなければならないという考え方である。そしてこのようなイデオロギーの内容には、ヴァリエーションがある。それが実践を推奨する諸原理としては、権力の分立、「憲法を制定する権力（pouvoir constituant）」と「憲法によって制定された権力（pouvoirs constitués）」との区別、代表制、違憲立法審査制度などがありうるが、そのうちのいくつかのみのこともある。ここから拡張して、「立憲主義」をこのようなイデオロギーのことではなく、これらの諸原理そのものとすることもある。

③最狭義における立憲主義とは、望むべき結果（専制の否定または政治的自由の確保）を達成するためには、憲法のよってたつ諸原理のなかに、法律の違憲審査制がなければならないとする考え方である。

いずれにせよ、ここで問題となっている立憲主義は、何らかの命令をなす理論もしくはイデオロギーである[1)]。

広義の立憲主義が18世紀以降のヨーロッパの政治文化にとっての共通財産の一部をなしているとしても、狭義あるいは最狭義の立憲主義については、ヨーロッパには好意的な土壌があったわけではないということはたしかである。それには少なくとも二つの理由があり、そしてそれらの理由は、互いに完全に独立しているわけではない。

第一の理由は、マテウッチ（Nicola Matteucci, 1926-2006）が実にみごとに示したように、権力の制限よりもむしろその正当化に苦心したヨーロッパの政治理論において、主権論――それはアメリカの学説には大きく欠けているものである――が果たした役割である。まさに主権の名において、ヨーロッパでは、たとえば権力分立論は不可分のものを分割しようとするものとして批判されたし、

1）　Nicola Matteucci, « Costituzionalismo », in *Dizionario di Politica*, Torino, 1976, p. 262 et s. ; « La costituzione americana e il moderno costituzionalismo », rapport au colloque « La costituzione statunitense e il suo significato odierno 1787-1987 », Université de Bologne, 27-29 mai 1987, multigr. ; Gordon J. Schochet, « Introduction: Constitutionalism, Liberalism, and the Study of Politics », in J. Roland Pennock et John W. Chapman (ed.), *Constitutionalism*, New York, New York University Press, 1979, pp. 1-15.

あるいはまた違憲立法審査の考え方は、法律を一般意思の表明、つまりは主権者の意思の表明であるとする考え方と両立し難いものとして批判されたのである。

第二の理由は、ヨーロッパにおける法実証主義の支配である。法実証主義という語は、ボッビオが示したように、三種類の異なった考え方を意味する[2)]。

まず、法学（science du droit）を経験科学のモデルに基づいて打ち立てようとする意思——すなわちあらゆる形而上学、あらゆる価値判断を避けようとし、あるべき法ではなくある法を記述しようとする、要するに「純粋」な法学を打ち立てようとする関心——をとくに色濃くもった一つのアプローチ、法学方法論（épistémologie juridique）がそれである。

つぎに、法とは人間の意思の産物でしかなく、結局は主権者の意思の産物でしかないとする、法システムの捉え方、固有の意味での法理論がそれである。法理論としての法実証主義は、このように、方法論としては拒絶したはずの主権の形而上学に依拠している。

最後に、現に効力を有する法、あるいは「実定法」、つまりは主権者によって定められた法は、その内容の如何にかかわらず——その内容が不正義であると考えられるときにでさえ——、従われるべきであるとするイデオロギーを「実証主義」と呼ぶこともある。*Gesetz ist Gesetz* という戯画的な言い回しは、かかるイデオロギーに帰されるものである。

そして、これら三種類の語義において、実証主義が立憲主義とまったく両立不可能であることは明らかである。

まず、穏和なバージョンでは一定の原理に基づいた立憲政体しか正当とせず、また厳格なバージョンでは憲法に適合した行為——つまり憲法の命じる手続きに適合してなされたのみならず、その内容においても少なくとも憲法の文言の命じるところと両立可能である行為——しか拘束力をもたないとする考え方が、イデオロギーとしての実証主義の対極にある、ということは一目瞭然である。

つぎに、法理論としての実証主義は、まず何よりも、自然法論を批判するも

2）　Norberto Bobbio, *Giusnaturalismo e positivismo giuridico*, Milan, Ed. di Comunità, 1972, p. 103 et s.

【訳者注】関連して、本訳書第4章注4）およびそれに対応する本文をも参照。

のとして現れる。自然法学説によれば、人間の意思によって定立された実定法の上位に、神によって定立された、あるいは事物の本性に書き込まれた優越的な法が存在する。そしてこのような自然法は理性によって認識可能であり、それを発見するのは法学者の任務とされる。それは道徳とは区別されるものであって、人間に対して義務的なものである。そしてこのことは、実定法が自然法に適合していなければならないということを意味する。まさにこれらの考え方こそが、実証主義学説によって拒絶されるものなのである。実証主義は、これらとは反対に、もっとも厳格なバージョンにおいては、自然法は存在しないと考えるし、あるいはより穏健なバージョンにおいては、自然法は認識不可能であって、経験的に確認可能であり観察可能であるもの、つまり実定法のみを考察の対象としなければならない、と考える。いずれのバージョンにおいても、実証主義学説は、実定法が義務的なものであるとすれば、それはただその固有の性質、とくにその生成の手続きによるのであって、決してその内容の、何であれ実定法より上位の法への適合性によるのではない、とする。

ところが、立憲主義は自然法学説に密接に結びついているように見える。その結びつきは、18世紀末の理論家や憲法制定者を考えれば、もちろん、歴史的なものであるとは言える。しかしそれは、同時に論理的な結びつきでもあるのである。ここでは、憲法によって作られた諸権力に課される憲法規定のうち最も重要なものは人権を宣言するものである、という考え方を問題とするわけではない。たしかにこの考え方は立憲主義の中心的な考え方の一つであり、自然法学説がこのような考え方を人権の自然法としての性質に依拠せしめるというのはその通りである。しかし、同様の考え方をもつ実証主義学説を見出すことも可能なのである。実証主義者も、人権が尊重されるべきであると考えることは可能であって、ただしその理由は、人権が自然法上のものであるからということではなく、人権が宣言され、それが憲法規定の対象となっているから、言いかえれば、それが実定法であるから、という理由でそう考えるのにすぎない。つまり、人権宣言の優越性の主張は、論理的に自然法論と結びつくというわけではない。

反対に、実証主義がいかなる解答をももたらしえない問いが存在する。それが、憲法の義務的性質の根拠を尋ねる問いであり、つまり人権宣言のそれをめぐる問いである。憲法は制憲者の意思を表しているが、制憲者の意思に従うように命じる実定法規範などどこにも存在しない。実証主義は、仮言的な論法に依拠せざるをえないのである。すなわち、もし、法律が義務的であるのはそれが憲法に適合するからであると考えようとするのであれば、必然的に、憲法は義務的なものであるとの前提を採らなければならない、と。これがかの有名な、ケルゼンの根本規範論の内容であって、義務的性質の根拠についての理論を、かかる義務的性質の仮説で置き換えることへと誘うものである。

そして立憲主義も、この問題を免れるわけではないのである。憲法は義務的なものであり、そう望んだ人間たちが亡くなったあとも久しく義務的なものであり続ける。しかし我々が従っている対象は、それらの人間の意思ではない。憲法が義務的なものであるのは、憲法を採択した人々を超えて、憲法が真に由来するところの権威を理由とし、また、憲法の内容を理由とする。憲法が真に由来するところの権威とは、主権の名義人である。制憲者は主権を行使するにとどまり、主権はその性質上、別な者――つまりナシオンかプープルに――属している。そして制憲者がその意思を表明するのである。しかし、憲法に表明されたこの意思は、ある時点の政治的意思ではなく――そうでなければ、憲法が何世紀も後になお義務的なものであることを正当化しえなくなろう――、一定の目標の実現を目指す意思である[3]。この意思は、正義にかなった目標、本来的な正義つまり政治的自由の実現を目指すもので、その実現を、権力の構造自体によって、また権力分立や代表制といった基本的諸原則によって、言いかえればつまるところ憲法の固有の性質によって、果たそうとする。それゆえ、立憲主義の解答は単純である。すなわち、憲法は、その性質のゆえに義務的なものなのである、と。つまり、憲法の義務的性質の根拠は、自然法である。

最後に、方法論としての実証主義は、法学は記述に自己限定すべきであると考え、イデオロギーを排除する、非認識論のメタ倫理に依拠するものであって、立憲主義――それ自体、明確に命令的なものである――とは別な平面に属する[4]。

3) Gordon S. Wood, *The Creation of the American Republic, 1776-1787*, The University of North Carolina Press, 1969.

4) N. Matteucci, *loc. cit.*

ただし、現代法理論と立憲主義のあいだには、一定の一致点も存在することを指摘しておかなければならない。

そのうちのいくつかのものは、もちろん偶然の一致である。異なった観点から異なった目的で展開されてきた考え方がそれである。たとえば、主権論に対する批判がある。立憲主義は、主権論を、立憲主義とは両立しえず、かつ有害なイデオロギーであるとして、排除する。たしかに、およそ国家には一つの主権的権威が必要であり、「主権」と呼ばれる神秘的な実体が存在し、それは国家の存在自体にとって不可欠なものであるとか、主権を分割しようとしてはならない、それは主権を破壊することになってしまう、といったテーゼは、立憲主義の対極に位置する。立憲主義の核には、その反対に、あらゆる主権を破壊すべきである、主権的権威なるものが存在してはならない、という考え方がある。

現代の法理論——法実証主義の現代的なバージョン——もまた、主権論を批判するが、それはその学問観に基づいてそうする。ちょうどあらゆるイデオロギーや形而上学を、分析的に、あるいは経験的に論証されようのない命題から成り立っているという理由で批判するのと同様である。つまり、立憲主義は、主権論とは異なった価値を主張するものであるがゆえに主権論を批判するのに対して、現代法理論は、何も勧奨しないことを勧奨するものであり、また語りうるものしか語らないことを勧奨するものであるがゆえに主権論を批判する、というわけである。

別のある点においては、両者の関係はより複雑である。違憲審査制についての場合がそれである。たしかに、厳格な立憲主義は違憲審査の制度化を求めるし、またそれは合衆国において、19世紀初頭以降によく知られた成功とともに発展してきたものである。しかし違憲審査制は、ヨーロッパにおいては20世紀、とりわけ第二次世界大戦後になって普及した。しかも、その端緒は1919年のオーストリア憲法であり、この憲法は、現代法実証主義の最も重要な一派である純粋法学の創始者ケルゼンの影響を受けており、実際にその多くの部分が彼によって起草されたものである。さらに、純粋法学は第二次大戦後のヨーロッパ諸国の憲法——そしてそれらは違憲審査制を定めている——に対しても影響を与えており、とりわけ、イタリア憲法がそうである。それゆえ、実証主義は、立憲主義同様に、法律の合憲性を裁判所によって統制する制度を求めるものであると考えたくなるかもしれない。しかしながら、それは大きな誤りである。というのも、実証主義は、すでに見たように、法学に対して、何であれ要求すること、あるいは現にある法の記述を超えることを禁じるからである。そうすると、実証主義の影響と違憲審査制の制定とが一致していることを理解するには、つぎのような二通りの方法しかないことになる。

まず、たとえば権力を行使したりあるいは制憲者のアドバイザーとなるなどして、あるべき法について（*de lege ferenda*）語るとき、実証主義者はもはや実証主義者であるとは言えなくなる、と考えることができる。彼は法規範に自らのイデオロギーを表明する内容を与えるか、もしくは与えようとするからである。ある憲法に対して影響を与えた法学者のうちの多くの者が実証主義者であったということや、またほかのところでは民主主義のイデオロギーもしくは少なくとも立憲主義のイデオロギーに近いものを表明していた者であったということは実に容易に確認でき、たとえばケルゼンは、よく知られているように、オーストリアの社会民主主義者たちと親しい関係を維持していた。ただし、社会民主主義の諸主張に対する彼の賛同を、何であれ彼の法実証主義と結びつけることはできない[5)]。

しかし他方で、厳密な法の記述——実証主義はそれに専心する——と違憲審査制の考え方とのあいだに何らかの関係があるかどうかを探求することもできる。法学は法秩序の真の構造を浮かび上がらせようとする。そしてそれは階統化されており、その結果、それぞれの規範はその妥当性の根拠をより上位の規範のなかに見出す。実際、ある行動を命じる法規範が存在すると言うことは、そのような行動が義務的であることを意味する行為をある人が為した、と言うことである。そしてこのような行為は、通常は意思の行為であり、より上位の規範の観点からそのような意味を表現する。というのも、上位規範がこの行為が命じるように行動するよう命じるからである。

上位規範の観点は、動態的であることもあれば、静態的であることもある。意思の行為が規範の意味を示すのは、それが上位規範によって命じられた通り

5)　ケルゼンにおける学問論とイデオロギーの関係については、*cf.* Michel TROPER, « Introduction » à la deuxième édition de Hans Kelsen, *La démocratie, sa nature, sa valeur*, trad. franç. par Charles Eisenmann, Paris, Economica, 1987.

の方法によってなされた——たとえば、事前に定められた手続きに従ってなされた——からであるとき、それは動態的である。そして意思の行為において表明された命令の内容もしくは実質が——その形式ではなく——上位規範の内容に適合するとき、すなわち、ある特定の行動を命じる行為が、上位規範の内容を明確にすることでしかないとき、それは静態的である。たとえば、ある意思行為は、それが憲法によって定められた手続きに従って権限ある機関によってなされたのであれば、動態的観点からして法律としての意味をもつ。もし憲法が手続きを定めるにとどまらず、その手続きに従ってなされる諸行為が一定の内容をもつべきことをも定めており、かつ、この行為がそのような命じられた内容をたしかに有しているのであれば、それは静態的観点からして法律としての意味をもつ、ということになるわけである。

ところで、ある法律が、憲法によって定められた手続きとは異なる手続きによって採択されたように見えるとか、あるいはその内容が憲法によって命じられた内容に反するように見えるにもかかわらず、それが発効することがありうる。このような場合、純粋法学は、かかる法律もそれが発効している以上やはり妥当するものであると考え、また、その妥当性の根拠はやはり憲法に存する、言いかえれば、同法はその外見に反して憲法に適合する、と考える。たしかに、発効している規範は無（nul）ではありえず——無である規範は規範ではない——、ただ取り消しうる（annulable）ものであるにすぎない。それゆえ、取消しのためのいかなる手続きも存在していないのであれば、外見上憲法に反する規範も妥当しているのであって、そう認めるためには、必然的に、かかる規範は実は憲法に適合している、憲法は明示的には一定の行動をするように、黙示的にはそれに反する行動をするように命じている、と考えなければならないことになる。別な言い方をすれば、1803年のマーシャル判事の論法に通じる仕方でもあるが、もし違憲審査の手続きが存在しないのであれば、立法機関は好き勝手に憲法を修正することができ、しかもそれは立法という形式でそうすることができる、と想定しなければならないのである。

もちろん、法秩序の構造をこのように記述したからといって、違憲審査制を導入すべきであるとか導入してはならないといったことが帰結するわけではない。しかし、以上のような記述は、技術的な規範として定式化することができるのである。すなわち、立法形式と憲法形式との区別を維持するためには——イデオロギー上の理由により、この区別の維持は望まれていると仮定する——、違憲審査制を導入しなければならない、と。法実証主義は、したがって違憲審査制を当然に導き出しているのではなく、違憲審査制を一定の目的に資する手段として考えることを可能にするような諸々の関係を記述するにとどまっているのである。

結局、立憲主義と現代法理論と呼ぶべきものとのあいだには、ほとんど関係がないということになる。現代法理論は立憲主義という概念を用いず、またそれに対応するイデオロギーを基礎づけもしないのである。

しかし、分析はかかる確認にとどまるわけにはいかず、立憲主義の概念を法理論が用いることにメリットがないのかどうかを、歴史的見地からではなく、方法論の見地から検討してみることが必要である。そのためには、立憲主義を、何らかの命令を含む理論としてではなく、諸憲法を記述する特殊な形式として理解することができないかを検討しなければならない。ただし、それは、法学者が解釈論を行う際に用いる形式とは大いに異なったものとなる。

法学者が解釈論を行うとき、彼らは憲法のなかに特定の具体的状況に適用可能な規範があるかを探求し、問題の状況を明示的に扱った規定が憲法条文中に見出しえないときには、様々な手法によって、諸規定をもとにして、解釈操作の結果そのように用いることが適切であると彼らが判断するところの個別的規範を導き出そうとする。憲法はそこでは主としてテクストとして捉えられており、そこには、対象の違いは別として、憲法学者と民法学者の活動にほとんど差異は認められない。憲法を記述することは、まずはこのテクストを記述し、それが設ける諸機関やその地位、その職務を記述することである。憲法を起草する場合には、このような理解の仕方は、解釈論者としての法学者が慣れ親しんだ手法——すなわち、文書の作成にあたっての極度の正確さと、その適用を統制するための独立かつ不偏の組織の設立——によって一定の効果を追求するよう誘う。

記述と創設というこれら二つの側面において、以上のような理解の仕方は大いなる成功を収めてきたとは言えない。経験的政治学の驚異的な発展は憲法の記述の不十分さを栄養としてなされたし、また、現代憲法のうちのごくわずかしかその起草者たちの期待通りに機能しているものがないことは、容易に知ることができる。

ところが、18世紀の立憲主義思想に基づいて制定された諸憲法のうち、現在でもなお有効であるアメリカ合衆国憲法が生み出した体制は、たしかに二世紀のあいだに変遷を遂げたものの、大要においては、建国の父たちの見解に合致しているし、そのことは彼らも容易に認めうるであろう。もちろん、かかる長寿のメリットがすべて立憲主義に帰せられるかは明らかではない。しかし当時の思想が憲法と権力の現実の調整のあり方との関係を明らかにしうる特徴を有していたということを確認することは重要である。そしてこれらの特徴は、今日では、別の記述の手法を根拠づけることを可能にし、また近時の憲法学の一定の発展を正当化することを可能とするものなのである。

18世紀の立憲主義は、憲法を一つの機械装置（mécanisme）として捉え、その装置の部品は、装置を動かす人間の意思とは関係なく、必然的に、一定の効果を作り出すように配列されていると考えていた。他方で18世紀の立憲主義は、市民社会から区別された国家ではなく、社会全体を構造化する組織編成を探求するものとして捉えられていた。これらの特徴こそが、現代の法理論が憲法を記述するために用いうる——そして部分的にはすでに用いてきた——ものなのである。

1 機械としての憲法（La mécanique constitutionnelle）

啓蒙期の立憲主義者にとって、そしてそれは現代法理論学説にとっても同様であるが——ただしその理由は根本的に異なっている——、憲法は神聖なテクストとして捉えられうるものであった。ただし、それが崇拝の対象たりうるものであったのは、それが憲法であるからではなく、それが良い憲法であるからであったのであり、つまりは、憲法の形式やそれが宣明されたときの荘厳さを理由とするのではなく、その固有の長所、その技巧のみを理由としていたのであった。

憲法は何よりもまず一つの機械装置として構想され、憲法に求められる品質は何よりもまず効率的な機械装置としての品質であった。すなわち、憲法は、憲法がそのために構築されたところのものを実現しなければならない。このような憲法の捉え方は、ニュートン（Isaac Newton, 1643-1727）が英雄であったこの世紀には非常に広く受け入れられていたもので、機械・力学に関わるメタファーが豊富に用いられていることによって特徴づけられる。たとえば、天秤＝均衡（balances）、バネ＝原動力（ressorts）、球体＝範囲（sphères）、歯車＝機構（rouages）、分銅＝歯止め（contrepoids）などである。

その好例がモンテスキューに、また後になってマディソン（James Madison, 1751-1836）に見出される。モンテスキューは、よく知られていることであるが、政体を三種類に分ける。そしてそれぞれの政体は独自の性質、いわゆる「政体の固有の構造」――統治者の数や、統治者が権力を行使する方法によって特徴づけられるもの――を有している[6)]。君主政（monarchie）においては、ただ一人の人間が「確固たる制定された法律によって」統治する。専制政体（despotisme）においてもただ一人の人間が統治するが、しかし「法律もルールもなく」そうする。共和政体（république）においては、統治するのは全体としての人民か人民の一部分かであり、それはその共和政体が民主政であるか貴族政であるかによる[7)]。さらに、それぞれの政体はある「原理（principe）」によって特徴づけられ、それは政体を「活動させるもの……、政体を動かす人間の情念」である[8)]。モンテスキューはそれを「バネ（ressort）」とも呼ぶ[9)]。専制政体の原理、それは恐怖である。君主政体のそれは名誉感情であり、共和政体のそれは徳である。ここにおいてすでに、本性と原理の関係における力学的把握の原初的な痕跡を見てとることができる。すなわち、一定の本性をもつ政府は、一定のバネによってしか機能することができない。専制政体は恐怖によってしか維持されずまた存在しないし、共和政体は徳によってしか維持されずまた存在しないのである[10)]。

6）MONTESQUIEU, *Esprit des lois*, Livre III, chapitre 1.
　【訳者注】邦訳については、後掲注 10）を参照。

7）*Ibid.*, Livre II, chapitres 1 et 2.

8）*Ibid.*, Livre III, chapitre 1.

9）【訳者注】たとえば『法の精神』第3編3章、5章、6章、9章、10章に「バネ」が登場する。

10）【訳者注】この段落における『法の精神』の邦訳は、野田良之＝稲本洋之助＝上原行雄＝田中また第三の術語もある。目的（objet）がそれである。目的とはあらゆる政体が必然的にそれに向かって行くものであり、あらゆる政体がその本性を理由として作り上げるものである。専制においては君主の悦楽が目的であり、君主政では君主と国家の栄光が目的である。

このような関係に依拠しながら、モンテスキューは自由の問題を解決しようとした。いかなる単一政体（gouvernement simple）も自由を目的としてはいない。ゆえに問題の語順をひっくり返さなければならない。すなわち、これまでは、ある政体の本性と原理とを知ることによって、その目的を知ることができた。モンテスキューは、そうではなく、まず目的、つまり自由を提示し、それからその目的を必然的に目指すような政体の本性と原理とを探求するのである。そしてこのような政体が、イギリスの政体である。その本性は混合政体（gouvernement mixte）である。その原理はといえば、それは徳ではない。徳は共和政の原理である。だからこそ共和政は脆弱なのである。イギリスの憲法は、徳など必要とはしない。それはより強固なバネを有している。すなわち、エゴイズムと利害対立である。このような利益をめぐる対立こそが、憲法体制の均衡と政治的自由とを保障するのである。

マディソンも、用語法は異なるものの、これと似た考え方をもっていた。共和政が依拠する徳とは、通常の見解によれば、紛争を招く私益を公益のために忘れる市民の能力のことである。しかし、かかる徳は稀なものである。エゴイズムと利害対立とが人間の本性に深く根付いているからである。したがって重要なのは、共和政を徳に基づいてではなく悪徳に基づいて作り上げることなのである[11]。徳は忘れ去られたわけではないが、憲法のバネではなくむしろ憲法によって作り出されるものとされる。というのも、憲法システムによって、通常は最も有能な者、最も徳のある者が選出されるはずだからである。

ルソーのようにモンテスキューとは大いに異なった論者においてさえ、よく

治男＝三辺博之＝横田地弘（訳）『法の精神〔上巻〕』（岩波文庫・1989年）に多く従っている（該当部分はすべて三辺訳）。

11）Jack N. Rakove, *James Madison and the Extended Republic: Theory and Practice in American Politics*, American Political Science Association and American Historical Association, 1985.

似た考え方を見出すことができる。ルソーもまた、その本性そのものによって必然的に自由を作り出すような体制を探求する。たとえば、「主権者は、これを構成する個々人から成っているので、個々人の利益に反する利益をもたないし、また、もちえない。……主権者は、それが存在するという事実だけで、常にあるべき姿をとっている」。そして有名な箇所であるが、ルソーが、一般意思に従うよう市民を強制することは、「自由になることを強制されるという意味にほかならない」と説明する部分は、このことこそが「政治の機械がうまく動くための条件」であるという正当化をも含んでいるのである[12]。

それはつねに主権者の本性および人間の本性への依拠なのである。一般意思は誤りえない。一般意思がつねに正しいのは、「全体のために投票する際に自分自身のことを思わぬ者などいない」からであり、また「そのことは、権利が平等であること、そしてそのことから生じる正義の観念が、各人の自己優先、したがって人間の本性に由来するものであるということを証明する」[13]。

これらの論者においては、良い法律を作ること、あるいは憲法の尊重や自由の保障を命じることが重要であったのではなく、その構造そのもののゆえに、こういった結果を必然的にもたらすであろうシステムを構想することこそが重要であったのである。相違点は、結果に至る手段について存在するのみである。とはいえ、モンテスキューにおいても、ブラックストン（William Blackstone, 1723-1780）[14] においても、またアメリカやフランスの革命期の制憲者たちにおいても、支配的見解はすべて、立法権の分立に信頼をおいていた。

かかる立法権の分立は、立法に部分的に関与する様々な機関の組み合わせや、

12） Jean-Jacques ROUSSEAU, *Contrat social*, Livre I, chapitre VII.
【訳者注】本段落におけるルソー『社会契約論』の邦訳は、最後の引用箇所を除き、小林善彦＝井上幸治（訳）『人間不平等起原論／社会契約論』（中公クラシックス、2005年）228-229頁〔井上幸治訳〕によった。

13） *Ibid.*, Livre II, chapitre IV.
【訳者注】井上（訳）・前掲注12）では244-245頁であるが、本段落ではそれに従っていない。

14） Cf. William BLACKSTONE, *Commentaries on the Laws of England*, Book I, Chapter II, 5e éd., Oxford, 1773, p. 155 : « Like three distinct powers in mechanics, they jointly impel the machine of government in a direction from what either, acting by themselves, would have done; but at the same time in a direction, partaking of each, and formed out of all; a direction which constitutes the true line of the liberty and happiness of the community ».

その本性についての問題とは独立に、それ自体で望ましいものであると多くの論者が考えた。そして彼らが立法権の分立から得ようと期待した第一のものは、権力分立の保障である。イギリスにおいては、国王は執行機能の名義人であり、また、立法に部分的に関与する機関でもあった。国王は、国王から執行権を奪い、またそうすることで執行権と立法権の両方を兼ねようとする議会のあらゆる試みに、拒否権の行使によって対抗することができた。しかし国王は、一人では法律を制定できないし、法律に同意した以上はそれを忠実に、正しく執行するであろうと期待された。言いかえれば、対立関係を組織化すること自体が、憲法体制の安定を保障する性質をもっていたのである。

他方で、恒常的な分立と対立によって、自由と財産を侵害するような法律の採択が阻害されるであろう。もし彼らが合意するなら、多くの法律が作られるであろうし、彼らが合意しないのであれば、ド・ロルム（Jean-Louis de Lolme, 1741-1804）の言葉を用いるなら、「そこから生じる最悪のことがらは、一本の法律も作られないということである」[15]。ところがこの最悪のことがらは、悪いことではない。法律が少なければ少ないほど、自由は多くなるからである。

しかし、これらの諸機関が合意して自由を侵害することのないようにする必要は、やはり存在する。ここでまさにヴェネチア共和国の例が引用される。そこでは多様な諸機関のあいだに実に巧妙な対立関係を組織しようとしたものの、実際にはすべての機関が同じ貴族の一門に属する者から構成され、成功しなかった。対立関係が持続し、望ましい効果をもたらすことを確実にするためには、諸機関を、その構成員がとりわけ異なる社会集団への所属を理由として対立する利益をもつように組織することが必要である。

つまり、優れた憲法とは、神聖な――だからこそ尊重しなければならず、また違反することをとくに慎まなければならない――文書なのではない。それは、諸機関が巧みに配置されているからこそ、違反することが不可能なものなのであり、そしてまさにこの配置の巧みさによってこそ、憲法は賞賛、尊重、熱愛の対象となりうるのである[16]。

15）Jean-Louis De Lolme, *Constitution de l'Angleterre ou état du gouvernement anglais comparé avec la forme républicaine et avec les autres monarchies de l'Europe*, Amsterdam, 1771, p. 162.

19世紀以降の支配的な考え方は、以上のような啓蒙期の立憲主義の機械的な捉え方（conception mécanique）とは非常に異なっている。

そこでは、憲法は、一定の結果をもたらす機械装置としてではなく、命令の集合体、尊重されるべき規範の総体として捉えられる。このような新しい理解が展開した原因の一つは、おそらく民主政の到来であろう。というのも、ある機関が主権者人民を代表するとされるのであれば、他の機関がそれとの均衡を図るなどということは想定できなくなるからである。

このような条件において、憲法規範が実効的に遵守されるためには、言明の力あるいはその名宛人の徳にしかほとんど期待することはできなくなる。

まず、立法者の徳に訴えることが考えられる。これは、たとえば1946年のフランス憲法が実際に行ったことである。デクレ・ロワ（décret-loi）の慣行に立ち戻ることを防ぐため、制憲者は、そのように条文を書くという解決策くらいしか想像しなかったのである。すなわち、デクレ・ロワの端的な禁止である[17]。なお、制憲者はかかる禁止をつくづく不適切な定式化でなした。制憲者は、国民議会が法律票決の権利を委任することを禁じたわけであるが、政府に対してこれらのデクレ・ロワを定めることを許す法律は「立法権の委任」をなすものではなく、ましてや法律票決の権利の委任でもないということを理解していなかったのである。それはさておき、ここで意味深長であるのは、たんなる禁止によってある行動を阻止できると信じられていた、ということである。同様の指摘は、憲法に反する法律についてもなしうる。

---

16) 『フェデラリスト』における手段と目的の関係については、Harvey C. Mansfield, « The Constitution and Modern Social Science », *The Center Magazine*, 1986, pp. 42-53 の非常に鋭敏な分析を参照。

17) 【訳者注】第四共和政憲法第13条は「国民議会は単独で法律を票決する。国民議会はこの権利を委任することはできない」と定めた。第三共和政末期のデクレ・ロワの慣行は、実際には議会による政府への白紙委任であり、憲法違反との批判も根強かったことから、第四共和政憲法ではこのように委任立法を禁止した。しかし、結局授権立法が必要とされることには変わりなく、法律で枠組みだけを定め具体的内容はデクレで定めるという手法が採られるようになった（これを枠組法律〔loi-cadre〕と言う）。第五共和政憲法第38条の認めるオルドナンス（ordonnance）の制度は、このような第三共和政、第四共和政における慣行を、いわば「憲法が正面から」「正式な制度として認めてしまった」ものであると言える。参照、滝沢正『フランス法〔第4版〕』（三省堂、2010年）137頁。なお、フランスにおける授権法についての本格的な歴史研究としては、村田尚紀『委任立法の研究——フランス現代憲法における授権法』（日本評論社、1990年）がある。

つぎに、今日では推奨されることの最も多い方策であるが、立法者の徳など信用せず、統制者を設置することが考えられる。ある面では、このような不信は古くからのものであると言える。革命期においては、執行における正しさは、一方では、すでにみたように執行機関が法律の形成に参与することにより期待され、他方では、立法機関、つまり議院が執行を監視することにより期待された。やがて立法府に対する信用が失われ、法律の執行を統制するという口実のもとに実際には立法府が執行権を行使するのではないかとか、あるいは状況に応じて法律を作り直してしまうのではないかといったことが危惧されるようになった。そのためこのような執行の統制を行う役割は裁判機関に与えられることになる。裁判機関は、その構成により、また、それが判断を下す際に従う手続きによって、異質の機関であったからである。しかしそのためには、構成の違いと手続きの違いが徳を保障することになるという公理を認める必要があった。メディアはそのことに十分気がついていたので、様々な統制（または諮問）の機関の構成員を「賢人（sage）」と呼んだ。立法府とは異なり、行政裁判所であれば、法律の執行を統制するという名目で法律を作り直したりはしないだろう。

これに似た理屈で違憲審査制の導入がもたらされる。立法者が統制を受けず、あるいは同じことであるが、立法者が自ら統制するのであれば、彼はその気の向くままに憲法を作り直すことになる。しかし統制の権限が裁判機関に与えられるなら、裁判所が法律の憲法適合性を確保することになり、それは憲法の安定性と立法の節度をもたらすであろう。つまるところ、すべては統制者の徳に依存し、そして統制者の徳は、統制者が選ばれる方法および統制者を輩出する職業的階層に依存する。なお、この徳が現実のものであることはありうる。またその手続きが、それ自体によって統制者の自由を制限し、統制者をその意思にかかわらず徳の道に押しとどめるということもありうる。しかしこのような補足的な保障は、事実上存在するかもしれないものではあるが、あくまでも余剰として与えられるものであり、制憲者はかかる保障に頼ってはいないということ、ただ裁判所の中立性と不偏性のみに頼っていたということを確認しておくことはきわめて重要である。

18世紀において憲法という機械装置の必然的な機能に期待されていたもの

が、今日では裁判官の徳のみに期待されているわけである。

ここで、現代法理論が立憲主義学説からいかなるメリットを引き出すことができるのかを探求できるようになる。

ただし、最初の確認をしておかねばならない。すなわち、今日の制憲者も、アクターの善意とは関係なく特定の効果を生み出すよう仕向けられた制度を構築することがある、ということである。この点について、第四共和政において政権の安定性を高めることを期待して想定された諸ルールと、1958年憲法の有名な第49条3項の規定とのあいだの対照性には、驚くべきものがある。この場合、一方では、18世紀同様に、政府に敵対する者同士のあいだに衝突が存在し、それにより同一の不信任決議への合意がほとんど不可能となることが期待されたのに対し、他方では、不信任案否決の際に自動的に法案が黙示的に採択されるメカニズムが設けられたのである[18)]。

しかし、とりわけ憲法を記述する場合にこそ、方法論上の道具として立憲主義を用いようとすることができる。

伝統的な法学は、教義学の方法に従って、憲法を遵守されるべき規範を表明するものとして捉え、主として言葉の分析によって、条文が命じていること、また明示的な命令から導きうることを決定しようと努めてきた。つねに、あれこれの状況においては何をなすべきか、という問いに答えようとしてきたわけである。

純粋に記述的な法学は、仮定からして、このような問いを退けねばならず、憲法を、命令が正しく遵守されるがゆえに特定の効果を生み出すことになるようなルールの総体としてではなく、むしろルールを理由として、そしてとくにルール同士の関係を理由として、アクターには特定の行動をとる以外に合理的な選択肢が存在しないからこそ特定の効果を生み出すことになるようなルールの総体として考えなければならないはずである。

---

18)【訳者注】ただし、49条3項の手続きは、2008年7月23日の憲法改正により、財政法律および社会保障財源法律についてのみこれまで通り用いることができるものの、その他の法律案については一会期に一度しか用いることができないこととされた。この憲法改正の概要については、南野森「フランス——2008年7月23日の憲法改正について」辻村みよ子＝長谷部恭男（編）『憲法理論の再創造』（日本評論社、2011年）241-259頁の参照を乞う。

ある行為がなされたとき、記述的な法理論が提示すべき問いは、「これは憲法に適合するか」ではない。それは解釈論に属するものであり、しかも実際にはそれは理論的な問いではなく、実践的な問いである（「この行為を非難すべきか」という問いと等しいからである）。そうではなく、「このような行為を決定せしめた要因は何か」という問いなのである。そしてそれらの要因のうちで、政治学が記述するもののほかに、いくつかのものは単純に規範のなかに存在している。実際、現に有効な規定についての意識や知識が、戦略や行動を決定することは明らかである。

たとえば投票の方式——つまりは選挙法の定め——が、政党自身の戦略および選挙人の振舞いを通して政党システムに与える影響については、随分前より示されてきた。

同様に、いったい何が義務的な行動であるのかではなく、所与の政治情勢のもとで、憲法上の様々な機関が、憲法条文によりそれぞれに与えられた権限を考慮したうえでとりうる戦略および行動が何であるかを明らかにしようとする研究が、ますます増えているし、またますます充実してきている。このようなタイプの分析例が多くみられるのは、現実のものであれ仮定のものであれ、右派の大統領と左派の国民議会（あるいはその逆の組み合わせ）が共存する時期に関するものである[19]。

しかし、このような方法を憲法裁判の分析に用いることには、大きな困難が伴う。伝統的な分析は、法的問題を明らかにし——しばしばそれは解釈をめぐる問題である——、違憲審査機関の採用した解決策を明らかにし、そしてかかる解決策についての判断を示す、というものである。ところが実際には、今日では裁判官の理論構成と学説のそれとのあいだに大きな違いは存在しない。いずれにおいても、提起される問題は、つねに、たとえば法律に関するものであれば、「それは憲法に適合するか」であり、それに対する答えは憲法条文の分析に依存する。ふつう判例解説と呼ばれるところのものは、実のところ裁判官が明示的に考慮した議論を明らかにするものでしかない。それは一つの正当化で

---

19) M. Troper, « La Constitution et ses représentations sous la Ve République », *Pouvoirs*, n° 4, 1978, pp. 61-72.

ある[20]。しかしこれとは反対に、法学は、あらゆる学問と同様に、その対象から区別されていなければならないと考え、たんに裁判官の言説を繰り返すことが法学なのではなく、その役割は裁判官を説得することでもその決定を正当化することでもなく、記述し説明することである、と考えることもできる。

そうすると、立憲主義の概念はもう一つのタイプの研究、つまり他の憲法上の機関についてと同様、裁判官の振舞いの要因を検討する研究の道具たりうるものとなるのである。近時の法理論の発展はまさに裁判所の理論構成に関するものであって、多くの論者が、いかに裁判官の決定が、適用しうる法条に用いられている言葉にではなく、また裁判官自身の徳にでもなく、裁判としての理論構成が受ける制約に依存しているかを明らかにしようとしている。

こうして、現代法理論において、伝統的な立憲主義におけるのと同様に、法を規範の総体としてのみでなく、現実の制約の総体でもあるものとして捉える考え方が見出されるのである。同じタイプの制約というわけではないが、重要なのは、いずれの場合においても、規範的ではない視点から振舞いを検討しようとしているということである。振舞いは法則のもとにあるが、それは法規範として考えられているのではなく、事物の本性から帰結する関係として考えられている。そしてこの事物の本性は、ここでは憲法の本性ということになる。現代の理論は、モンテスキューにならい、こうして法的記述と社会学的分析とを近接させるのである。そして、社会学とのつながりは方法論についてのみならず、理論の対象についてもあてはまる。立憲主義は、憲法を社会そのものを組織化したものとして捉えるからである。

2　社会の憲法（La constitution de la société）

18世紀は憲法を社会そのものの組織化であると考えていた。このような捉え方を最も適切かつ明快に示すのは——そのことは必ずしも明確に理解されて

20)　法学説と裁判官のプラクティスとの方法論的同一性を正当化しようとする試みとして、Ronald DWORKIN, « La théorie du droit comme interprétation », *Droit et société*, n° 1, pp. 81-92 がある。

いないにせよ――人及び市民の権利宣言の第16条である。

> 権利の保障が確保されず、権力の分立が確立されていないあらゆる社会は、憲法をもたない。

今日では、このような規定の仕方は奇妙に見えるであろう。今日の起草者であれば、おそらく、社会において権利の保障が確保されるべきであるとか権力の分立が定められるべきであるとは書かず、むしろ前者は国家によって確保されねばならず、そしてとくに、後者は国家において確立されなければならないと書くであろう。いずれにせよ、つねに、憲法は社会の組織編成を定めるものではなく、国家のそれを定めるものとして示されるはずである。

ところが18世紀には、国家と社会とは区別されておらず、16条によれば、憲法をもつべきなのは社会であった。「社会の憲法」、この表現は文字通りに理解されるべきである。公権力を組織し、公権力に対して一定の機能の仕方を命じることだけが追求されたのではない。何よりもまず、社会そのものを構造化することが求められたのである。

そしてこのような捉え方は、何も一学派に固有のものではない。たとえばルソーはつぎのように書いている。「家柄や貴族身分といったものがそこに無意味に紛れ込んでしまうことを避けながら、一人民のうちに異なる階級の区別をつけることができる」[21]と。モンテスキューやその後継者たちは、すでにイギリス議会の構成と社会構造とのあいだの対応関係を強調していた。社会の諸集団は議会に代表者をもち、そこで抵抗する能力を獲得したために、彼らの特権を縮減するような、つまりは彼らを社会的範疇として破壊してしまうような、あらゆる立法を阻止することができた[22]。このように、立法権限の分割は、そ

21）J.-J. Rousseau, *Projet de Constitution pour la Corse*, in *Œuvres compètes*, t. III, Paris, Gallimard, Bibliothèque de la Pléiade, 1964, p. 910.

【訳者注】邦訳として、木崎喜代治（訳）『コルシカ憲法草案』（未來社、1979年）、および、遅塚忠躬（訳）「コルシカ憲法草案」『ルソー全集第5巻』（白水社、1979年）がある。

22）「国家には常に、出生、富、名誉によって際立った人々がいる。…それゆえ、立法における彼らの役割は、彼らが国内でもっている他の優越性に比例すべきである。人民が彼らの企てを阻止する権利をもつのと同様に、彼らが人民の企てを阻止する権利をもつ一団体を構成するならば、こ

れがすでに見たように憲法体制の安定と執行の正しさを保障しようとするものであることからする調整機能を果たすのみならず、社会の秩序を保持するための道具としての機能をも果たす。たとえばマブリ（Gabriel Bonnot de Mably, 1709-1785）は、立法機関にはその国の社会階級と同じ数だけの議院を設けるべきであると考えていた。このように、ある階級にとって、その存在は、その存在を擁護するために憲法が与える能力と不可分のものと判断されていたのである。そしてまたアダムズ（John Adams, 1735-1826）は、つぎのように書くことができた。すなわち、イギリスには貴族階級が存在するのではない、なぜなら貴族院は世襲議員から構成されてはいるが、彼らは貴族の利益を一般的に擁護するのではなく、彼ら自身の利益を擁護するにすぎず、他方で議席をもたない貴族はいかなる代表者ももたず、自分たちの特権を擁護することができないからである、と。反対に、混合立法機関の代わりに単一立法機関を創設することで階級による分割は廃止することもできた。

旧体制に独特なこのような構造にとどまらず、社会のその他の特質、たとえば所有権に対して働きかけようとすることもなされた。所有権を保障する主たるものは、権力の均衡であって、だからこそバルナーヴ（Antoine Barnave, 1761-1793）は、1791年に、権力の均衡に対する侵害はいかなるものであれ所有権に対する侵害となると警告していたのである。18世紀の立憲主義者たちは、立法府のなかに特殊なあり方で土地所有者たちを代表する議院を存在せしめることにより、あるいはまた、より単純に立法権を何らかの形で分割し、そのことによって法律の採択を遅延させまた困難にし、重農主義者の理想通りに、「ごくわずかの法律（peu de lois）」しか存在しないようにすることで、このような保障がなされることを期待した[23]。

憲法がもつこれらの社会的効果が、憲法典の宣言の荘厳さ――たしかにそれはより正しく憲法を遵守しようとさせるかもしれないが――でもなく、違憲審

のことは実現されるであろう。」（『法の精神』第11編6章）。参照、Louis Althusser, *Montesquieu, la politique et l'histoire*, Paris, PUF, 1959.

【訳者注】『法の精神』の引用部分の邦訳は、前掲注10）297頁に従った（横田地訳）。

23）M. Troper, « Liberté, propriété et structures constitutionnelles dans la pensée politique du XVIIIe siècle », *Archiv für Rechts- und Sozialphilosophie*, Beiheft, Neue Folge NR 10 (IVR IX), 1977, pp. 165-175.

査の制度化でもなく、ただ政治部門の組織編成、あるいは当時の用語法によるなら権力配置（distribution des pouvoirs）の特殊なあり方のみに期待されていたということは実に注目すべきことである。啓蒙期の考え方においては、憲法は一種の遂行的言語（langage performatif）なのであった。

しかし、多くの理由により、とりわけ市民社会と国家の区別化を理由として、このような考え方は19世紀には失われる。そのことは、近代憲法は社会における一定の行動を命じる規定を含まないとか社会改革の意思を表明する規定を含まないといったことを意味するわけではないし、また、実際に採用された組織編成がいかなる社会的効果をも有しないといったことを意味するわけでもない。ただたんに、これらの効果がもはや、今日で言うところの実質的意味の憲法に期待されるものではないということと、制憲者は、今日ではむしろ立法者に向けられた命令をまずは定めるということとを意味するにすぎない。たとえば、いわゆる第二世代の人権についての多様な権利宣言は、たしかに社会変革の意図——時として急進的な変革の意図——を示すものではあるが、しかしこの変革は、これらの宣言に含まれている命令が立法者および他の規範定立権限を有する機関によって遵守されなければ起こりえない。18世紀の憲法とは異なり、それらの権利宣言は、それだけでは社会を構成し直すことはないのである。

同様に、職能代表的な第二院も、18世紀とは異なった見地から生じる。第二院の存在によって直接に社会の構造を強化することが求められるのではなく、市民社会と国家の区別が前提とされる。国家を構造化することによって社会を構造化するのではない。社会の構造をまねて、国家の一部分が組織化されるのである。

現代法理論は、それゆえ、今日の諸憲法のなかに啓蒙期同様の意図を見出すことはできない。それはそこには存在しない。しかし現代法理論は、権力の構造と社会とのあいだに存在しうる関係を分析の道具として役立てることはできる。これがビアード（Charles A. Beard, 1874-1948）の研究の方向であったし、またフランスにおいては、より近時になって、アイゼンマン（Charles Eisenmann, 1903-1980）を通してモンテスキューを読むアルチュセール（Louis Althusser, 1918-1990）の行論の方向でもあった[24]。

今日では、第二次大戦以降の諸憲法における違憲審査制が社会全体に及ぼす影響を強調しなければならない。最も目立つのは、憲法の領域もしくはその規律事項の拡大である。古典的な教科書は、形式的意味の憲法、つまり最高位の規範の総体であり、特別な手続きによらなければ改変しえないものと、実質的意味の憲法、つまり公権力に関する規範の総体とを区別する。そして形式的意味の憲法は時として実質的には憲法とはいえない規定を含むことが述べられ、また、その奇妙な一例として、今日では廃止されているが、ユダヤ教の儀式により食肉用の動物を屠殺することを禁止するスイス憲法の一条文がしばしば引用される[25)]。

ところが今日では、このような区別はその意義を一部失っている。というのも、憲法のうち何が実質的意味の憲法であるかを決定することが不可能であるからである。区別の基準は、規範の名宛人ではありえないし、またその対象でもありえない。名宛人ではありえないというのは、かつてと同様今日でも、憲法規範はつねに公権力を名宛人としているからである。先に触れたかの有名なスイス憲法の規定も、食肉業者のみに関係するのではなく、立法者にも関係するものであって、立法者に対してそのような方法での屠殺を認めることを禁じているのである。また、区別の基準は、規範の対象でもありえない。対象の性質に「憲法的」と呼びうる何かが存在するわけではないので、排他的に公権力のみを規制する規範が、その名宛人や形式にはかかわりなく、憲法的対象を有しているのだと決めざるをえない。そして、たとえば動物の屠殺を規制する規範は、その名宛人や形式にかかわらず、憲法外的な対象を有していると決める

---

24)　Charles A. Beard, *An Economic Interpretation of the Constitution of the United States*, 1re éd., 1913 ; L. Althusser, *supra* note 22.

25)　【訳者注】1874年制定の旧スイス憲法のこの有名な規定については、樋口陽一『憲法〔第3版〕』(創文社、2007年) 5-6頁につぎのように書かれている：「実質的意味の憲法ではないのに憲法典（つぎに問題とする『形式的意味の憲法』にあたる）のなかにくみこまれているものの例として、1973年改正前のスイス連邦憲法25条の2の、『出血前に麻痺させることなく動物を殺すことは、一切の屠殺方法および一切の種類の家畜について例外なくこれを禁止する』という規定があげられることが多い。この規定を、もっぱらに、実質的意味の憲法としての性質をもたぬ単純な動物愛護規定として解釈しようとする立場は、十分に成立可能であろう。しかし、この規定が人民発案にもとづいて1893年に採択され憲法典にくみ入れられた経過に即して見るならば、この規定によって禁じられることとなるのは何よりもユダヤ教徒の慣行だったのであり、だからこそ、憲法50条の保障する礼拝・典礼の自由との抵触いかんが議論されていたのであった」。

ことになる。これが伝統的な学説の行っていたことであって、かかる区別は、それが公理のようなものである以上、たとえ実際に役立つ場面は大きくなくとも、議会の権限に関する規範が同時にそれ以外の対象を有していない限りにおいて、受け入れうるものではあった。こうして、一方には憲法上の機関の地位および権限に関する規範の総体——それは下位の規範がとるべき形式を指示する（学説はこの第一の規範の総体を逆説的に「実質的意味の憲法」と呼んだ）——が存在し、他方にはこれら下位の規範に一定の内容を与えることを命じる規範（学説はこれを「形式的意味の憲法」と呼ぶ）が存在することになった。ところが違憲審査制の発達により、第一のタイプの規定のほとんどが、少なくとも部分的には、法律レベルの規範の内容についても指示しているものとして解釈されるようになった。立法機関の権限を画定する規範は、立法機関に対して、法律に一定の内容を与えるべきこと、また与えるべきではないことを、同時に命じている、と。

このように実質的意味の憲法と形式的意味の憲法との区別が消去されているということは、非常に重要な意味をもつ。すなわち、憲法の条文はあらゆる事項を規制するものとして解釈されうる、ということである。今日では、憲法は単に国家のみならず、社会全体に関係するものとなっている。

このような憲法と立法レベルの規範のあいだの関係は、命令とそれに従ってとられた行為の関係としてのみ捉えられるべきではない。憲法は、立法者に向けられた命令——そして立法者がつぎに社会に対して命令を発する——の総体であるだけではない。違憲審査制の存在によって、憲法は、啓蒙期のモデルにおけるように、法律レベルの規範の内容を、事前に大きく決定するシステムとなっている。憲法裁判官は憲法の文言を、そこに立法者の自由を制限する原理を見出すことができるように解釈する。これらの原理は、もちろん、立法者に対して一定の規範を定めるよう、あるいは定めぬよう、命じることで立法者の自由を制限する。しかしそれにとどまらず、裁判官の独特の行動様式を理由として、これらの原理は一つの特殊な属性を示すのである。ちなみにこの属性が、部分的には、学説が諸原理を完全に実定法規範のごとく扱うのが困難である理由を説明する。すなわち、自然法則とは異なり、規範というのはつねに従われるか従われないか——規範を特徴づけるものは、その破られる能力にあるとかつて言われたことがある——であるのに対し、憲法裁判官が表明する諸原理は、文字通り破られることができないものなのである。というのも、これらの原理は、立法者がそれに違背しようとしたとして、法律がただちに妥当性を奪われることになるその瞬間にはじめて宣言されるものでしかないからである。法律がこれらの原理に反しているのであれば、それは発効することができないか、あるいは効力を保つことができない（それは考察対象のシステムによる）。その結果、啓蒙期の憲法モデルと同様に、これらの原理を知れば、立法内容の少なくとも一定の特質が知られるのである。

そして、これらの特質は、まさに、社会そのものの本質的な性質を形作るもの、つまり、一定の範疇のものに特別な地位が与えられているか否か、所有権の制度、経済が社会化されているか国家化されているか、といったことがらである。この意味においてこそ、今日では憲法は、18世紀のように、社会の憲法である、と言えるのである。

この点についてもまた、もちろん今日的な立憲主義と啓蒙期の立憲主義とのあいだには重要な違いが存在する。何よりも、今日では社会の構造が立法権の組織編成から帰結するなどとは言えないし、ましてやその分割によって帰結するなどともとても言えない。他方で、憲法のもたらす社会的な効果については、今日では、それらは逆説的ながら、違憲審査制の発達を受けて、憲法は義務的なテクストであるという考え方——さまざまな点において啓蒙期の考え方と対立する考え方——の勝利からもたらされている。しかし、これらの違いは歴史的なものにすぎない。そしてこれらの違いは、憲法と社会の関係が形成されるあり方についてのものであって、この関係自身についてのものでも、それについてなすべき分析についてのものでもない。

第10章　憲法史と憲法理論

Histoire constitutionnelle
et théorie constitutionnelle（2010）

1　法史に対する憲法理論の寄与
（L'apport de la théorie constitutionnelle à l'histoire du droit）
2　違憲審査理論の形成に対する法史の寄与
（L'apport de l'histoire du droit à la formation des doctrines du contrôle de constitutionnalité）

すべての憲法学者は現在の実定法を理解するために法の歴史が重要であることを確信している。ところが、およそ制度が歴史の産物であるということについては同意していても、その影響の意味についてはしばしば意見が分かれるし、歴史によって何が説明できるのかについてもつねに明らかであるとは言い難い。ある同一の制度が、古来のあるプラクティスを延長したものと考えられることもあれば、それに対する反動と考えられることもある。たとえば、長らく、フランスにおける違憲審査制の導入が遅かったことは、フランス革命によって打ち立てられた、それ以前の高等法院（parlement）[1]の実務と断絶する伝統によって説明されてきた。しかし最近では、第三共和政期の一部の学者が裁判所は違憲審査をなすべきであると主張していたことが強調され、また、アンシャン・レージム（旧体制）下や19世紀の司法のある種の実務に違憲審査の形態を見出そうとされている。つまり、第五共和政において存在している違憲審査は、ある伝統とは隔絶しているとされうるものでもあれば、あるいはまた別の伝統の継続のうえに成り立っているとされうるものでもある、ということである。

1）【訳者注】高等法院（parlement）という訳語については、本訳書第8章注13）を参照。

同様の両義性は、法の歴史と憲法理論、とくに違憲審査理論との関係を考察する際にも現れる。一方で、歴史家は過去の諸制度を今日の理論に照らして、そして今日の理論が用いる概念を利用して記述する。しかし他方で、今日の憲法理論のうちのいくつかのものは、過去の実務から生じているのである。

1 法史に対する憲法理論の寄与 (L'apport de la théorie constitutionnelle à l'histoire du droit)

我々は、我々の時代の実定法を、実定法が用いる術語のみで記述するわけではない。第五共和政の憲法について語るとき、「機関(organe)」、「議会制(régime parlementaire)」、あるいは「違憲審査(contrôle de constitutionnalité)」といった表現が用いられるが、これらの表現は、1958年憲法のテクストには登場しない。これらの術語は実定法の諸概念を示すのではなく、憲法理論の諸概念、つまりメタ概念を示すものである。

過去の法を記述しようとするときも当然ながら同様である。過去のテクストにも1958年憲法同様に登場しない「機関」のような用語のみならず、テクストに含まれる語、たとえば「憲法」や「法律」といった術語でさえも、そうである。1791年憲法の性質を決定するためには、この文書の冒頭にかかる術語が登場することを確認したり、革命期の人々がそれにどのような意味を与えていたかを知るだけでは不十分である。現代の憲法理論が意味するところをも知らねばならない。そうすることによってはじめて、憲法に相似したある対象物がそこにあるのか、あるいはイタリアの現憲法に似通った対象物であるのかをたしかめることができるのである。歴史家は時として、彼らが用いる知的道具は考察対象の時代文化からとりだされたものではなく、彼らが生きている時代の文化からとりだされたものであるということを明確に意識している。たとえばブロック(Marc Bloch, 1886-1944)は、中世社会を、ずっと後年になって現れた「封建社会(société féodale)」という概念を利用して分析したし、同様にオリヴィエ=マルタン(François Olivier-Martin, 1879-1952)も、旧体制下の高等法院が立法権の一部分を要求していたと主張するために、まさに彼の生きた時代の学説を援用した。すなわち彼は、「拒否権が立法権への参与を意味しないものであるかどうかを、現代の憲法学者に尋ねてみるがよい」[2)] と書いていたのである。こうして彼は、高等法院の権力を違憲審査の最初期の一形態としてではなく、「背叛（rébellion）」[3)] として分析したのであった。

それゆえ、歴史家が旧体制下の高等法院の行動を裁判所による違憲立法審査の最初期の一形態であると記述するためにかかる概念を用いるようになるのは、違憲審査制が憲法理論において中心的な位置を占めるようになってからのことであり、また、憲法院が憲法の概念そのものを変転させるようになってからのことにすぎない、ということは別段驚くに値することではない[4)]。サン＝ボネ（François Saint-Bonnet, 1966-）が正しく強調するように、このような動きは、憲法概念の変容と時を同じくして起こっているのである。そしてフランスでは、1971年以降、憲法とは、もはや公権力の組織化とそれらのあいだでの権限分配とを目的とする書かれた文書のみを意味するのではなく、判例の働きから生じるところの、権利と自由の保障を目指す、成文・不文の諸原理の総体をも意味するものとなっている[5)]。だからこそ、旧体制下において、成文憲法が存在し

---

2) François SAINT-BONNET, « Le Parlement, juge constitutionnel（XVIe-XVIIIe siècle）», *Droits*, n° 34, 2001, pp. 177-197 による引用（【訳者注】ここで引用されているオリヴィエ＝マルタンの著作は、François OLIVIER-MARTIN, *Les lois du roi*, Paris, rééd., Loysel, 1988, pp. 308-309 である）。同じ意味で、Laboulaye も「旧体制においては、立法権の一定部分を有した高等法院が存在した」と書いている（F. SAINT-BONNET, « La double genèse de la justice constitutionnelle en France. La justice politique au prisme des conceptions françaises », *RDP*, n° 3, 2007, p. 753 et s. による引用）。

3) F. OLIVIER-MARTIN, *Histoire du droit français des origines à la Révolution*, Paris, 1948, réimpr. CNRS, 1984, p. 324.

【訳者注】同書の邦訳として、塙浩（訳）『フランス法制史概説』（創文社、1986年）がある。

4) Jean-Louis Mestre の仕事、たとえば « L'évocation d'un contrôle de constitutionnalité dans les "Maximes du droit public français"（1775）», in Association française des historiens des idées politiques, *État et pouvoir : idée européenne*, Actes du colloque de Toulouse（11-12-13 avril 1991）, Presses universitaires d'Aix-Marseille, 1992, p. 21 et s. を参照。また、以下を参照、Marie-France RENOUX-ZAGAMÉ, *Du droit de Dieu au droit de l'homme*, Paris, PUF, 2003 ; Francesco DI DONATO, *L'ideologia dei robins nella Francia dei Lumi : costituzionalismo e assolutismo nell'esperienza politico-istituzionale della magistratura di antico regime (1715-1788)*, Napoli, Edizioni Scientifiche Italiane, 2003 ; Jacques KRYNEN, *L'état de justice : France, XIIIe-XXe siècle*, Tome 1, *L'idéologie de la magistrature ancienne*, Paris, Gallimard, 2009.

5) F. SAINT-BONNET, « Un droit constitutionnel avant le droit constitutionnel ? », *Droits*, n° 32, 2000, pp. 7-20. 同様にして、共和暦Ⅲ（1975）年におけるシィエス（Emmanuel-Joseph Sieyès,

ていなくとも違憲審査制が存在しえたということになるのである[6)]。

高等法院の機能を違憲審査機能と評価するためには、歴史家は二種類の操作を行わなければならない。

第一に、高等法院評定官（parlementaire）たちの言説を分析し、彼らは国王の行為を上位規範に照らして統制しようと目論んでおり、また、彼らはかかる権力を今日憲法裁判所の権力が正当化されるのと同じやり方で正当化していたと示すことである。そのためには、彼らの言説を 20 世紀の用語法に翻訳すること、すなわち彼らの言説に、規範の階統性、専制を避けるために対抗権力が必要であること、権利と自由の擁護、転轍手の理論、といったものへの言及を見出すために憲法理論のメタ概念を用いること、で十分である[7)]。

さらにまた歴史家は、高等法院のメンバーたちが、今日我々が第五共和政において知っているのとよく似たやり方で、法律の違憲審査と法律の制定者は主権者であるという考えとを両立させることの困難を乗り越えたことを確認する

1748-1836）の構想を、違憲審査制を導入しようとしたものとして解釈する試みもみられた。とくに、Pasquale Pasquino, *Sieyès et l'invention de la constitution en France*, Paris, Odile Jacob, 1998 ; Maurizio Fioravanti, *Costituzione*, Bologne, Il Mulino,1999, p. 117 ; Michel Troper, *Terminer la Révolution, la Constituiton de 1795*, Paris, Fayard, 2006, p. 197 et s. ; M. Troper, « Sieyès et la hiérarchie des normes », 2008, reproduit dans M. Troper, *Le droit et la nécessité*, Paris, PUF, coll. *Léviathan*, 2011, pp. 237-254. この問題についての一般的な解説として、参照、M. Fioravanti, « Sieyès et le jury constitutionnaire : perspectives historico-juridiques », *Annales historiques de la Révolution française*, n° 3, 2007, pp. 87-103.

【訳者注】ここで本文に 1791 年とあるのは、1971 年の誤植であろう。

6)　しかしそれが本当に違憲審査制度の正当化の企てであったのかどうか、あるいはかかる企てがフランスで成功しうるものであるのかどうかは、明らかではない。アメリカにおいては、やはり違憲審査制の起源が探究され、クック（Sir Edward Coke, 1552-1634）が引き合いに出されるものの、それは、そのような伝統によれば、憲法が黙示的に違憲審査を打ち立てているものであると解釈することができるからである。ところがフランスの文脈においては、旧体制の高等法院の行動を引き合いに出すことは、逆の効果をもたらしうる。古来の伝統を維持していくべきであると考えるとしても、なぜフランス革命によって打ち立てられた伝統ではなく、それ以前の旧体制の高等法院の伝統を選ばなければならないのか。そもそも実に意識的に、そして実に明確に後者の伝統からの断絶がなされたのであるし、また、憲法——違憲審査制は、まさにその最高性を保障しようとするものである——はそのような断絶を明示的に表明しているのであるから、前者を選ぶ方がよほど良いと考えることも可能なはずである。

7)　F. Saint-Bonnet, « Le Parlement, juge constitutionnel（XVIe-XVIIIe siècle）», *supra* note 2 ; « Le pouvoir normatif des anciens juges. Le contrôle juridictionnel *a priori* des lois du roi », *Cahiers du Conseil constitutionnel*, n° 24, 2008, pp. 86-89.

こともできる。すなわち、主権は無制約ではなく、対抗権力をも含むものであると主張するか――まさにこの点において、王政は、今日の民主政同様、専制と区別される――、あるいは反対に裁判官たちも主権者の一部である、なぜなら裁判官は主権者を代表するからである、と主張するか、である。18世紀においては、高等法院の評定官たちは不死身の国王を代表するとしていたし、そのような不死身の国王の本当の意思を、生身の国王によって誤って表明された意思に対抗して自分たちが表明するのだとしていた8)。今日でも、憲法裁判官を永遠の人民を代表する者と捉える論者がいる9)。

これらの翻訳の原則自体は完全に正当であるし、ここはそれらを個別的に検討する場ではなく、たとえば、旧体制の司法官が示したような王国の基本法と国王詔書の関係が、「実際に」規範の階統構造に対応しているのかどうか、あるいは諫言（remontrance）10) が「本当に」今日我々が知っているような違憲審査制に近似したものであるのかどうか、といったことを検討する場ではない。もちろん、両者のあいだには重要な違いが存在すること、とりわけ今日我々が言及するところの憲法は何よりもまず実定憲法として――もちろんそれは不文の原理をも含むものではあるが――観念されていることが強調されるかもしれない。そして裁判官が不文の原理を引き合いに出すのは、条文（テクスト）の解釈を通じてであるが、この条文は人間の意思を表明したものとされるものであって、自然法や神の法を表明したものとされるものではない。そして憲法が実定法である以上、主権者はそれを変更できる。さらに「親臨法廷（lit de justice）」11) は憲法制定権力による行為ではなく、正義＝裁判（justice）を下す主権者の決断

8)　F. Di Donato, *La rinascita dello Stato : Dal conflitto magistratura-politica alla civilizzazione istituzionale europea*, Bologne, Il Mulino, 2010 ; J. Krynen, *supra* note 4, p. 268.

9)　Marcel Gauchet, *La Révolution des pouvoirs. La souveraineté, le peuple et la représentation, 1789-1799*, Paris, Gallimard, 1995, p. 45（【訳者注】同書の邦訳については、本訳書第6章注21）を参照）; Dominique Rousseau, *Droit de contentieux constitutionnel*, Paris, Montchrestien, 5e éd., 1999, とくに pp. 469-470.

10)　【訳者注】絶対王政期に高等法院が有していた特権として、滝沢正『フランス法〔第4版〕』（三省堂、2010年）は、つぎの3つを挙げている。「法規的判決（arrêt de règlement）を下す権限」、「法令登録権（prérogative d'enregistrement）」、そして「第3に、諫言権（prérogative de remontrance）があり、折りにふれて国王の立法活動、行政活動に対して注文をつけることができた」（41頁）。

11)　【訳者注】親臨法廷については、たとえば滝沢・前掲注10）41頁を参照。

として示されていた、ということを付け加えることもできる。

これらの違いは、しかしながら、以上の分析の妥当性に影響を及ぼすものではない。ここで重要なのは、旧体制時代の実務と現在の実務とが一点一点対応しているかどうかを示すことなのではなく、現代の理論が提供する違憲審査という一つのメタ概念に、かつての実務と今日の実務の両方を包摂することができるかどうかを検討することだからである。

ところが本当の困難は他のところにある。旧体制において違憲立法審査の制度が存在したということを明らかにしようと望む歴史家は、第二の操作を行う必要があるのである。すなわち、実定法によれば、高等法院により王国の基本法に反すると判断されたものは妥当性を奪われた、と示すことである。しかし実際には、歴史家の分析は高等法院評定官の言説のみを対象とし、しかもそれが実定法に対応したものであるとやや拙速に推定されてしまう。国王から国王の行為を統制する権限を受けていると主張するのは評定官のみであり、「憲法および国家の法律、臣民の重要な権利、王位の利益、また王権自身の利益に反すると我々が信じるところのものの執行」を拒否しなければならないと主張しているのも評定官であり、さらにまた、自らをナシオンの代表者であるとしているのも評定官自身であるのに。そして国王はと言えば、もちろん彼は異なる意見をもっていた。

つまり、歴史家が記述してきたのは、諸法院のイデオロギーにすぎない。なかには明示的にそれこそが唯一の目的であると述べる歴史家もいる[12)]。しかし通常は、歴史家はかかる記述を実定法の記述として提示する。それは彼らが、つねに黙示的にではあるが、一つの法理論に依拠しているからである。そしてこの法理論は、おそらく想像されることとは違って、リアリズムの法理論ではない。リアリズムの法理論は、法を裁判官の言説と定義することができるであろうが、しかしそのためには、かかる言説がアクターの全体に受け入れられていることが必要である。ところが旧体制下の王権は、力を込めて、高等法院の主張に対抗していたのである。結局、その法理論とは、リアリズムの法理論とはまったく逆の、理想主義の法理論である。理性的な言説を終えたあとに表明

12)　たとえば、Jacques Krynen の前掲書（注 4）のタイトルそのものを見よ。

しうる原理やルールの総体として法を捉える理論である。

こうして、高等法院評定官の言説は、たんに21世紀の歴史家がそれを一貫性のあるものと判断したからという理由により、法と同視されることになる。そしてこの言説が一貫性をもつのは、今日の我々が違憲審査制や法の階統構造についてなす言説と一致するように見えるからである。

こうして、循環の輪が閉じられたことになる。すなわち、高等法院の言説を今日の言語に翻訳することで旧体制の法を分析した歴史家は、その今日性に感嘆することができる。違憲審査制の歴史は、したがって、後世の憲法理論に照らして書かれ、そしてその分析の妥当性はこの理論の適切さに依存するのである。ところが、理論のほうも過去の概念と実務に依存している。

2　違憲審査理論の形成に対する法史の寄与
(L'apport de l'histoire du droit à la formation des doctrines du contrôle de constitutionnalité)

憲法が歴史の産物であるなどと述べることは、他の法分野についてもそうであるが、実に平凡なことである。制度というものは、さまざまな変転の結果であり、それ以前の制度に対する反応として、あるいはそれを改善する目的で、新たな制度が作られたり変革されたりしたのではないだろうか。そしてこれらの創設なり改変なりは、政治的な力関係の変転あるいはイデオロギーの変容によって説明されるものではないだろうか。時としてフランス大統領の現在の役割は、バイユー演説を参照することによって説明できるとか、あるいは第四共和政の脆弱さやド・ゴール将軍の権力回帰、さらにはアルジェリア戦争の最終局面等々との関係で説明できる、などと考えられる。同様に、憲法院を長い歴史の産物であると捉えることもなされる。この場合の長い歴史とは、フランス革命における法律の違憲審査制の拒絶から法治国の完成に至るものであり、また、多様な要因――思いつくままに挙げれば、アメリカの経験、法学説が憲法の最高性と基本的諸権利を保障することの必要性を意識するようになったこと、あるいは1958年の時点で立法権と行政命令制定権とのあいだに管轄事項を分配したことから生じうる権限争議を裁定する必要があったことなど――から帰結するものである。

それに対して、法そのものではなく法理論に対する歴史の影響は、そこまで明確に認められてはいない。しかしかかる影響は、二通りのやり方で理解することができる。すなわち、まず、歴史は例証や概念、あるいは正当化理論の目録として役立つことがある。さらに、歴史はそれ自身が理論を分泌することもある。

前者においては、法の歴史の影響は、それが厖大な目録――理論はそこから例証や概念あるいは正当化をとりだすことができる――でしかないとき、非常に間接的なものとなる。

憲法学者によって作り上げられたカテゴリーのうちいくつかのものが、一般化の産物であることはよく知られている。「大統領制」や「議会制」というカテゴリーは、19世紀後半に、アメリカとイギリスのその当時の事例から得られたものであり、このように論者が歴史のなかから例をとりだしたり、あるいはまた過去の現象を出発点として一般化を進める、ということがありうるのである。たとえば、「議会統治制（régime d'assemblée）」あるいは「公会制（régime conventionnel）」と呼ばれるものは、1793年の政治体制から構成されたものである。

では、このようなカテゴリーの構成において、憲法理論に対する歴史の寄与なるものが本当に存在すると言えるのだろうか。

そもそも、これらの構成が歴史上の真実とのあいだに実にゆるやかな関係しか有していないということは十分にありうる。執行権と立法権のあいだの均衡による議院内閣制の記述がイギリスの制度の実態に対応しない――そしておそらく一度も対応したことはなかったであろう――ということと同様に、国民公会の政府が一度たりとも議会統治制を特色づける権力の融合というモデルによって機能したことはない、と論難することもできるのである。

このような非難に対しては、おそらく、それはモデルないし理念型なのであって、現実が正確にそれに対応することは無理で、議会制と大統領制の対比や、権力の融合と権力の分立の対比の論理的な価値と学問上の利点を検討すればそれで十分である、と回答されるだろう。歴史的真実は、つまりまったく無関係なのである、と。

しかし、理念型の方法論に言及することは普遍的な言い訳にはならない。この方法のメリットは、事実の厖大な多様性を説明することが可能になる、ということにある。つまり理念型は現実と付き合わせてテストされなければならない。たとえば1792年から1795年にかけてフランスで機能していた政治システムが、公会制のモデルに一点一点対応していないということが発見されたとしても、このモデルは、にもかかわらず他の時代、他の場所における他の状況を、——このモデルにおいて描写されたような特徴のいくつかを少なくとも当該状況が示しているからという理由で——正しく説明することができるのであれば、その適切さを失うことはない。1792年から1795年にかけてのシステムを、たんに誤ってそこに分類したにすぎないということになり、そのことで分類軸そのものが問題とされることになるわけではないのである。ところが、このモデルが、たとえ近似的にでさえも、実在のいかなる政治システムをも説明しえないのであれば、かかるモデルは適切ではないと考えなければならない。

ところが、理論的なモデルのテストを可能にするのは、厳密に言えば歴史分析ではなく、モデルと何らかの経験的事実との照合でしかない。そしてそれはこの経験的事実が歴史上いつのものであるかにかかわらず、そうである。この点に関しては、「議会統治制」モデルの妥当性を1792〜1795年の経験に照らしてテストするやり方と、「大統領制」モデルあるいは「議会制」モデルの妥当性を現代の政治体制に照らしてテストするやり方とのあいだに、いかなる違いも存在しない。

他の事例では、歴史は概念の貯蔵庫として役立つようにみえる。憲法理論の基礎的な概念の多くは過去の産物または過去に発見されたものとして提示される。とくに第三共和政の公法学者たちはこのような手法を採った。たとえばカレ・ド・マルベールは、自らの国民主権論や機関理論がフランス革命の産物であると主張する。

しかしこのような分析は、大部分において反歴史的である。実際、20世紀初頭の憲法学者は一般理論を構築しようとしていたのであり、それはたとえばカレ・ド・マルベールの著書のタイトル『国家の一般理論への寄与（*Contribution à la théorie générale de l'État*）』が示している通りである。しかしフランス革命の諸概念を出発点としたうえで一般理論を形成するに至るためには、歴史によって産出されたものが、政治権力の組織と機能の態様や、ある特定の時点での憲法制定作業に特有の概念にとどまらず、一般的な射程を有する学問的な概念であり理論であるということをも主張しなければならない。それゆえ、同書の副題は「とくにフランス憲法の提供する所与によって（*spécialement d'après les données fournies par le droit constitutionnel français*）」とされているのである。言いかえれば、フランス革命下において発見された概念が第三共和政の憲法学の一部をなしており、一般国家学の要素を構成するとされていたのである。つまりメタ概念としての意味を有するものとして、ということである。

ところが、これらの原理に本当に一般的射程をもたせるため、また、これらの原理が第三共和政に最も適合的なルールを正当化しうるものとなるようにするために、我らが論者たちはこれらの原理にいくつかの操作を加えなければならなかった。たとえばカレ・ド・マルベールが革命期の代表理論から出発して機関の概念を作り出したり、あるいはまた主権論から出発して、その有名なナシオン主権とプープル主権の区別を作り出したのがその一例である[13)]。これらのメタ概念は、つまり歴史の産物ではなく、法理論の産物なのである。

そして理論の正当化機能を強化するために引き合いにだされるのもまた、歴史である。ヴデルの親臨法廷の理論がその良い例を提供する。

> 「法律の違憲審査を正当化するのは、憲法改正権力の完全性（plénitude）である。ナシオンの代表者によって採択された法律がナシオン自身のように主権的ではないことに不満を述べる者に対しては、『法律は憲法を尊重している場合にしか一般意思を表明するものではない』と答えよう。この定式は違憲審査制を正当化するものであるが、それはひとえにこの定式が、法律が遭遇する障害が憲法中にあった場合、それは主権者人民あるいはその代表者によって最高の意思表示の方法、つまり憲法改正に訴えることにより、乗り越えられるということを前提としているからである。裁判官が統治していることにならないのは、いかなる場合にも、主権者は、憲法制

13）　Guillaume Bacot, *Carré de Malberg et l'origine de la distinction entre souveraineté du peuple et souveraineté nationale*, Paris, CNRS, 1985.

定権力者という至高の存在として現れることにより、一種の親臨法廷において、裁判官の判決を破壊することができるからなのである。」[14]

しかし、このような歴史の参照は、実際のところは疎略なものでしかなく、むしろレトリックとしての価値を有していると言える。ヴデルはケルゼンの理論を延長しているにすぎず、それはかつてファヴォルー（Louis Favoreu, 1936-2004）が「転轍手の理論（théorie de l'aiguilleur）」と呼んだところのものでもある。すなわち、憲法裁判官がある法律が違憲であると宣言するとき、彼はその実体についてそう宣言しているのではなく、手続きについてそう宣言しているにすぎないのである、と。というのも、憲法裁判官はある措置が法律の形式によってはなされえず、憲法の形式によってしかなされえないと示しているにとどまるからである、と。しかしそれではなぜ憲法改正の手続きのほうが法律制定の手続きより好ましいと言えるのか。この問いに対してケルゼンは、憲法改正の方が通常は特別多数を要することから、より民主主義的であると答えるにとどまる。民主主義を自律として、同意した規範に従属するという事実により定義するのであれば、憲法制定権力は、立法権力に比して、より数の多い代表者の同意を表明するものであるから、より民主主義的である、ということになる。このような議論の価値はともかくとして、ケルゼンとしては、主権論を拒絶する以上、憲法裁判所が主権者の前に譲歩するという考え方を採ることはできないので、このような議論に固執せざるをえないのである。憲法裁判所は憲法によって与えられた権限を有しているが、それは派生的憲法制定権力の場合も同様なのであって、ケルゼンの観点からすると、両者のあいだにはいかなる違いも存在しない。したがってヴデルは一歩さらに踏み出したと言える。

---

14)　Georges Vedel, « Schengen et Maastricht. A propos de la décision n° 91-294 DC du Conseil constitutionnel du 25 juillet 1991 », *RFDA*, 1992, p. 173. ヴデルの親臨法廷のメタファーをめぐる議論として、参照、M. Troper, « La logique de la justification du contôle de la constitutionnalité des lois », in M. Troper, *Le droit et la nécessité*, Paris, PUF, coll. *Léviathan*, 2011, pp. 113-137.

【訳者注】ヴデルの引用する「法律は憲法を尊重している場合にしか、一般意思を表明するものではない」というフレーズは、憲法院が1985年8月23日の判決（Décision n° 85-197 DC du 23 août 1985）のなかで用いたものである。

主権者をそこに存在せしめているからである。それが憲法制定権力であり、それゆえに、裁判官が法律を違憲無効とするとしてもそれは主権者に対抗して立ち現れるのではなく、主権者はいつでも介入することができる、というわけである。

民主政を採用する国家における違憲審査制の正当化として、この議論が満足すべきものであるかを検討するのはここでの課題ではない[15)]。ここでは「親臨法廷」の引喩が、憲法制定権力が主権的であるという考え方に対して何も付け加えてはいないということを確認しておけば十分である。実を言うと、フランス王の親臨法廷は、憲法制定権力の介入とはごくわずかしか似ていないものであった。国王は王国の基本法を改変するために介入するのではなく——そのようなことは、国王の行いえない「幸いな不能（heureuse impuissance）」に数えられるはずのものであったろう——、通常の法律の生成を完遂するために介入するのであったのである。たしかに国王は主権者として現れはしたが、それは立法権と司法権を行使する主権者としてであった。そもそも、違憲審査制についてのあらゆる理論は憲法制定権力（pouvoir constituant）と憲法によって制定された権力（pouvoirs constitués）の区別に依拠しているが、親臨法廷は、国王があらゆる領域においていかなる実体的なルールにも拘束されることなく介入できることを主張するものであるから、それを否定するものなのである。このように、ヴデルの理論は、喚起力に富む効果を別とすれば、歴史にいかなるものをも負ってはいない。

反対に、法理論それ自身が歴史の産物である場合も存在する。一定の歴史的状況において、法律家の言説が、ある論理に従ったりあるいは議論を進めるうえでの制約に服する場合に生じるのがそれで、そのような歴史的状況が繰り返し生起することから、法理論はそれをより抽象度の高いレベルで再生産するにすぎないことになる。規範の階統性理論がその好例を提供する。違憲審査制は、しばしば、規範の階統性の論理的帰結として示される。すなわち、憲法が法律に優越する以上、憲法に反する法律は無効である、あるいは少なくとも無効となしえなければならない、と言われるように。しかしこのような推論の大前提

15） M. Troper, *supra* note 14 を参照。

は脆弱である。なぜなら憲法の優越性は、憲法が他の規範が生成される態様を決定するということをも意味しうるし、あるいは、憲法は特別な手続きを経なければ改正されえない（または憲法は決して改正されえない）ということをも、さらにあるいは、憲法は立法者を拘束する規範を含んでおり、その違反は制裁を――とくに無効化という制裁を――受ける可能性があるということをも意味しうるからである。ところで、これら三種類の意味――あるいは三種類の優越性の形態――は、互いに独立している。つまりある憲法は、いずれか一つの意味において優越するものではあっても、他の一つの意味ではそうでない、ということがありうるのである。ある憲法が、法律制定の態様を定めている一方で、通常の立法手続で改正されうるということや、あるいは特別な改正手続によらねば改正されえない憲法が、憲法違反の法律の無効化の可能性をすべて否定するということも、いずれも考えられないことではない[16]。

また、違憲審査制がいまだ確立されていないシステムにおいては、憲法は第三の意味において優越するものではない。つまり大前提は、端的に言って誤りなのである。

ところが、これらの脆弱さにもかかわらず、この推論の構造は、違憲審査制を正当化しようとした論者すべての言説において同一である。クックもそうであるし、フランス旧体制の高等法院でも、*Marbury v. Madison* 判決においても、ケルゼンの所説も、またイスラエル最高裁判所のバラク（Aharon Barak, 1936-）判事の議論、さらには第三共和政期の数名の論者たちの思想においても、フランスへの違憲審査制の導入には慎重であったものの、そうなのである[17]。このような一致の理由は簡単である。法律を統制しようとする裁判官が、明示的な授権に依拠することができず、かといって道徳や自然法を呼び出そうともしないのであれば、それが唯一の利用可能な議論だからである。

16） M. Troper, « Marshall, Kelsen, Barak et le sophisme constitutionnel », in M. Troper, *Le droit et la nécessité*, *supra* note 14, pp. 139-154 ; Otto Pfersman, « La production des normes : production normative et hiérarchie des normes », in M. Trorer et Dominique Chagnollaud (sous la dir. de), *Traité international de droit constitutionnel*, tome Ⅱ, *Distribution des pouvoirs*, Paris, Dalloz, 2012, pp. 483-528.

17） Joseph Barthélemy et Paul Duez, *Traité de droit constitutionnel*, Paris, rééd. Éditions Panthéon-Assas, 2004, p. 203 de l'édition de 1933.

このような推論には、以上に加えてさらに一つの際だった特徴がある。すなわち、いったん判決が下されると、違憲と判断された法律は実際に妥当性を奪われ、憲法は第三の形態の優越性——それは裁判官の介入より前には憲法には備わっていなかったものである——を確保するに至る、ということである。このような優越性を創造するのは、裁判官なのである。

法理論が、ある法秩序が階統構造を示すと述べるとき、法理論はおそらく規範同士の関係を記述する。しかしこのような関係は、規範の階統性という考え方によって正当化される裁判機関の判決の産物である。法理論は、すなわち裁判所の議論を定式化したものにすぎず、それは裁判所が法律の妥当性を統制しようと望む以上は依拠せざるをえない議論なのである。

ケルゼンの所説のような理論は、法秩序の構造をたしかに記述するものではあるが、この構造そのものが実は歴史の産物である。それは時として実定法秩序の経験的な観察を体系化したものとして示される。ところがこれらの法秩序は、必然的なプラクティスの総体でしかないのである。

訳者解説

ミシェル・トロペールの経歴と作品
――邦訳論文撰の刊行に寄せて

> 誰であれ法と国家について書く人は、必然的に、ミシェル・トロペールのラディカルで革新的な主張に向き合わなければならない（オリヴィエ・ボー）[1]

はじめに

パリ第10大学（現パリ西大学）名誉教授のミシェル・トロペールは、現代フランスにおける最も重要な憲法学者・法哲学者の一人である。彼の数多くの独創的な主張のうち、《有権解釈機関（たとえば最高裁判所）による解釈がなされるより前にはいかなる規範も存在しない。存在するのはたんなるテクスト（条文）であり、解釈によりはじめて規範が創設されるにすぎない》というテーゼは、日本でも比較的知られているであろう。しかしながら、もちろん、彼の理論的主張はそのような独特の――そして「法律専門家集団が真摯に受け入れる主張（ハートのいう「内的視点からの主張」）とは考えがたい」[2]とさえ評されることのある――法解釈観に限られるわけではない。

トロペール自身は1992年以降何度か来日して研究報告や講演等を行っている[3]し、後に触れるように、彼の理論についての邦語での重要な紹介や検討も

---

1) Olivier Beaud, « Recension de Michel Troper, *Pour une théorie juridique de l'État*, Paris, PUF, coll. *Léviathan*, 1994, 358 p. », *RDP*, n° 5, 1996, pp. 1523-1529, p. 1529.

2) 長谷部恭男『憲法とは何か』（岩波新書、2006年）144頁。

3) いちばん最近の公的な来日は、2007年11月下旬に横浜で開催された国際憲法学会の研究集会および同月末から12月にかけて東京・名古屋で開催された、名古屋大学の森際康友教授が研究代表者を務める研究プロジェクト「裁判官倫理の司法的機能の研究とその法曹教育への適用」主催の国際シンポジウムへの出席のためであった。後者におけるトロペールの報告「フランスの裁判官にとって法解釈とは何か」の翻訳（森際康友訳）が、「Chukyo Lawyer」（中京大学法科大学院法曹養成研究所）8号（2008年）14-24頁に掲載されている。なお、この報告をもとにした英語論文が後に、Michel Troper, « What Is Interpretation of the Law for the French Judge? », in Morigiwa

いくつか存在するが、それでもなお、フランスにおけるほどの知名度や読者層は依然として日本にはないように思われる。現代日本の憲法学がフランスの憲法学に関心を寄せる場合、その多くが、トロペールの論攷のような原理論に属するものではない領域を対象として選んできた[4)]し、また、現代日本の法哲学がフランスの議論を参照する場合も――憲法学とは異なり、そもそも日本の法哲学においてはフランスの議論が参照されること自体が相対的に少ないようにも思われる[5)]が――、自然法論やトマス主義の伝統に属する議論や、法哲学にとどまらないより広い哲学あるいは現代思想などと呼ばれる範疇に入る議論ではなく、トロペールのような法実証主義の系譜に属する法理論研究が関心を呼ぶことはさほどなかったように思われる。

本訳書は、トロペールの著作のうち10本の論攷を集めたうえで、そのすべてを一人の訳者が訳出したものであるが、日本で初めて彼の著作をまとまった形で提供することにより、新しい読者が多く誕生し、上述のような状況が改善するきっかけになることを願って公刊されるものである。本訳書に収録した論攷に共通する理論的視角については、本訳書のためにトロペール自身が書き下ろしてくれた「序文」で語られているし、そもそも本訳書は、トロペール研究の書ではなくトロペール研究のための書であるから、訳者自身のトロペール理解や

Yasutomo, Michael Stolleis & Jean-Louis Halperin (eds.), *Interpretation of Law in the Age of Enlightenment. From the Rule of the King to the Rule of Law*, Dordrecht, Springer, 2011, pp. 139-151として公表されている。

また、これらの研究集会に関連するエッセーとして、長谷部恭男「東京・横浜学会日記」同『憲法の imagination』(羽鳥書店、2010年) 59-63頁〔初出2008年〕がある。

4)　辻村みよ子「フランス憲法研究の軌跡と展望」ジュリスト1396号 (2010年) 70-76頁は、日仏法学会の創立50周年記念シンポジウム「日本におけるフランス法研究：回顧と展望」の憲法分野を担当する報告をもとにしたものであるが、その劈頭で、「日本におけるフランス憲法研究の動向と課題について、総論・憲法史、主権論・統治機構論、人権論、憲法訴訟論の4つに区分して検討する」との宣言がなされ、原理論的な研究に対する言及はない。

5)　訳者は法哲学を専攻する者ではないため、これはあくまでも訳者の感想にとどまる。ただし、たとえば、初学者向けに法哲学とは何かを語る大屋雄裕「法哲学――考え抜くために」南野森 (編)『法学の世界』(日本評論社、2013年) 134-143頁も、やはりその劈頭で、「百人の法哲学があれば百の法哲学がある」という言葉を紹介したうえで、「試みにいくつかの大学のシラバスを比較してみれば、その内容の違いに驚くだろう。現代アメリカの正義論に力点を置く人、ドイツ流の法解釈理論を講じる人、東洋思想を含める人含めない人さまざまである……」と述べ、一例としてフランスが挙げられることはない。

評価についてはここで詳細に立ち入ることはせず[6]、簡単にトロペールの経歴(1)と主な作品群(2)を紹介したうえで、本訳書に所収した10本の論攷の初出や概要をごく簡単にまとめ(3)、訳者のあとがきとしたい。

1　トロペールの経歴

1938年パリ生まれのトロペールは、フランス最名門校の一つであるアンリ4世高校（Lycée Henri-IV）を卒業後、1956年にパリの政治学院（Institut d'études politiques de Paris, Sciences-Po（シアンスポ））に入学する（そこでたとえばヴデル〔Georges Vedel, 1910-2002〕やデュヴェルジェ〔Maurice Duverger, 1917- 〕の講義を聞いている）。それと同時にパリ大学法学部にも登録したが、本人の回想によると、法学の授業にはまったく出席せず、パリ大学の方の一年目は留年したそうである[7]。パリ政治学院卒業後は欧州経営大学院（Institut européen d'administration des affaires, INSEAD）に進み、銀行員になりかけたこともあったそうであるが、偶然も重なり進路を変更し、政治学の高等教育免状（DES）[8]と法学の学士号を得てパリ大学の公法学博士課程に進学した。そこでアイゼンマン（Charles Eisenmann, 1903-1980）と出会い、その指導下で博士論文を執筆することになる。トロペール自身は、いわば兄弟子にあたるデュピュイ（Georges Dupuis, 1932-1999）の示唆もあり、もともと行政法のテーマでの執筆を構想していたところ、アイ

6)　過去に訳者がトロペール理論に触発されて憲法学の原理論研究を行ったものとしては、南野森「憲法慣習論から――ルネ・カピタン再読」藤田宙靖＝高橋和之（編）『憲法論集／樋口陽一先生古稀記念』（創文社、2004年）663-686頁、同「憲法・憲法解釈・憲法学」安西文雄ほか『憲法学の現代的論点〔第2版〕』（有斐閣、2009年）3-25頁〔初版2006年〕、同「『憲法』の概念――それを考えることの意味」長谷部恭男（責任編集）『岩波講座憲法6／憲法と時間』（岩波書店、2007年）27-50頁の3作がある。

7)　トロペールのパリ第10大学退官記念論文集である、Denys de Béchillon, Pierre Brunet, Véronique Champeil-Desplats et Éric Millard (Études coordonnées par), *L'architecture du droit. Mélanges en l'honneur de Michel Troper*, Paris, Economica, 2006 の冒頭に収録されている、« Entretien avec Michel Troper », pp. XXXV-XLVII の p. XXXV を参照。

8)　DESの修了論文（mémoire）の指導教員はデュヴェルジェであったが、「とくに接触はなかった」そうである。 Voir « Entretien avec Michel Troper », *supra* note 7, pp. XLII.

ゼンマンから権力分立を扱うよう提案され、それに従ったという[9]。

博士論文執筆中は、リヨン大学の助手（1963-65）、兵役（1965）、パリ大学の助手——ここではオーリウ（André Hauriou, 1897-1974）の憲法およびリヴェロ（Jean Rivero, 1910-2001）の公的自由（libertés publiques）の学部生向け講義の補習演習（travaux dirigés）を担当した——を経て、1966年から2年間、当時はパリ大学の分校であったナンテールに配属された。そしてその間、1967年に提出された博士論文が、かの、よく知られた「権力分立とフランス憲法史（*La séparation des pouvoirs et l'histoire constitutionnelle française*）」である[10]。そしてその翌年、公法学の教授資格（アグレガシオン）試験（concours national d'agrégation）を受験する。激動の1968年のことであり、当然のことながら、教授資格試験そのものにも強硬な異議申立てが受験者などからなされており、トロペール自身もその一人であったという。しかし結局、試験は延期されたのち9月に実施され、トロペールは受験し、合格している[11]。その後、1969年から1978年までルーアン大学、

9）Voir « Entretien avec Michel Troper », *supra* note 7, pp. XXXVII-XXXVIII.

10）同論文は、その後、ビュルドー監修の「憲法・政治学叢書（Bibliothèque constitutionnelle et de science politique）」（LGDJ社）の第48巻として、アイゼンマンの「私信的序文（lettre-préface）」を付して1973年に刊行された。同書は、博士論文の刊行本としては異例のことであるが、1978年に第2版が出版され、さらに1980年にはリプリントが出された。このリプリント版が現在でも増刷を重ね、販売されている。2005年には、イタリア語版 *La separazione dei poteri e la storia costituzionale francese* が、ナポリの Edizioni Scientifiche Italiane 社から出版されている。

1973年の初版をいち早く日本に紹介したのが、島田和夫「外国文献紹介」法の科学2号（1974年）295-299頁である。また、深瀬忠一＝中村睦男「フランス公法最近文献覚え書き」北大法学論集25巻4号（1975年）149-167頁も同書を簡潔に紹介しており、アイゼンマンの「通説破壊的手法」を「愛弟子」のトロペールも用いたとする（153頁〔深瀬執筆〕）。なお、このトロペールの博士論文とアイゼンマンの論攷により、フランスにおける権力分立論についてのそれまでの通説的理解が否定されたことについて、簡単には、長谷部恭男「権力分立原理」同『Interactive 憲法』（有斐閣、2006年）61-69頁〔初出2004年〕を参照。

トロペール自身は、この博士論文について、2006年に行われたオビエド大学（スペイン）の比較憲法史の専門家との対談で、アイゼンマンによって19世紀以降の通説的な誤ったモンテスキュー理解が「破壊」されたのをうけ、そのような誤ったモンテスキュー理解にもとづく諸憲法の通説的な分類を見直すことを課題としたこと、そしてその結果、18世紀の権力分立理解は、本来のモンテスキューの主張であった消極的な原理としてのそれでしかなく、つまり、« séparation des pouvoirs » は « constitution » の同義語であったこと、それゆえ権力分立原理は通説的理解のように諸憲法の分類基準とはなりえないことを示しえたと同時に、他方で、18世紀における権限分配の進め方には、権力の均衡を図るために立法権を複数の機関に共有せしめるやり方（英、米、1791年仏）と、権限の専門化を図るために機関が階統化するやり方（1793年仏、1795年仏）との二種類

1978年から2006年の定年退官までパリ第10大学（ナンテール）に勤務した。

2　トロペールの作品

トロペールの著作は非常に多く、すべてをここに記載することはできない（パリ第10大学定年退官時の記念論文集〔前掲注7参照〕には、2006年までの主要著作リストが掲載されている〔XVII-XXXII頁〕）。そしてそれら著作の内容は多岐にわたるのであるが、大きく分けるならば、一方に、博士論文でその能力が遺憾なく発揮されたと言える、英米仏を中心とする憲法理論・憲法思想の歴史的研究があり、他方に、むしろそれこそがトロペール的なるものとしてよく知られる、法・国家に関する原理論的研究があると言えるであろう。そしてトロペールにおける歴史研究と原理論研究は、相互に補完的であり、また相互に刺激を与えあう関係にある。たとえば、歴史研究の嚆矢が上記の博士論文であったとすると、原理論研究のそれはその師アイゼンマンへの献呈論文集に寄せた大作「解釈の問題と憲法の超法律性の理論」[12]である――本訳書には訳出しえなかったが、トロペールの法理論の最初のマニフェストとも言える重要な論攷で

に分類できることを明らかにした、とまとめている。Voir Joaquín VARELA SUANZES-CARPEGNA, « La dimension historique du constitutionalisme. Entretien avec le Prof. Michel Troper », *Historia Constitucional (revista electrónica)*, n° 7, 2006, pp. 339-358 at p. 346. このような憲法史理解については、本訳書第6章「主権の名義人」、同第8章「フランス革命初期における司法権の概念」をも参照。

11）　反対していたのになぜ受験したのか、という質問に対し、トロペールは「受験を拒否することは何の役にも立たないというリアリズムからです。教授資格試験はどのみち実施されましたし、反対者のなかには9月の受験を拒否した者もいましたが、結局彼らは翌年受験しました」と答えている。Voir « Entretien avec Michel Troper », *supra* note 7 p. XL.

なお、訳者が尋ねたところによると、トロペールの合格順位は6位であり、同期の受験者で著名な者としては、いずれものちに大学教授のみならず政治家・閣僚にもなる、パリ第10大学・社会党の Jack Lang（1939-）（ただしこのときは不合格）、パリ第2大学・左翼急進党の Roger-Gérard Schwartzenberg（1943-）、そしてルアーヴル大学・共和国連合（のち国民運動連合）の Patrice Gélard（1938-）がいたそうである。

12）　Michel TROPER, « Le problème de l'interprétation et la théorie de la supralégalité constitutionnelle », in *Recueil d'études en hommage à Charles Eisenmann*, Paris, Éditions Cujas, 1975, pp. 133-151. 同論文は、その後、トロペールの1冊目の論文集である、M. TROPER, *Pour une théorie juridique de l'État*, Paris, PUF, coll. *Léviathan*, 1994 にその第19章として再録されている。

あり、邦語でも同論文に触れるものがいくつかある[13]――が、同論文で開陳されたそのような独創的な法解釈理論については、のちにトロペール自身が、フランス革命期の制憲議会における司法権をめぐる討論にリアリズム的な法解釈観を見出していたことがヒントになったと回想している[14]ごとくである。

さまざまな媒体に発表されてきたトロペールの論攷のうち約60本は、現時点で3冊の論文集にまとめられている。パリ第2大学のリアルス（Stéphane Rials, 1951-）が監修する、PUF社の重厚な法理論・法思想の叢書 *Léviathan* シリーズから出されている、『国家の法理論のために（*Pour une théorie juridique de l'État*）』（1995年）、『法理論・法・国家（*La théorie du droit, le droit, l'État*）』（2001年）、そして『法と必然（*Le droit et la nécessité*）』（2011年）である（以下、この3冊を順に *Troper I*、*Troper II*、*Troper III* と略記する。*Troper I* については、イタリア語訳、スペイン語訳、ブルガリア語訳がある）。これらの論文集のほかに、単著としては、共和暦Ⅲ（1795）年憲法の歴史研究である『大革命の終結――1795年憲法（*Terminer la Révolution. La Constitution de 1795*）』がFayard社から2006年に出されている（同書は、資料を含めてではあるが、800頁近い大著である）[15]し、また、一般向けの教養新書とでも言うべきPUF社のクセジュ・シリーズから2003年に『法哲学（*La philosophie du droit*）』の初版が出されている[16]。さらに、共編著が歴史研究についても原理論研究についても多数あり[17]、加え

13）とくに重要なものとして、樋口陽一「憲法学の『法律学化』をめぐって――第五共和制におけるフランス憲法学の新傾向」同『権力・個人・憲法学――フランス憲法研究』（学陽書房、1989年）152-182頁〔初出1982年〕、長谷部恭男「解釈による法創造――ミシェル・トロペールの法解釈理論」同『権力への懐疑――憲法学のメタ理論』（日本評論社、1991年）1-32頁〔初出1985年〕、樋口陽一「裁判官にとっての制定法」樋口陽一＝栗城壽夫『憲法と裁判』（法律文化社、1988年）31-59頁、山崎友也「憲法の最高法規性（一）――『実体法』と『手続法』の狭間で」北大法学論集49巻4号（1998年）139-187頁（とくに167頁以下）。山元一「フランスにおける憲法解釈論の現況――《トロペール法解釈理論》以後の議論状況」法律時報69巻9号（1997年）86-91頁も、トロペールの同論文を「記念碑的論文」と呼ぶ（86頁）。

14）Voir « Entretien avec Michel Troper », *supra* note 7, p. XLIII. また、とくに本訳書第8章「フランス革命初期における司法権の概念」を参照。

15）同書に言及するものとして、たとえば、田村理「11人委員会によるフランス1795年憲法草案の起草」専修法学論集108巻（2010年）1-42頁がある。

16）同書はすでに第3版を数えている。また、トロペールによると、これまでのところ、イタリア語、スペイン語、アラビア語、ポルトガル語、中国語、トルコ語に翻訳されているそうである（日本語訳を訳者が準備中である）。

て、トロペールの指導下で執筆された博士論文の刊行本を中心として、序文（Préface）——と言ってもたんなる社交辞令にとどまらない、学問上の内容に正面から関わる重要なものである——を多く書いている[18)]。また、ビュルドー（Georges Burdeau, 1905-1988）の憲法の教科書は、晩年のビュルドー自身の指名により、その第21版（1988年）からトロペールとパリ第11大学のアモン（Francis Hamon）が補訂を施していたが、徐々にビュルドー生前の最終版である第20版の記述は失われていき、第28版（2003年）以降は、表紙からビュルドーの名前も消え、完全にトロペールとアモンによる教科書となっている（最新版は2012年刊の第33版）。さらにごく最近、パリ第2大学のシャニョロー（Dominique Chagnollaud, 1956-）とともに、全3巻で執筆者は延べ70名という大部の憲法学大系 *Traité international de droit constitutionnel* を編纂・執筆している（Dalloz 社より2012年刊）。

このように膨大な著作を誇るトロペールの理論のうち、とくにその原理論研究については、邦語では、先に挙げたアイゼンマン献呈論文集所収の論攷についてのものも含め、量的には必ずしも多いとは言えないものの重要な批判的研究がある。アイゼンマンは、その師ケルゼン（Hans Kelsen, 1881-1973）を最も誠実に——言葉の最も広い意味において——フランスに紹介した法理論家であったから、トロペールの原理論研究も、いわば自然にケルゼンの理論から出発していると言えるが、しかし、ケルゼンを渉猟し、ケルゼンの基本的枠組みにたちながらも、トロペールはしばしばケルゼンを容赦なく批判する。そのようなトロペールの原理論研究の特徴をとらえ、彼に「異端のケルゼニアン」[19)]

17）歴史研究に分類できるものとして、M. Troper et Lucien Jaume (sous la dir. de), *1789 et l'invention de la constitution*, Paris, LGDJ, coll. *La pensée juridique moderne*, 1994 などが、原理論研究に分類できるものとして、M. Troper, V. Champeil-Desplats et Christophe Grzegorczyk (sous la dir. de), *Théorie des contraintes juridiques*, Paris, LGDJ, coll. *La pensée juridique*, 2005 などがある。

18）最近のものとして、V. Champeil-Desplats, *Les principes fondamentaux reconnus par les lois de la République. Principes constitutionnels et justification dans les discours juridiques*, Paris, Economica, coll. *Droit public positif*, 2001、P. Brunet, *Vouloir pour la nation. Le concept de représentation dans la théorie de l'État*, Paris, LGDJ, coll. *La pensée juridique*, 2004、Guillaume Tusseau, *Les normes d'habilitation*, Paris, Dalloz, coll. *Nouvelle bibliothèque de thèses*, 2006 の三冊のみを挙げておく。

19）参照、長谷部恭男「M・トロペール——異端のケルゼニアン」長尾龍一（編著）『現代の法哲という絶妙な称号を与えた長谷部恭男による一連の研究[20]がそれであるし、また、長谷部自身も紹介しているように、夙に1980年代初頭よりトロペールの法解釈観を取り上げてきた樋口陽一の論攷[21]もそうである。さらに、トミストとしてトロペールに独特の厳しい批判を加え、「もはやケルゼン主義者などとは言えぬ」とも言う水波朗のもの[22]や、必ずしもトロペール研究というわけではないが、トロペールの論攷にもふれつつ原理論的な検討を行うものがいくつかある[23]。

また、トロペールの著作の邦訳としては、本訳書のもとになった拙訳[24]のほかに、吉田邦彦（訳）「裁判作用か、それとも司法権力か」[25]、長谷部恭男（訳）「違憲審査と民主制」[26]、森際康友（訳）「フランスの裁判官にとって法解釈とは何か」（前掲注3）、さらに、本訳書に収録しなかった拙訳として、「必要は法を作る——憲法慣習についての考察」[27]、「持続的民主政と憲法裁判」[28]、「帰責原理としての主権」[29]の3本がある。

学者たち』（日本評論社、1987年）102-111頁。

20）　初出の順に、長谷部恭男「解釈による法創造」（前掲注13）、同「憲法典における自己言及——A・ロスの謎」芦部信喜先生還暦記念『憲法訴訟と人権の理論』（有斐閣、1985年）821-842頁、同「M・トロペール」（前掲注19）、同「慣習としての法」同『権力への懐疑——憲法学のメタ理論』（日本評論社、1991年）33-59頁、同「制定法の解釈と立法者意思——アンドレイ・マルモー博士の法解釈理論」同『比較不能な価値の迷路——リベラル・デモクラシーの憲法理論』（東京大学出版会、2000年）113-133頁〔初出1998年〕、同「法源・解釈・法命題—— How to return from the interpretive turn」同『憲法の理性』（東京大学出版会、2006年）202-221頁〔初出2004年〕など。また後掲注26）に付された長谷部恭男による「訳注」と「訳者後記」も重要である。

21）　初出の順に、樋口陽一「憲法学の『法律学化』をめぐって」（前掲注13）と同「裁判官にとっての制定法」（前掲注13）のみを挙げておく。

22）　水波朗「ケルゼンとダバンの『根本規範論』——M・トロペール教授との対話」久留米大学比較文化研究科紀要第1輯（1990年）45-61頁。

23）　主なものとして、山元一「フランスにおける憲法解釈論の現況」（前掲注13）、江原勝行「法実証主義克服の試みとしての法解釈理論について（一）」早稲田大学大学院法研論集86号（1998年）47-72頁、山崎友也「憲法の最高法規性（一）」（前掲注13）、飯野健一「フランスの憲法院と違憲審査を行う裁判官の正当性」早稲田法学会雑誌49巻（1999年）1-47頁、山元一「『憲法制定権力』と立憲主義——最近のフランスの場合」新潟大学法政理論33巻2号（2000年）1-64頁、小貫幸浩「ケルゼン、シュミットと今日の憲法基礎学・民主制論——近年のフランスからの問題提起に即して」高岡法学14巻1=2号（2003年）65-99頁など。また、拙稿につき前掲注6）を参照。

24）　本訳書の第1章から第9章までは、訳者が「法政研究」（九州大学）誌上に不定期に掲載した翻訳がもとになっている（ただし、本訳書への所収にあたり、すべてに改訳を施している）。初出はつぎの通りである。

つづいて、本訳書に収録した10本の論攷につき、初出等の書誌情報と簡単な解題を付しておきたい。

3　本訳書収録の論攷について

本訳書は、おおまかな内容上の分類により、全体を4つの部分に分けている。まず第1部を「法解釈の理論」とし、「リアリズムの解釈理論」（第1章）と「憲法裁判官の解釈の自由」（第2章）を収めた。

第1章「リアリズムの解釈理論」

本章は、2000年に発表された論文 « Une théorie réaliste de l'interprétation » を翻訳したものである。もとは Olivier JOUANJAN (textes réunis par),

---

第1章「リアリズムの解釈理論」法政研究70巻3号（2003年）167-188頁
第2章「憲法裁判官の解釈の自由」同72巻2号（2005年）63-79頁
第3章「慣習の根拠から根拠としての慣習へ」同71巻2号（2004年）195-212頁
第4章「実証主義と人権」同74巻4号（2008年）161-177頁
第5章「法治国の概念」同73巻2号（2006年）163-180頁
第6章「主権の名義人」（旧訳では「主権の所持者」）同73巻4号（2007年）127-145頁
第7章「ナチス国家は存在したか？」同74巻4号（2008年）179-186頁
第8章「フランス革命初期における司法権の概念」同75巻3号（2008年）77-97頁
第9章「立憲主義の概念と現代法理論」同76巻1=2号（2009年）101-124頁
第10章「憲法史と憲法理論」は、本訳書のために新たに翻訳したものである。

25）日本弁護士連合会（編）・山口俊夫（編訳）『フランスの司法』（ぎょうせい、1987年）1-18頁。原著は、M. TROPER, « Fonction juridictionnelle ou pouvoir judiciaire ? », *Pouvoirs*, n° 16, 1981, reproduit dans *Troper I*, pp. 95-105 である。

26）日仏法学19号（1995年）1-23頁。原著は、M. TROPER, « Justice constitutionnelle et démocratie », *RFDC*, n° 1, 1990, reproduit dans *Troper I*, pp. 329-346 である。

27）法政研究72巻1号（2005年）83-103頁。原著は、M. TROPER, « Nécessité fait loi. Réflexions sur la coutume constitutionnelle », in *Mélanges offerts au Professeur Robert-Édouard Charlier. Service public et libertés*, Paris, Éditions Émile-Paul, 1981, pp. 309-323 である。

28）法政研究73巻3号（2006年）225-241頁。原著は、M. TROPER, « Démocratie continue et justice constitutionnelle », in Dominique ROUSSEAU (sous la dir. de), *La démocratie continue*, Paris, LGDJ, coll. *La pensée juridique moderne*, 1995, pp. 125-136 である。

29）法政研究74巻1号（2007年）155-173頁。原著は、M. TROPER, « La souveraineté comme principe d'imputation », in Dominique MAILLARD DESGREES DU LOU (sous la dir. de), *Les*

Dossier. Théories réalistes du droit, Annales de la Faculté de droit de Strasbourg, nouvelle série n° 4, Strasbourg, Presses universitaires de Strasbourg, 2000 に掲載されたもので、その後、*Troper II* にその第 4 章として再録された。

上記のストラスブール大学法学部紀要の新シリーズ第 4 号は、その前半で「リアリズム法理論」の特集を組み、スカンジナビア・リアリズム法学を代表するロス（Alf Ross, 1899-1979）研究のフランスにおける第一人者と目されるミヤール（Eric Millard、当時はペルピニャン大学教授で、現在はパリ西大学〔旧パリ第 10 大学〕教授）[30] による解説論文と、ロスの『法と正義について（*On Law and Justice*)』（デンマーク語版 1953 年、英語版 1958 年）の書評としてケルゼンとハートがそれぞれほとんど同時期に物した 2 論攷の初の仏訳[31] に加えて、トロペールの本論文の合計 4 作品を収めていた。

トロペールは自らの解釈理論をリアリズムと呼ぶが、それは必ずしもスカンジナビアやアメリカのリアリズム法学と同じではない。「リアリズムの理論そのものにも、さまざまなタイプがある」のであり、「裁判官の行動、すなわち社会心理的な現象を対象」とし、したがって法を「現に行われている振舞い（comportement effectif)」として捉えることに重点をおくリアリズムとは異なり、トロペールの理論は、「法律家が現に行っている論証の態様（mode de raisonnement effectif des juristes）を対象」として、「これらの行為者が受けている制約（contrainte）――そして反対に、彼らが有する裁量の幅――、そして、彼らが作り出す制約を理解しようとする」点に主眼を置くものである（5 頁）。ケルゼンは『純粋法学』の第 2 版（1960 年）以降、リアリズムの解釈理論に一定

évolutions de la souveraineté, Paris, Montchrestien, 2006, pp. 69-80, partiellement reproduit dans *Troper III*, pp. 90-98 である。

30）　ミヤールは 2010 年 1 月に来日し、講演を行っている。その邦訳として、石川裕一郎（訳）「法規範とは何か」慶應法学 21 号（2011 年）145-156 頁、および齊藤笑美子（訳）「家族の憲法」茨城大学政経学会雑誌 81 号（2012 年）111-119 頁。

31）　まず、 Hans Kelsen, « Eine 'Realistische' und die Reine Rechtslehre. Bemerkungen zu Alf Ross : *On Law and Justice* », *Österreichische Zeitschrift für öffentliches Recht*, 1959, vol. X, pp. 1-25 の仏訳が、 « Une Théorie 'réaliste' et la Théorie pure du droit. Remarques sur *On Law and Justice* d'Alf Ross », traduit par Georg Sommeregger et Eric Millard, pp. 15-42 であり、つぎに、H.L.A. Hart, « Scandinavian Realism », *The Cambridge Law Journal*, 1959, pp. 233-240 の仏訳が、« Le Réalisme Scandinave », traduit par É. Millard, pp. 43-50 である。

程度の賛同を示すようになるが、もちろん「その論理的帰結のすべてを受け入れているわけではない。それらは彼の法秩序の構造に関するいくつかの考えと、ほとんど両立しえないものだからである。それゆえ」、トロペールの解釈理論は、「解釈についてのケルゼンの考え方に基づきながらも、多くの点で、それから離れるものとなる」(5頁)。「異端のケルゼニアン」としてのトロペールの解釈理論のエッセンスがまとめられているのが本論文であるが、それは、彼自身の要約によれば「①解釈は意思の作用であり、認識の作用ではない、②解釈は規範を対象とするものではなく、言明（énoncé）または事実を対象とするものである、③解釈は解釈を行う者に対して特有の権能を与える」、となる（5頁）。

①の結論部分で述べられる、「解釈に先立っては、テクストはいまだいかなる意味ももたず、たんに意味が与えられるのを待っているにすぎない」(10頁）というよく知られた主張から、法解釈の対象の問題（②）についても、トロペールは独自の結論を導く。すなわち、ケルゼンを含む多くの論者は、法解釈の対象は法規範であるとするが、ケルゼン自身が定義するように、法規範というのは法命題に含まれた命令的意味のことであるから、法規範を解釈するということは意味の意味を明らかにすることとなり、不条理である。法解釈の対象は、意味が与えられるのを待っているテクスト、または事実である。さらに、トロペールによれば、解釈はそのテクストの内容についてのみならず、そのテクストの地位についても行われる。それゆえ、ここでもケルゼンとは異なり、ある規範が妥当性をもつのは、そのような規範が上位規範に適合しているからという理由によるのではなく、権限ある機関によってそのような規範を含むものとして解釈されたからという理由による、ということになる。このように考えると、有権解釈者は、多大な権力を有していることになる（③）が、その権力を、トロペールは、権力の根拠、権力の行使者、権力行使の結果（解釈によって作り出されるもの)、権力行使の限界、という4つの観点から分析する。とくに解釈者の権力に及ぶ制約（contrainte）については、近年トロペールが精力的に（共同）研究を行っている論点であり、本訳書には収録できなかったが、いくつかの重要な成果が発表されている[32]（また、本訳書第2章も参照)。

---

32)　代表的なものとして、 M. Troper, « La force de la contrainte et la causalité juridique :

トロペールの特徴的な理論の一つである法解釈観のエッセンスを理解するために最適の論文であり、本訳書の冒頭論文として相応しいものと思われる。なお、本論文の最初の拙訳（2003年）については、草稿段階で長谷部恭男、中山竜一の両教授に目を通していただき、貴重なご教示を得た。感謝申し上げる。

第2章「憲法裁判官の解釈の自由」

本章は、1995年発表の « La liberté d'interprétation du juge constitutionnel » を翻訳したものである。まず Paul AMSELEK (sous la dir. de), *Interprétation et droit*, Bruxelles/Aix-en-Provence, Bruylant/PUAM, 1995 に収録され、その後 *Troper II* に第6章として再録されている。

本論文は、その冒頭（25頁）に注記されているように、1993年4月にトロペールがパリ第2大学の法哲学センター（Centre de Philosophie du Droit de l'Université Panthéon-Assas, Paris II）で行った研究報告の原稿がもとになっている。同センターは、1960年頃から、国際私法のバティフォル（Henri Batiffol, 1905-1989）、法史学のヴィレイ（Michel Villey, 1914-1988）、そして公法のアイゼンマンといった、それぞれの専攻に加えて法哲学の分野でも巨匠と呼ぶに相応しい著名な教授たちにより運営されてきた研究組織であり、後に、1998年にリアルスにより、ミシェル・ヴィレイ研究所（Institut Michel Villey）に改編され、現在に至る（2006年以降はボー〔Olivier Beaud, 1958- 〕が代表者を務めている）。研究集会や連続講演会などが定期的に開催されており、それらをまとめた単行本や雑誌の特集号もしばしば刊行されるが、本論文が最初に収録された上掲書もそのうちの一つである。1984年から1993年のあいだ同センターの代表を務めていたアムスレック（Paul Amselek, 1937-）の企画により1992-1993年に開催された「解釈と法」についての国際セミナーの記録をまとめた同書には、法学者に留まらず、著名な哲学者も寄稿している。その前半は解釈という営みそ

---

obligation, obéissance, argumentation », in *Actes de savoir* (*Revue interdisciplinaire de l'Institut universitaire de France*), 2007, pp. 17-30 がある。同論文は、その後 *Troper III* に、その第1章「法における制約（La contrainte en droit）」として収録されている。また、トロペールを中心として展開されてきた共同研究の成果として、 M. TROPER, V. CHAMPEIL-DESPLATS et Ch. GRZEGORCZYK (sous la dir. de), *Théorie des contraintes juridiques*, *supra* note 17 がある。

のものについて、法の解釈と文学等の解釈との比較を通じた検討を行い、後半は、法解釈についての研究や実践が、解釈の一般理論に何をもたらすかが検討され、そのなかでとくに「法解釈者の自由」が大きなテーマとして扱われていた。この、「法解釈者の自由」をめぐる6本の論攷のなかに、リクール（Paul Ricœur, 1913-2005）やドウォーキン（Ronald Dworkin, 1931-2013）、マコーミック（Neil MacCormick, 1941-2009）などの錚々たる面々と並び、トロペールの本論文が収められている。

「裁判官は、適用しなければならないテクスト（＝条文）を自由に解釈することができるのか」という簡潔な問題を提起するトロペールは、ここでも、ケルゼンが『純粋法学』第2版の最終章で対抗的に示していた二種類の理論（解釈を認識・発見の作用とする理論と、解釈を決定・意思の作用とする理論）を取り上げることから議論を出発させる。そして、このような二つの理論は、いずれも、「その戯画的かつ素朴なヴァージョンでは受け入れることができない」として、解釈＝認識理論の一変種を提唱するヴデルの議論を取り上げ、批判的に検討する。解釈＝意思理論を信じる裁判官より、解釈＝認識理論を信じる裁判官の方が、社会における法の果たす機能や法秩序に対する信用性をよりよく保障することに貢献できるはずであるから、解釈＝認識理論の方が、たとえ真であるとは言えないにせよ、相対的には不正確さが少ないと言えるとするテーゼは、さすがにフランス公法学の泰斗であった老練なヴデルの主張だけあって説得力があるが、これに対してトロペールは、ヴデルの理論をいわば逆手にとるかのように、裁判官自身が、「その任務の遂行にあたって最大限に制約の存在を信じているという事実は、解釈＝認識理論ではなく、解釈＝意思理論をこそ補強する」（27頁）ということを示してみせる。巧緻なヴデル理論をとりあげて、「多くの点についてヴデル学部長の主張には賛同せざるをえない」としながらも、しかし「彼の行論は、彼自身が到着すると考えている結論とは実に異なった結論へと導くということを強調」するのは、多くを共有したうえで、内在的に批判することを通じて自説を明らかにしていくという、いかにもトロペールらしい議論展開の手法であると言えるだろう。

「解釈が法的に自由であると認めるからこそ、解釈が決定論のもとにあるということを理解しうるのであって、反対に、解釈はすでに条文のなかに存在している意味を発見することにあるとする理論では、解釈者がなすべきことを明らかにしうるのみであって、解釈者が実際になしていることを明らかにすることはできない」(36頁)。しかしながら、解釈が自由であるにしては、判例変更が相対的には例外的な事象に属するのはなぜか。そして通常、多くの裁判官は自らの解釈は自由であると感じるよりは、むしろ法的にも拘束されているとの感覚を表明するが、それはなぜか。これらの問いに答えるべく、最後にトロペールは「制約」についての検討を行い本論文を閉じる。

第1章と併せて本章が読まれれば、トロペールの解釈理論の少なくとも中核部分については十分に理解されるであろうと思われる。そしてその結果、本章の末尾に登場する、「いかなる時にも裁判官はその判例を変更する自由を有する。しかし、それは彼の利益にはならない。裁判官の権力はその節度に比例するのである」(41-42頁)という、一見逆説的にも思える命題の真意が理解されるであろう[33]。さらにまた、リアリズムの解釈理論が、このように現代的な立憲主義あるいは現代的な代表民主政における裁判官の正統性をめぐる問題についても一定の指針を与えるからこそ、著名な政治哲学者が、本論文をとくに取り上げたうえで、「ミシェル・トロペールの学説は、憲法学にとってと同様に政治理論にとっても重要な帰結をもたらす」と評価していた[34]ことも、ここで紹介しておきたい。

つづく第2部は「法の一般理論」とした。「慣習の根拠から根拠としての慣習へ」(第3章)と「実証主義と人権」(第4章)の2論文である。

第3章「慣習の根拠から根拠としての慣習へ」

本章は、1986年発表の « Du fondement de la coutume à la coutume comme fondement » を翻訳したものである。本論文は、リアルスが1985年に創刊し

33)　法の解釈は自由であるものの、その「聴衆」を想定することにより制約が生じるはずであるという訳者の主張は、トロペールのこのような理論に刺激を得て着想されたものである(前掲注6に挙げた3本の拙稿を参照)が、そのような訳者の主張を、より具体的に、日本の内閣法制局による憲法9条の解釈——とくに集団的自衛権の行使が同条により禁止されているという解釈——の変更可能性という第一次安倍内閣で急遽クローズアップされた問題にあてはめて検討を行ったものとして、南野森「憲法解釈の変更可能性について」法学教室330号(2008年)28-36頁がある。

34)　Philippe Raynaud, « Philosophie de Michel Troper », *Droits*, n° 37, 2003, pp. 3-11 at p. 9.

た法哲学・法史学の専門誌である *Droits. Revue française de théorie juridique* の第3号[35)]に掲載され、その後、*Troper I* に第8章として再録されている。

存在と当為の区別、あるいは事実（～である）から規範（～すべきである）を引き出すことはできないというヒュームの原則を前提とすると、法理論にとっての理論的諸問題のうち「最も困難なものは、慣習が提起する問題」となる（45頁）。一定期間繰り返し行われ、義務的なものであると考えられている慣行（＝事実）が、なぜ、《これまでと同様に行動すべきである》というルール（＝規範）を生むのか。

トロペールは、問題を二つの異なる場合にわけて論じる。第一が、裁判官が慣習上のルールを実際に適用することのある特定法分野や法文化である。そこで検討されるべき問題は、慣習を適用すべきか否かという実践的な問題ではなく、なぜ慣習が適用されているのか、いかにして事実が法を生み出しうるのか、という慣習の「根拠」の問題である。その検討のためには法源論の検討が必要であるが、トロペールは、諸理論を大きく二つの類型（実質的法源論と形式的法源論）に分類し検討したうえで、いずれの法源論も、それぞれの論者が信じていることとは異なり、慣習は法を生み出さないという結論をとらざるをえないことを示す（この点についてのケルゼンの根本規範論は、トロペールによれば、トートロジーである）。そのうえで、慣習を適用する裁判官の意思が法を生み出すという考え方に対するケルゼンの反論をいわば逆手にとり、「慣習と解釈理論」（58頁）の関係を論じる流れは、実に鮮やかに、彼の解釈理論と慣習論とが結びつくことを示す。慣習に規範としての意味を与えるのも、法律に規範としての意味を与えるのと同様に、裁判官をはじめとする法の適用機関である。

第二の場合は、実際に慣習上のルールが「存在」しているのか判然としない特定法分野や法文化である。ここで存在とは、妥当性（validité）の意味ではなく、現に有効である（être en vigueur）という意味である。裁判官が慣習規範の存在を宣言するという第一の問題状況とは異なり、政治システムにおいて繰り返される特定の慣行が、はたして以降の政治アクターを拘束する規範であるの

35）なお、同誌のタイトルは、1996年以降 *Droits. Revue française de théorie, de philosophie et de culture juridiques* となっている。

か否か、という問題がそれである。しかし、伝統的理論ではこの問題は解決不能である。「公権力が慣習に適合して行動すべき義務を負っているという主張は、学説自身から出されているものでしかなく」、たんなるイデオロギーが、そうでなければトートロジーだからである（62頁）。「憲法においては、慣習という事実に対して規範としての意味を与える規範が存在しない」（63頁）以上、ケルゼンの法の階統性をもちだすこともできず、結局、第一の問題場面と同様に、ある機関が慣習に規範としての意味を与える場合に、慣習は規範としての意味をもつということになるほかない。ある機関がなぜそのような意味を与えようとするのかについては、本論文では詳細に語られていない[36]が、ある機関によって、ある規範の「根拠」として用いるために特定の慣習に規範としての意味が与えられる場合、その慣習は法源として「存在」することになる。

第4章「実証主義と人権」

本章は、2007年公表の « Le positivisme et les droits de l'homme » を翻訳したものである。本論文は、もともと Bertrand Binoche et Jean-Pierre Cléro (sous la dir. de), *Bentham contre les droits de l'homme*, Paris, PUF, 2007 に発表され、それが後に *Troper III* に、その第1編第3章として再録されている。

本論文が最初に発表された『ベンサム vs 人権』と題する書は、3部構成であった。第1部は、2人の編者による、ベンサム（Jeremy Bentham, 1748-1832）のいわゆる「無政府主義の誤謬（*Anarchical Fallacies*）」の新訳とその解説であり、第2部は、パリ第1大学の哲学教授であるビノシュが、フランス革命200周年の1989年に出版した、人権概念の批判者たち（バークからマルクスまで）についての小著を再録する。そして第3部が、人権概念の今日的検討として、トロペールとバリバール（Étienne Balibar, 1942-）の2本の論文を収める。

ベンサムによる自然法・自然権そしてフランス人権宣言に対する痛烈な批判（それは「無政府主義」をもたらすものである！）は、日本でもよく知られているだ

36）　この点を検討しているのが、M. Troper, « Nécessité fait loi : réflexions sur la coutume constitutionnelle », *supra* note 27 である（拙訳・前掲注27）。また、長谷部恭男「解釈による法創造」前掲注13）のとくに13-17頁が、同論文を中心としてトロペールの憲法慣習論を検討しているので参照されたい。

ろう[37]。たしかに、人権が、人が人であるゆえに当然にもつ権利を意味するのであれば、それは国家や国家による実定法に先立って存在するものであり、ベンサム流の実証主義＝功利主義からは認めようのないものとなる。トロペールは、しかしながら、法実証主義が自然法・自然権を否定するとしても、そのことは必ずしも人権を否定することにはつながらないことを示す。

法実証主義という語の用いられ方を大きく三種類に整理するボッビオ（Norberto Bobbio, 1909-2004）に依拠しながら、トロペールは、イデオロギーとしての法実証主義ではなく、学問方法論としての法実証主義（それはケルゼンの『純粋法学』の立場でもある）と人権との関係を考察することで、「いくつかの点においては実証主義が人権とは両立不能に見えるものの、他の点においては反対に実証主義が人権を説明するものである、ということが理解される」（69 頁）という。そこで本論文は、前半が「外見的両立不能性」と題され、後半が「実証主義と人権の邂逅」と題される。後半はやや難解な部分があるが、実証主義の法理論が実定法――それは通常の用法より広い意味であり、法を解釈適用する者の推論をも含む――を記述することに自己限定することによって、どのようにして「人権」が法秩序において生成され、またどのようにしてそれが違憲審査の基準となるのかを明らかにすることができるようになる、とトロペールは言う（83 頁）。人権もまた、トロペール理論にとっては、実定法超越的に存在するものではなく、法規範をつくりだす法適用者の言説に登場する限りにおいて存在することになるのである。

つづいて、第 3 部は「国家の理論」とした。法治国概念（第 5 章）、主権概念（第 6 章）、そしてナチス国家（第 7 章）を論じる 3 本を収録した。

第 5 章「法治国の概念」

本章は、1992 年公表の « Le concept d'État de droit » を翻訳したものであ

---

37) たとえば、上述のベンサムの著書については、深田三徳「功利主義思想と人権文書批判――ベンサムの『無政府主義的誤謬論』を中心として」同志社法学 32 巻 2 号（1980 年）1-40 頁がある。また、深田三徳『法実証主義と功利主義――ベンサムとその周辺』（木鐸社、1984 年）、長谷部恭男「人権――おおげさなナンセンス？」同『権力への懐疑』（前掲注 13）61-80 頁〔初出 1989 年〕も参照。

る。前出の基礎理論専門誌である *Droits. Revue française de théorie juridique* の第 15 号に発表され、後に *Troper II* にその第 17 章として再録されている。

あらゆる国家は法治国である、あるいは法治国という表現は冗語にすぎないとしたケルゼンを別とすれば、今日では一般的に、法治国についてはもはや好意的な言説しか存在しないとさえ言えようが、言うまでもなくこの概念もまた多義的に用いられており、法治国について何かを語ろうとするのであれば、やはりその整理が最初に必要となる。ドイツの形式的法治国と実質的法治国の区別、カレ・ド・マルベール（Raymond Carré de Malberg, 1861-1935）による法治国（État de droit）と法律中心国家（État légal）の区別、そしてイギリスの法の支配（*Rule of Law*）といった用語法等を取り上げたうえで、トロペールは、かかる多義性を前提とすると、法治国とは何であるかを明らかにするよりも、法治国という表現で「何を理解することができるのか、また、それをどのように用いることができるのか」を検討することこそ有用であるとする（93 頁）。

トロペールによれば、法治国―― État de droit すなわち文字通りには「法の国家」――と言うとき、法と国家についての二種類の関係が想定できる。法が国家の外側にあり、国家はそのような法に従属しているという関係と、あるいはたんに国家は法を手段として用いることによって行動するという関係である。では、一般に法治国が望ましいもの、それは自由を保障するものであるとされるとき、この二種類の考え方のうちのいずれにおいて、そしてどのようにして自由保障が実現されるのか。これが本論文で検討される問題である。

国家が法に従属するという法治国の第一の考え方は、しかし、人民を主権者とする民主政の考え方と両立困難であるし、しかも法が支配するといっても実際に支配するのは人であることからすると、認めることができない考え方である（トロペールは本論文の前半を「不可能な法治国」と題する）。それでは、法を手段として用いる国家、すなわち法的形式において行動する国家という意味で法治国を捉えるとどうか。本論文後半のタイトル「不可避の法治国」もまた結論示唆的である（上述のケルゼンの法治国理解がここで想起されよう）が、第 1 部に比べると、歴史的な考察が多く登場するのが興味深い。主権を扱う次章、ナチス国家を扱う次々章とともに、本訳書第 3 部に集めたトロペールの国家理論研究は、歴史研究の色合いを徐々に深めるものとなる。本訳書第 4 部への自然な移行（transition）が感じられるはずである。

第6章「主権の名義人」

本章は、1997年公表の « Le titulaire de la souveraineté » を翻訳したものである。本論文は、ハート（H.L.A. Hart, 1907-1992）やケルゼンの創刊したドイツの法理論雑誌である *Rechtstheorie* の別冊（*Beiheft*）17号に発表された。同号は、1995年6月にボローニャで開催されたIVR（法哲学・社会哲学国際学会連合）の第17回世界大会の報告原稿を集めたものであり、*Rule of Law. Political and Legal Systems in Transition* と題され、英・独・仏語の論文が32本収録されている[38]。本論文は後に *Troper II* に、その第18章として再録された。

カレ・ド・マルベールが、主権概念を、①国家権力の最高性、②国家権力に含まれる諸権限の総体、③国家の最高機関が占める地位、の3つに整理したことはよく知られている[39]が、トロペールは、この3分類では主権の「不可分性」や、あるいは「人民主権」の概念をうまく理解することができないとして、主権概念を5つに分類する。①と②は同じであるが、国家の最高機関を、③それより上位のものが存在しない機関と、④あらゆるものの上位に存在する機関とに区別し、最後に、⑤「その名によって主権的機関（③あるいは④の意味での）がその権力を行使する存在の性質」を数え、合計5つとなる。最後の⑤の意味での主権（者）が、本論文で主として検討される。

国家を他の政治権力体から区別するためには、国家権力を正当化する理論が必要である。その意味で、国家についての諸理論――主権理論はそのうちの最も重要なものである――は、国家を構成するものと言える。ボダン（Jean Bodin, 1530-1596）とともに近代国家が出現したと言われるときに、前提とされているのはそのような考え方である。そしてそのことは、かかる諸理論が、国家権力

38） Yasuo HASEBE, « The August Revolution Thesis and the Making of the Constitution of Japan », pp. 335-342 も収録されている。なお、同号に続く別冊18号・別冊19号や、*Archiv für Rechts- und Sozialphilosophie* 誌、またイタリアの *The European Journal of Law, Philosophy and Computer Science* 誌にも、同大会の他の報告記録が収録されているようである。

39） 訳者もかつて、カレ・ド・マルベールの主権論を整理したことがある。参照、南野森「欧州統合と主権論――フランス憲法学の場合」本郷法政紀要5号（1996年）239-274頁の第二章「伝統的な『主権』の概念」（245-253頁）。

の行使のために必要であるということをも意味する（114頁）。そこから、「主権の名義人」に関するさまざまな理論（「主権の個別理論」）がはたす正当化の機能に応じて、権力の組織化のありようも変化するという仮説が、フランス内外の歴史上の実例にあてはめつつ検討される。憲法史研究と国家理論を巧みに組み合わせるトロペール理論の魅力の一端が発揮される――その意味で、彼の博士論文を彷彿とさせるところのある――論文であると言えるだろう。

第7章「ナチス国家は存在したか？」

本章は、ドイツの著名な現代史家であるブロシャート（1926-1989）の著作の仏語訳（Martin Broszat, *L'État hitlérien : l'origine et l'évolution des structures du Troisième Reich*, Paris, Fayard, 1985）の書評として、ブルデュー（Pierre Bourdieu, 1930-2002）、カルボニエ（Jean Carbonnier, 1908-2003）、千葉正士（1919-2009）、ルーマン（Niklas Luhmann, 1927-1988）らにより1985年に創刊されたばかりの *Droit et société* 誌の第4号（1986年）に発表された « Y a-t-il eu un État nazi ? » を翻訳したものである。同論文は、後に *Troper I* にその第11章として再録されている。他の章にくらべてごく短い作品である。

「ラートブルフ・テーゼ」とも言われる、第二次大戦後のラートブルフ（Gustav Radbruch, 1878-1949）による法実証主義批判は日本でもよく知られている[40]。悪法も法なりとすることで法実証主義がナチスの暴虐を手助けすることになったのではないかという問題意識は、ひろく法と道徳の関係についての法哲学上の多様な論争に通底するとも言えるだろう。同様に、ナチス国家についても、それはいくつかの根源的な価値を否定しているがゆえに国家とは呼べないとする立場と、社会学的な一定のメルクマールが認められる政治権力である以上やはり国家であるとする立場の対立を考えることができる（130頁）。しかし、トロペールによれば、ナチス法を法と呼ぶかどうかという問題と、ナチス国家を国家と呼ぶかどうかという問題は、実は、必ずしも対称的ではない。

第4部は「憲法理論史」とした。司法権概念（第8章）、立憲主義概念（第9章）、そして憲法史と憲法理論の関係（第10章）を論じる3本である。

40）　本訳書第7章の注1）に付した訳者注を参照。

第8章「フランス革命初期における司法権の概念」

本章は、1993年公表の « La notion de pouvoir judiciaire au début de la Révolution française » を翻訳したものである。本論文は、1791年憲法の200周年を記念して1991年9月にディジョンで開催された、フランス憲法学会（AFDC）等の主催した研究大会での報告を集めた Jean Bart, Jean-Jacques Clere, Claude Courvoisier et Michel Verpeaux (textes réunis par), 1791. *La première Constitution française*, Paris, Economica, coll. *Droit public positif*, 1993 に公表され、後に、*Troper II* にその第7章として再録された。

独立した司法権の存在は、抑制と均衡を指標とする権力分立の観念と両立可能であるか。司法作用を法律の単純な適用と捉えるのであれば、立法と司法が抑制・均衡しているとは言えなくなりそうであるし、立法と執行、あるいは立法と司法を厳格に分離するならば立法権が最高権力となりやはり抑制・均衡はなくなるであろう。1791年憲法や英米は、執行権にも立法権の一部を行使させることで立法権と執行権の均衡を図ったし、1793年憲法や1795年憲法は立法権を優越的な地位におき、他の機関は法律の執行や適用に専心する、従属的な地位におかれることになった[41]。フランスでは、「司法権は、つねに従属したものとして捉えられ、裁判機能に専門化したものと捉えられ」てきた（141頁）。裁判官は、革命直後より、立法権に介入することも、法律の執行を停止することも、また行政府の活動を妨害することもできないこととされるが、当時の実定法の定めからは、裁判官の消極的権限（裁判官のしてはならないこと）が明らかになるだけで、積極的権限（裁判官に許され、立法権と執行権には許されないこと）は明らかにならない。三権分立のもとでの司法作用の実質的な内容を検討するためには、法律の解釈とはいかなることかという問題と、行政争訟を司法が扱うことは許されるのかという問題を避けて通ることはできない。

本論文は、革命期の法思想において、「司法権」がどう観念されていたか、そしてそのことが「いまもってフランスの法システムの構造に影響を与え続けているいくつかの帰結」（146頁）をもたらしたことを、歴史研究の知見に基づき論じるものであり、法の歴史と法の理論を交錯させる研究という本論文のもつ

41）前掲注10）をも参照。

魅力そのものに加えて、訳者にとっては、本論文を最初に訳出したとき（2008年秋）、トロペールがとくに典拠を示さずに引用する18世紀の文献を同定するため（本訳書147-149頁の注12、14、15を参照）、九州大学法学部図書室所蔵の貴重図書と格闘したことがある（当時は、今ほどにはGoogle Books等の書籍PDFのネット公開サービスも充実していなかった）こと、さらに、別の機会に日本国憲法の論点として司法権と行政訴訟の関係について検討したことがある[42)]ところ、まさに本論文では革命期の司法権概念と行政争訟の関係が論じられてもいることから、本訳書のなかでも特に思い入れの強い一章となった。

第9章「立憲主義の概念と現代法理論」

本章は、1992年公表の « Le concept de constitutionnalisme et la théorie moderne du droit » を翻訳したものである。本論文は、もともとTerence MARSHALL (sous la dir. de), *Théorie et pratique du gouvernement constitutionnel ; la France et les États-Unis*, La Garenne-Colombes, Édition de l'Espace européen, 1992に公表され、後に、*Troper I* にその第13章として再録された。

本論文は、立憲主義という概念が、現代の法理論（ここでは主として、ケルゼンに代表されるような20世紀中葉までの法実証主義が対象とされている）において果たす機能を検討する。実は近現代の法理論において立憲主義概念はさほどの存在感を示すものではないが、それは、まずは立憲主義と法実証主義とが両立しないからであると考えられる。両者の両立不能性を両概念の多義性に注意しながら論じたのち、トロペールは、他方で両者には一致する点が、たとえば主権論に対する否定的な態度や違憲審査制に対する好意的な態度のように、重要な論点について存在するとも言えることを指摘する。しかし、違憲審査制をめぐる実証主義と立憲主義の結論的な一致は、その理由付けの一致をも意味するわけではない。「結局、立憲主義と現代法理論と呼ぶべきものとのあいだには、ほとんど関係がないということになる。現代法理論は立憲主義という概念を用いず、またそれに対応するイデオロギーを基礎づけもしない」（169頁）。

---

42)　南野森「司法権の概念」安西文雄ほか『憲法学の現代的論点〔第2版〕』（有斐閣、2009年）169-190頁〔初版2006年〕。

それでは、立憲主義概念は法理論にとって無用なのだろうか。18 世紀の立憲主義思想を検討してみると、現代の法理論が憲法を記述するために用いることのできるであろういくつかの重要な特徴が見出される。そのうち本論文では、当時の立憲主義が「憲法を一つの機械装置（mécanisme）として捉え、その装置の部品は、装置を動かす人間の意思とは関係なく、必然的に、一定の効果を作り出すように配列されている」と考えていたこと（「1／機械としての憲法」）と、「市民社会から区別された国家ではなく、社会全体を構造化する組織編成を探求するものとして」立憲主義が捉えられていたこと（「2／社会の憲法」）とが、順次検討される（170 頁）。そしてその結果、トロペール理論がいかなる意味で社会学的分析と近接するのかが明らかにされる。本章は、本訳書の他章に比べ長大であるが、おそらく日本の読者には十分に知られていないであろう立憲主義思想の歴史——啓蒙期の立憲主義の「機械的な捉え方（conception mécanique）」（175 頁）と、国家と個人の関係のみでなく、社会全体に関わるものとしての憲法（人権宣言 16 条！）という捉え方——とその現代法理論上の意味が縦横に語られており、興味深く読んでもらえるのではないかと思われる。

第 10 章「憲法史と憲法理論」

本章は、2010 年公表の « Histoire constitutionnelle et théorie constitutionnelle » を翻訳したものである。本論文は、もともと憲法院が 1996 年以降発行する *Les cahiers du Conseil constitutionnel* の第 28 号に掲載されたものである[43]。後に、*Troper III* にその第 4 部第 4 章（最終章）として再録された。

上記の憲法院紀要第 28 号の特集のテーマは「違憲審査制の歴史」であり、法史学専攻を中心とする 7 名の研究者が論攷を寄せていた。その第一論文である本論文は、違憲審査制の歴史に関するいわば各論的な検討ではなく、まず、法史と憲法理論の関係を、つぎに憲法理論の一つとしての違憲審査理論と法史の

43）　なお、創刊 15 年にあたる 2010 年、同誌（第 29 号以降）は、2008 年 7 月 23 日の憲法改正により導入された憲法院における事後的違憲審査制度（いわゆる「合憲性の優先的問題（question prioritaire de la constitutionnalité, QPC）」の審査制度）の発足に合わせて大きくリニューアルし、タイトルも *Les nouveaux cahiers du Conseil constitutionnel* と改め、それまでの年 2 回刊行から年 4 回刊行となった。トロペールの本論文が掲載されたのは、旧シリーズの最終号であったことになる。なお、同誌に掲載された論説等ほとんどの記事は、憲法院のサイトで公開されている。

関係を、総論的に論じるものである。そこでは、過去の実務は現代の理論によって、そして現代の理論が用いる（過去には存在していなかった）概念を使って記述される一方で、現在の理論は過去の実務から生じているという、双方向的な、あるいは両義的な関係が、法の歴史と憲法理論（とくに違憲審査理論）とのあいだに存在することが明らかにされる。違憲審査制の歴史を特集した雑誌の巻頭論文で、歴史家の分析は現代の理論に規定されており、前者の適切性は後者の適切性に依存する（193 頁）と言い切る本論文の前半は、例によって論争誘発的である。そして本論文の後半では、逆に、現代の理論が歴史から何をどのように負っているのかが検討される。カレ・ド・マルベールの主権論やヴデルの違憲審査理論は、いかにも歴史――前者にあっては革命期の概念、後者にあってはアンシャン・レジームの制度――から、例証や概念、さらには正当化の理論を得ているように思えるが、仔細に検討すれば、やはり理論の側から歴史的な概念等に一定の操作が加えられていることが明らかになる。法理論に対する法史の影響力は相対的に小さいように思われるわけである。

ところが、「法理論それ自身が歴史の産物である場合」もある（198 頁）。そして、規範の階統性（つまり憲法の最高法規性）に基づく違憲審査制の正当化理論がまさにそれだとトロペールは言う。かかる理論の構造は、「違憲審査制を正当化しようとした論者すべての言説において同一である」が、その理由は、「法律を統制しようとする裁判官が、明示的な授権に依拠することができず、かといって道徳や自然法を呼び出そうともしないのであれば、それが唯一の利用可能な議論だからである」（199 頁）、と。このような議論に依拠することは必然であり、法律家はそのように制約されているというわけである。本論文のかかる結論は、こうして、本訳書の第 1 部に配した法解釈の理論に登場する、「制約」の理論へと戻っていくよう読者を促しているようにもみえる。

おわりに

本訳書の全 10 章を読まれた読者には、さまざまな疑問がわき起こっているかもしれない。訳者もまた、そうである。トロペールの論攷から多くを学び、刺激を受けると同時に、依然理解できない部分や納得しえぬ部分は少なからず存在する。その点につき論じることはもはや別の機会を期すほかないが、最後に、そもそもフランスにおいてもトロペール理論には多様な反応が寄せられており、なかには深刻な批判も存することを紹介し、本訳書がトロペール研究のための書として日本の法理論研究に貢献できる蓋然性を高めることにしたい。

トロペールは論争の人である。「時として遠慮がないと思われたこともありますが、大学人としてこのような論争は不可欠のものだと思います」[44)]と語るトロペールは、実際、若き日のアムスレックとの論争[45)]のほか、ド・ベシヨン(Denys de Béchillon, 1961-)[46)]やプフェルスマン（Otto Pfersmann, 1954-）[47)]との論争を繰り広げたことがよく知られているし、ヴデルとの論争の一端は、本訳書第2章に収録した。また、トロペールの理論を総合的に検討する研究集会も、フランス内外で開催されているが、そのうち、おそらく理論的に最も重要と言えるものが、2002年12月にミシェル・ヴィレイ研究所で開催された研究集会である。パリ第2大学のレイノー（Philippe Raynaud, 1952-）、ルベン（Charles Leben, 1945-）、リアルス、バランジェ（Denis Baranger, 1968-）、ボーの5人に加え、ストラスブール第3大学のジュアンジャン（Olivier Jouanjan, 1961-）、トロペール門下でルーアン大学（現在はパリ西大学に異動）のブリュネ（Pierre Brunet, 1969-）、そしてイタリア・ジェノヴァ大学のグアスティーニ（Riccardo Guastini, 1946-）という、実に豪華と言うべき法理論家8名が集い、多様な角度からトロ

44) « Entretien avec Michel Troper », *supra* note 7, pp. XLIV.

45) Paul Amselek, « Réflexions critiques autour de la conception kelsenienne de l'ordre juridique », *RDP*, n° 1, 1978, pp. 5-19 に対する反論として書かれた、M. Troper, « La pyramide est toujours debout ! Réponse à Paul Amselek », *RDP*, n° 6, 1978, pp. 1523-1536. 本訳書第3章注18）も参照。

46) Denys de Bechillon, « L'ordre de la hiérarchie des normes et la théorie réaliste de l'interprétation. Réflexions critiques », *Revue de la recherches juridiques, Droit prospectif*, n° 1, 1994, pp. 246-266. に対する M. Troper, « À propos de la théorie réaliste de l'interprétation. Répliques à Denys de Béchillon », *ibid.*, pp. 267-274.

47) M. Troper et O. Pfersmann, « Existe-t-il un concept de gouvernement des juges ? », in Sévrine Brondel, Norbert Foulquier et Luc Heuschling (sous la dir. de), *Gouvernement des juges et démocratie*, Paris, Publication de la Sorbonne, 2001, pp. 21-62. さらに、O. Pfersmann, « Contre le néo-réalisme juridique. Pour un débat sur l'interprétation », *RFDC*, n° 50, 2002, pp. 279-334 に対する M. Troper « Réplique à Otto Pfersmann », *ibid.*, pp. 335-353 など。

ペール理論を批判的に検討した。その後、*Droits. Revue française de théorie, de philosophie et de culture juridiques* 誌の第 37 号（2003 年）が Michel Troper 特集号としてこれらの報告をまとめて掲載している。

そこでも、トロペールの理論に対しては、数多くの批判や疑問が提出されている。しかし、そのうちの一人の言葉を借りるなら、「これらの疑問や疑念……は、ミシェル・トロペールへのオマージュとして提出されているのだ」とも言えるかもしれない。それは、「今日の法学は……功利性と技術性次第で正当性が与えられる『自動車修理工（ガラジスト）』が支配する時代にあるが、そのなかで、ミシェル・トロペールの作品は希有であり、貴重である」からであり、そして、そもそも「ガラジストは疑問を呼び起こすことも、また疑問へと向かわせることもない」からである[48]。

＊　＊　＊

訳者は、東京大学大学院博士課程在学中に 3 年間（1997-2000）、トロペールを頼りパリ第 10 大学に留学した。帰国後、2002 年に九州大学法学部に着任したのち、2003 年から不定期でトロペールの翻訳を発表してきたが、このたび、そのうち 10 本を選び、改めて訳文と訳者注を全面的に見直し、こうして 1 冊の書にまとめて世に問うことになった。おおげさに言えば、10 年間にわたり細々と続けてきた一つの仕事が一段落する思いである。ここまで来られたのは、ほんとうに多くの方々のおかげであり、心から感謝申し上げたい。とりわけ、フランスに留学したいと言い出したわがままな門下生を快く送り出してくださった指導教授の高橋和之先生、フランスに行くならトロペールのところが良いだろうと教えてくださった長谷部恭男先生、旧知の仲であられたことから強力このうえない推薦状を書いてくださった樋口陽一先生、そして初対面で vous を使わずに tu で話してしまうほどフランス語ができなかった若い留学生を絶大な包容力で迎えてくださったミシェル・トロペール先生。そのうちのいずれがお

48) Olivier JOUANJAN, « Une interprétation de la théorie réaliste de Michel Troper », *Droits*, n° 37, 2003, pp. 31-48, p. 48.

られなくても本書は成立しえなかったはずである。そしてまた、翻訳の抜き刷りを送付したところ暖かい返信をくださった多くの先生方・研究者仲間には、その応援メッセージがなければさらに翻訳を続ける気にはなれなかったであろうと感謝の思いがつのる。なかでも、日本の法学界では翻訳という仕事が苦労の割に正当に評価されない嫌いがあるけれども、一つの論文を的確に翻訳するという作業は相当の体力と知力が必要であり、また学界への貢献も実は大なるものなので、是非続けるようにと励ましてくださった野坂泰司先生、村田尚紀先生、林知更君のお名前だけはここに挙げさせていただく。本訳書の出版を楽しみにしていると言ってくれたゼミ生諸君の応援も、実は大変にありがたかった。

本来、2003 年に出版されたトロペールの『法哲学』（前掲注 16）を翻訳する計画が先であったところ、訳者の怠惰のゆえにいまだにそれが実現できぬまま、結果的に本訳書を先に出版させていただけることになった。『法哲学』の構想を当初担当してくださっていた編集者は勁草書房を退職され、新たに担当してくださることになった鈴木クニエさんから訳者が初めてメールをいただいたのが 2011 年の 5 月である。ここまで遅れに遅れたのはひとえに訳者が原因であるが、今となっては、それにしてもよくもここまで、訳者を放り出さずに上手に催促しながら本訳書の完成に導いてくださったものだと――まるで他人事のようであるが――驚嘆している。鈴木さんの忍耐力と厚情とに、心より感謝申し上げたい。許されるなら、『法哲学』の翻訳も、また訳者との二人三脚をお願いしたいものである。

トロペールの豊穣な研究は、なにもその独特の法解釈観だけに限られるものではない。法と国家について考えようとする人間にとって、それは宝の山である。そのごく一部しか紹介できない本訳書ではあるが、多くの人の研究と思索のために、少しでも役立ってくれれば幸いである。

2013 年 5 月 23 日、福岡にて

南野　森

事項索引

た行

な行

は行

人名索引

著者略歴

ミシェル・トロペール（Michel TROPER）
1938 年生。憲法学者・法哲学者。パリ第十大学（現パリ西大学）名誉教授。

編訳者略歴

南野 森（MINAMINO Shigeru）
1970 年生。東京大学法学部卒業後、同大学院法学政治学研究科、パリ第十大学大学院を経て、2002 年より九州大学法学部准教授。著作に、「憲法の概念」長谷部恭男（編）『憲法と時間』（岩波書店・2007 年）、『憲法学の現代的論点〔第 2 版〕』（共著、有斐閣・2009 年）、「司法の独立と裁判官の良心」ジュリスト 1400 号（2010 年）、『ブリッジブック法学入門〔第 2 版〕』（編著、信山社・2013 年）、『憲法学の世界』（編著、日本評論社・2013 年）ほか。

リアリズムの法解釈理論
ミシェル・トロペール論文撰

2013 年 6 月 20 日　第 1 版第 1 刷発行

著　者　ミシェル・トロペール
編訳者　南野（みなみ の）　森（しげる）
発行者　井　村　寿　人

発行所　株式会社　勁草（けい そう）書房
112-0005 東京都文京区水道2-1-1　振替　00150-2-175253
（編集）電話 03-3815-5277／FAX 03-3814-6968
（営業）電話 03-3814-6861／FAX 03-3814-6854
日本フィニッシュ・牧製本

ISBN978-4-326-40281-6　Printed in Japan

http://www.keisoshobo.co.jp